ADHD 진단 및 중재

Mark L. Wolraich · George J. DuPaul 공저

강경숙 · 박혜성 · 김남희 공역

ADHD DIAGNOSIS AND MANAGEMENT:
A Practical Guide for the Clinic and the Classroom
by Mark L. Wolraich, George J. DuPaul

Originally published in United States of America
by Paul H. Brookes Publishing Co., Inc.

This Korean edition was published by Hakjisa Publisher, Inc. in 2013
by arrangement with Paul H. Brookes Publishing Co., Inc.
through KCC(Korea Copyright Center Inc.), Seoul.

역자 서문

ADHD는 교육이나 의학계 등 특정 분야에 종사하는 전문가뿐 아니라, 일반인의 인식 저변에도 확산되고 있는 증후다. 저자 서문에서 언급한 바와 같이 많은 아동에게 치료나 교육 면에서 유용한 접근 방법이 소개되기는 해도 ADHD에 대해서는 아직 풀리지 않은 의문이 많고, 어떤 아동에게는 여전히 심각한 문제를 일으키는 원인이 되고 있다. 이 증후가 아동의 생활에 심각한 문제를 야기하는 것은 분명하다. 그러나 이 증후를 어려움으로만 인식하지 않고 이들이 지닌 과도한 에너지를 잘 활용하기만 하면, 오히려 일반인에 비해 성공할 수 있는 가능성이 더 많다고 역설한 책도 있다.

예를 들어, 휴식이 필요할 때 조용히 독서를 하면서 혼자만의 시간을 보내기보다 육체적인 노동이 수반되는 벌목을 하면서 휴가를 보낸다는 부시 미국 전 대통령, 동시에 복합적인 일을 처리하는 능력(multi-tasking)이 있어 연구 실적도 다른 교수에 비해 많은 위스콘신대학교 특수교육과의 로버트 저겐 박사는 본인의 문제를 긍정적인 방향으로 활용한 예다. 이처럼 ADHD가 다른 사람에 비해 성과를 많이 올릴 수 있는 측면도 있다. 하지만 반대로 우울증을 보이기도 하고 약물 복용이나 알코올 중독에 취약한 면도 있어서 대인관계에서의 문제를 호소하고, 본인에 대해 부정적이거나 낮은 자아의식을 지니기도 한다. ADHD라는 동일한 진단을 받더라도 이와 같이 다양한 형태의 문제를 보일 수 있고 여러 결과를 나타내기 때문에, 중재를 위해 다양한 임상 사례를 참고로 하여 접근하는 것이 필요하다.

이 책은 ADHD의 진단과 치료, 교육과 관련된 다양한 분야에서 알아야 할 핵심적인 정보를 쉽게 풀어 제공하고 있다. ADHD에 대한 근거에 기반한 내용을 소개할 뿐 아니라 원인, 선별, 진단, 다양한 영역에서 겪는 어려움, 치료 전략, 학교에서의 중재, 가족의 참여와 관련 집단 간 의사소통에 대해 친절하게 다루었다. 또한 저자들의 경험을 소개하기도 하여 치료나 교육 장면에서 실제적인 도움이 될 만한 내용을 충실하게 소개하였다. 따라서 이 책의 제목에 '병원 클리닉과 교실에서 사용할 수 있는 실용 가이드' 라는 부제를 붙였다. 부록에는 ADHD 아동을 지도하기 위해 유용하고 필요한 자료의 출처를 다양하게 소개하고 있어 독자에게 많은 도움이 될 것으로 보인다. 더하여 저자인 볼라이히 박사와 듀폴 박사는 ADHD 분야에서 익히 알려진 학자이며, 관련 연구물을 상당수 발표해 온 대표적인 연구자이기 때문에, 그간의 경험을 토대로 소개할 내용이 알차고 유용할 것으로 자신한다.

박사과정 선후배 간인 역자들은 특수교육을 전공하였고, 정신지체, 정서 및 행동장애, 학습장애 및 의사소통장애 등 전공 세부 영역과 경력이 다양한데도 불구하고, 모두 장애아동을 지도해 본 특수교육 현장 경험이 있어 자연스럽게 ADHD 아동에 대한 관심이 있었다. ADHD 아동은 일반교육 장면에서 문제행동을 나타내 통합교육을 어렵게 하기도 하고, 특수교육 현장에서 문제행동을 지도해야 할 대상으로 자주 접하는 아동이기 때문에 교육 상황에서 자주 어려움을 호소하여 의뢰되곤 하였다. 또한 학습장애, 품행장애, 적대적 반항장애, 때로는 우울과 같은 문제와 동반되어 나타나기도 하기 때문에 교육 현장에서 다양한 모습으로 문제를 보이는 ADHD 아동에 대해 제대로 인식해야 할 필요성을 절감하곤 하였다. 더불어 이러한 어려움에도 불구하고 좋은 교육이나 치료 등의 중재를 통해 개선될 여지가 많기 때문에 이들에게 유익한 접근 방법을 잘 알아야 한다는 생각을 하였다.

ADHD에 관한 여러 책이 한국에 번역되어 나오긴 했지만, 역자들이 이 책을 접했을 때 필요한 내용이 쉽게 구성되었음에도 아직 우리나라에 번역되어 소개되지 않은 것을 아쉽게 생각하여, 함께 번역하여 출판하는 데 마음을 모으게 되었다. 또한 학문적인 내용 외에 현장감과 더불어 치료와 교육의 영역 간 협력을 강조하고 있어 양측에 관심이 있는 독자에게 필요한 정보를 주기에 부족함이 없다고 판단하였다. ADHD는 특수교육 영역에서만이 아니라 일상생활 면에서도 보편적으로 많은 문제를 보이고 있으며, 교육적인 영역만이 아니라 심리학, 사회학, 의학, 치료적인 영역에서도 함께 고려하고 협력해야 할 대상이다. 이 책은 아동과 부모와의 관계만

이 아니라 교육과 치료기관 간의 대화와 파트너십, 영역 간 협력을 매우 강조하고 있기 때문에 실제적인 교육 현장의 다양한 상황이나 임상적 접근에서 어떻게 서로 역할을 담당할 수 있을지, 중재와 실행에 필요한 도움을 줄 것으로 확신한다.

무엇보다 역자들은 저자가 의도한 내용을 제대로 파악하여 정확하게 번역하고자 최선을 다하면서 자연스럽게 읽히도록 하는 데 노력을 기울였다. 또한 메일 교환이나 직접 만남을 통해 내용을 다듬고 보완하는 작업을 하였다. 의학적이나 치료적인 측면에서 용어상 번역에 어려움이 있는 부분은 의학계의 전문가로 일하는 지인을 통해 용어 번역의 적절성에 대해 문의하여 해결하였다.

이 책을 정성스럽게 출판해 주신 학지사의 김진환 사장님과 편집자 정다운 님을 비롯한 여러 선생님에게 고마움을 전하고, 여기까지 이끄시고 도움을 주신 하나님께 감사드린다. 이 책이 치료나 교육 현장에서 종사하시는 분, 관련 공부를 하는 학부생이나 대학원생에게 도움이 되기를 간절히 소망한다.

2013년 4월

역자 일동

만약 당신이 이 책을 읽는다면, 주의력결핍 과잉행동장애(attention-deficit hyperactivity disorder: ADHD)가 개인적으로나 사회적으로 주는 부담과 어려움에 대해서 제대로 이해할 수 있을 것이다. 여러 연구에서 ADHD 증후가 있는 개인이 겪는 장애 및 그 치료와 관련된 경제적인 부담이 높다고 보고하였다(Pelham, Foster, & Robb, 2007). 또한 유년 시절부터 ADHD를 겪은 사람이 성인이 되었을 때 나타나는 결과' '주의해야 할 위험요소를 문서화시킨 자료와 도전과제(Barkley, Murphy, & Fischer, 2008)' 'ADHD 자녀가 있는 부모가 많은 어려움에도 불구하고 자녀가 성장할 수 있게끔 도우려고 애쓰면서 받는 스트레스' 에 관해서도 보고하였다(Podolski & Nigg, 2001).

사실상 자료는 넘쳐나지만, 궁극적으로 이것은 ADHD 증후가 있는 개개인과 그 가족의 문제다. 여기서 난제는 자신의 아이를 그 아이가 택한 삶의 방법에서 구해내기에 필사적인 부모와 마주하는 것이다. 혹은 자녀가 이제 사춘기가 되어서 수년간의 노력으로 지쳐 있지만 여전히 누군가가 자신의 자녀를 도울 수 있다는 가녀린 희망에 매달려 있는 부모나 또는 도움을 청하는 ADHD 성인을 대할 때인데, 이들 성인의 경우는 평생 의료소견서에 '운 없게도 계속 진행되고 있음(run of bad luck)' 이라고 보고된 경우다. 이런 도전 과제는 우리가 유년기에서 성인기까지 ADHD를 치료해서 성과를 올렸던 ADHD 개개인의 이야기에서 찾아볼 수 있다. 다음에서 제이슨, 팀, 마이크(Jason, Tim, Mike)의 이야기를 살펴보도록 하자.

제이슨

제이슨(Jason)은 태어날 때 몇 주 일찍 나온 조숙아로 체중이 고작 5파운드(2.2kg) 조금 넘었다. 성취지향주의의 부모에게서 태어난 첫째 아이였기 때문에 그의 부모는 제이슨이 태어나자마자 보통 태어난 아이보다 더 많은 희망과 꿈을 걸었다. 제이슨이 아장아장 걷기 시작했을 때 그는 모든 위험을 다 감수하는 아주 활동적인 아이였다. 항상 쉼 없이 뛰어다니고 기어 올라가서 늘 작은 상처가 끊이질 않았다. 제이슨은 그가 하고 있는 것을 즐기면서 그다음엔 무엇을 할 것인지 기대하고 있는 것처럼 보였다. 교회에서 예배를 드리거나 음식점에 가는 것이 힘들었지만, 제이슨의 진짜 문제가 시작된 것은 학교를 다니면서부터였다. 초등학교 저학년 때는 선생님이 그에게 특별한 관심을 쏟았고, 그는 즐겁고 귀여운 소년이었기에 그런 관심에 잘 반응했다. 점점 성장하면서 그의 귀여움은 교사나 혹은 제이슨을 접하게 되는 주변 사람에게 별로 나타나지 않게 되었다.

어느날 그의 부모는 야외 수업에 보호자로 초대되었고, 교사와 의 상담 시간에 분열적인(disruptive) 행동과 낮은 학업성취에 대해 이야기하였고, 초등학교 내내 그가 잘 다닐 수 있도록 다양한 행동중재(behavioral interventions)를 실시했다. 이런 문제점에도 불구하고 제이슨은 굉장히 사교성이 있고 대부분의 또래 아동과 어른에게 인기도 좋아서 대우를 받곤 했다.

불행하게도 제이슨은 중학교 말기와 고등학교 초기 무렵 마약과 술을 하기 시작했다. 제이슨은 항상 또래 친구에게 인기가 있어서 파티와 다른 사교적인 모임에 곧잘 초대받았다. 그의 방에서 마리화나와 술이 발견되자 외출금지라는 벌과 함께 다른 벌도 받게 되었다. 그는 9학년이 되었을 때, 외출금지의 벌을 받은 뒤였지만, 며칠 뒤 친구네 파티에 가도록 허락받았다. 그 파티는 하룻밤 자고 오는 파티였지만 제이슨은 아직 몇몇 금지조항이 남아 있었기 때문에 11시에 부모님이 데리러 오게 되어 있었다. 그날 밤 모두가 잠든 시각, 제이슨의 아버지는 경찰에게서 제이슨이 당신의 아들이 맞느냐고 하는 전화를 받았다. 경찰관은 아직 면허도 없는데 두 명의 친구를 태우고 음주 운전하는 제이슨을 발견하고는 체포했다고 말했다. 제이슨은 아버지 차를 훔쳐서 그 파티로 돌아갔던 것이다. 제이슨이 아버지의 차를 타고 파티에 다시 오자 친구들은 환호성을 질렀고, 이에 신나서 술을 또 마시고는 두 명의 친구를 태우고 차를 몰았던 것이다. 모퉁이를 너무 빨리 돌아서 차가 뒤집혔고 그대로 찻길 한가운데로 미끄러졌다. 두 명의 친구 중 한 명은 부상을 당했고 제이슨과 다른 친구는 괜찮았다.

제이슨은 마리화나 소지로 고등학교에서 1년간 정학을 받았지만 결국은 졸업을 했다. 그는 전문대학에 입학했지만 성적이 좋지 않았고, 동기가 부여되지 않아서 학교를 그만두고 말았다. 그는 요리사로 일하면서 지금은 요리기술을 배우는 학교에 다니고 있다. 제이슨은 고등학생 시절 만났던 여자 친구와 오랫동안 안정적으로 사귀고 있다.

팀

팀(Tim)은 ADHD 증후가 있는 아이로 중학교 1학년 때부터 학교기반 중재 프로그램에 참여했다. 제이슨과는 달리 팀은 사교성이 별로 없고 또래 아동에게 종종 놀림을 당했다. 통학시간, 점심시간 그리고 쉬는 시간에 교실을 바꿔 다닐 때가 그에게는 특히나 곤혹스러웠다. 팀이 이렇게 정기적으로 놀림을 당했지만 그는 대체로 미소를 지었고, 아무나 말을 잘 들어 주는 사람과 쉽사리 이야기를 했다. 특수교육 중재가 단체생활 적응을 목표로 하게 되자, 특별히 그의 사회성에 대해서 초점을 맞추는 서비스를 받게 되었다. 팀은 프로그램에 참여하는 것을 좋아한다고 했고 일주일에 세 번 참석했다. 그렇지만 학교에서나 집에서나 그다지 성공적인 성과는 없었다.

그가 프로그램을 시작한 지 2년째 되던 시기에, 팀은 학교 프로그램의 강사에게 마침내 같이 앉아 밥을 먹을 친구를 몇 명 찾았다고 말했다. 그 강사는 팀이 비록 프로그램을 통해서는 아니지만 뭔가 성취했음을 절실히 확인하고픈 마음에, 점심시간에 카페테리아에 가서 팀을 멀찌감치 관찰했다. 그러나 그 높았던 기대는, 팀이 점심을 받아서 카페테리아 구석, 전일제 특수학급에서 특수교육을 받는 아동을 위한 자리에 가서 앉는 것을 보고 산산이 부서졌다.

팀은 그 탁자에 앉아서 간간히 사람들을 쳐다보며 아주 가끔 한마디씩 하는 아동에게 말을 걸기 시작했고 그것만으로도 만족해서 거기에 앉아 말을 했던 것이다. 카페테리아 직원은 팀이 다른 학생과 어울리지 못한 적이 있지만, 저 탁자에 앉은 후로는 그런 어려움이 없었다고 말했다. 학교 프로그램 강사는 과연 중학교에서 ADHD와 사회성에 문제가 있는 아동에게 성공의 의미가 무엇인지 의문을 가지면서 카페테리아를 나왔다.

마이크

마이크(Mike)는 중학교 재학 중 하계 치료 프로그램에 마지못해 나왔다(Pelham & Hoza, 1996). 그는 어린 나이에 ADHD로 진단을 받았다. 그의 부모는 또래 친구부터 시작해서 선생님과의 관계, 성적불량, 집에서 말을 듣지 않는 것에 이르기까지 광범위한 문제점에 대해서 길게 언급했다. 그의 부모는 마이크를 위해서 도움을 청하려고 했고, 마이크의 학교는 물론이고 정신과 전문가와 내과의에게까지 모두 물어보았지만 어떤 것도 도움이 되지는 않았다.

하계 치료 프로그램은 8주 동안 일주일에 다섯 번, 하루에 9시간씩 진행되었고 마이크는 매일 출석했다. 프로그램을 할 때 마이크의 태도는 그의 부모가 말한 것과는 아주 달랐다. 다른 또래 아동보다 학급에서 성적도 좋았고, 그가 속한 집단에서는 지도력도 발휘해서 강사진이 제일 선호하는 학생 중 하나였다. 그의 부모는 매번 마이크의 진전에 대한 보고를 받으면서도 불신 반 기대감 반하는 심정이었다. 그들은 학부모 모임에도 참가해서 집에서 형제자매와의 사이도 좋아졌다고 말했다. 캠프 운영진 중 하나는 마이크가 학교에 다니는 동안 계속 지도해 주었고, 비록 여름 캠프에서보다는 좀 못하지만 어느 정도의 성과를 올렸다.

마이크는 이듬해 여름, 프로그램에 다시 참여해서 계속 많은 향상을 이루었다. 그렇지만 그 해 여름에 마이크는 마약과 술을 하기 시작했다. 처음에는 그 빈도가 적었지만 점점 횟수가 늘어나면서 그와 가족과의 관계는 악화되었다.

마이크가 장기적으로 어떻게 되었는지 아는 사람이 별로 없다. 마약복용이 계속 늘고 있고, 몇 날 며칠 집에 안 들어가기 시작했다. 마침내 16살이 되었을 때 그는 영영 집에 들어가지 않았고, 그의 부모도 그가 어디 있는지 전혀 듣지 못했다.

ADHD가 있는 사람의 치료

이 책을 읽으면서 여러분이 알고 있는 주위의 ADHD 사람뿐 아니라 제이슨, 마이크, 팀도 생각해 주었으면 한다. 이 세 사람의 이야기는, 이러한 장애가 있는 사람이 치료에서의 진전과 평가에서 성과를 보였지만 여전히 많은 도움을 필요로 한다는 것을 말해 준다. 현행의 사회성 결함에 대한 중재방법은 아동에게 있어 아주 적은 성공만을 거둘 뿐이고, 우리에게는 어떻게 사회적으로 기능하는지를 측정할 만한, 신뢰할 수 있고 유효한 도구가 없다. ADHD 아동과 청소년이 마약과 술을 하지 않을 수 있게 하는 효과적인 예방 프로그램이 그야말로 절실하게 필요하다. 또한 학부모가 유용하게 쓸 수 있도록 지원을 해 줌으로써, 해당 아동을 더 많이 관찰하고 매일 발생하는 불필요한 다툼을 비롯하여 인생을 바꾸고 가정을 해체시킬 수도 있는 불행을 잘 다룰 수 있도록 도와줘야 한다. 끝으로 세 소년의 가정 모두 그 부모가 아동을 위해서라면 무엇이라도 할 만큼 적극적이었던 것을 기억하는 것이 중요하다. 대부분의 치료교육은 바로 이런 가족을 대상으로 한다. 하지만 불행히도 이 세 가족이 감당했던 지속적인 시간, 힘, 경제적인 지원이 어떤 사람에게는 불가능하다.

이 책에서 볼라이히 박사와 듀폴 박사는 ADHD 사람의 과학적인 치료방법의 발달과 평가를 일상생활에서 겪는 현실적인 것과 잘 엮어 놓았다. 이 두 사람은 아동과 부모, 학교와 병원 간의 대화와 파트너십이 결정적으로 중요하다고 강조한다. 두 저자는 제일 잘된 실례와 그 뒤에 있는 과학적인 요소를 살펴보고 있고, 더불어 우리가 일상생활에서 만나는 ADHD 개인에게 이런 예를 어떻게 적용할 것인지를 말해 준다. 만약 제이슨, 마이크, 팀이 어렸을 때 이 책에서 언급하는 가장 훌륭한 훈련을 받았다면 그들의 인생이 어떻게 얼마만큼 달라졌을까 하는 것에 대해서는 확신할 수 없다. 그렇지만 단언컨대 교육과 치료를 더 개선할 수 있는 가장 좋은 방법은 바로 아동과 학부모, 의사, 교육자가 이루어내는 협력에 있다고 생각한다.

Steven W. Evans

오하이오 대학교 심리학과 교수

참고문헌

Barkley, R. A., Murphy, K. R., & Fischer, M. (2008). *ADHD in adults: What the science says*. New York: The Guilford Press.

Pelham, W. E., Foster, E. M., & Robb, J. A. (2007). The economic impact of attention-deficit/hyperactivity disorder in children and adolescents. *Ambulatory Pediatrics*, *7*, 121-131.

Pelham, W. E., & Hoza, B. (1996). Intensive treatment: A Summer Treatment Program for Children with ADHD. In E. D. Hibbs & P. S. Jensen (Eds.), *Psychosocial treatments for child and adolescent disorders: Empirically based strategies for clinical practice* (pp. 311-340). Washington: American Psychological Association.

Podolski, C., & Nigg, J. T. (2001). Parent stress and coping in relation to child ADHD severity and associated child disruptive behavior problems. *Journal of Clinical Child Psychology*, *30*, 503-513.

저자 서문

ADHD는 복잡하고도 어려운 장애다. 정신의학, 심리학, 교육학, 소아과학, 말-언어 및 작업치료, 사회학 등을 망라하는 광범위한 분야의 연구에도 불구하고, 아직도 풀리지 않는 의문이 많이 남아 있다. 많은 연구가 효과적인 치료방법을 명확하게 밝혀 줬다고 해도, ADHD 증후가 있는 수많은 아동을 위한 성과로는 여전히 만족스럽지 못하다. ADHD로 발생하는 문제점은 아동의 삶에 복합적인 면에서 영향을 미치고, 최적의 치료를 위해서는 여러 분야에서의 지원이 필요하다. 또한 ADHD는 해당 아동이 가족과 자기 또래 친구와 어떻게 지내는지뿐만이 아니라 학교에서 어떻게 행동하는지에 대해 큰 영향을 미친다. 이러한 ADHD의 효과적인 치료를 위해서는 학교에서뿐 아니라 신체적 · 정신적 건강 쪽에서의 지원도 필요하다.

특히 신체적 · 정신적 건강과 교육과 같이 다중 시스템 간의 의사소통 및 상호작용이 요구되는데, 이는 ADHD 아동을 위한 최적의 운영 계획을 개발하는 데 핵심적인 서비스 쟁점에서 주요한 고려사항이다. 이 과정의 첫 번째 단계는 교육자, 내과의, 정신과 의료진에게 다른 체계 내부 혹은 여러 시스템을 아우르는 광범위한 측면의 ADHD 진단과 치료에 대해서 알고 있어야 한다는 점을 주지시키는 것이다. 이 책에서 우리는 양쪽 분야(의료와 교육)에 있는 두 저자의 공동협력을 통해서 이러한 측면을 모두 종합하려고 노력했다. 또한 이 책은 의료진이나 교육자 모두 이해하기 쉬운 말로 ADHD 아동의 진단과 중재에 대해서 핵심적인 정보를 제공한다. ADHD 아동을 돌보는 사람에게 문제점에 대해 전체적으로 조망하고, 어떻게 그 아동에게 접근하는 것이 최적인지 이해하기 쉽게 하려고 의료와 교육 두 분야를 모두 다루었다.

이 책의 구성은 독자로 하여금, ① ADHD 증후군의 역사와 현재 다루어지고 있는 범위, ② 학교에서 어떻게 이러한 ADHD를 선별해 낼 수 있는지, ③ 진단할 때 필요한 것은 무엇인지, ④ ADHD를 의료적인 측면과 행동수정요법으로 어떻게 다룰 것인지, ⑤ 어떤 교수적 수정(educational adaptation)을 통해 교실에서 ADHD 아동을 도와줄 수 있는지에 대해 살펴볼 수 있게 했다.

우리는 과학적인 근거가 있다면 그 정보에 기반을 두도록 했고, 동시에 ADHD 아동을 진단하고 중재했던 우리 자신의 경험도 활용했다. 참고자료도 또한 이 책 안에서 정보 제공이나 추천용으로 쓰였던 것이면 가능한 한 모두 공유했다. 부록에서는 ADHD 아동을 치료하고 교육시킬 때 의사나 교사에게 도움이 되도록 여러 추천할 만한 출처도 실었다. 바라건대 이 책이 진단과 중재과정에서 포괄적인 시각을 제공하고, ADHD에 대해서 치료사와 교육자의 시야가 보다 넓어지도록 도와주고, 의사, 교육자, 환자 가족 간에 좀 더 나은 의사소통을 촉진할 수 있게 되기를 바란다.

차 례

ADHD
Diagnosis
and Management
A Practical
Guide for
the Clinic
and Classroom

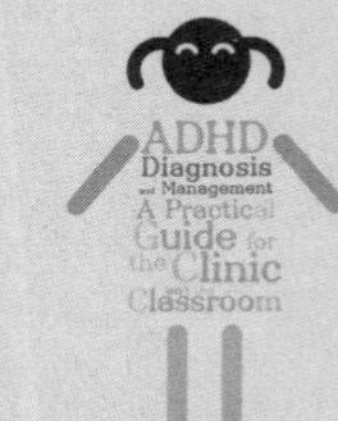
ADHD
Diagnosis
Management
A Practical
Guide for
the Clinic
Classroom

ADHD
Diagnosis
Management
A Practical
Guide for
the Clinic
Classroom

ADHD
Diagnosis
and Management
A Practical
Guide for
the Clinic
and the
Classroom

01 소개 및 역사

ADHD는 신경 생물학적 이상 증세로 심각한 장애를 유발하는, 부적절하고 부주의하고 충동적이며 지나치게 흥분하는 과잉행동 등으로 나타난다. 이 증후군에 대해서 광범위한 연구가 있었지만, 여전히 이에 대해서 의문을 가지는 사람이 있다. ADHD의 발현과 이러한 장애가 있는 아동을 돌보는 것은 전반적인 의료체계, 정신질환 및 교육 분야를 모두 망라하여 보건 및 환경 분야의 문제점까지 포함하고 있다. 따라서 이 증후군에 대한 증상이나 치료에 대해서 여러 가지 의견이 있는 것은 어찌 보면 당연한 일이다. 이 증후군의 치료제로 쓰이는 자극제의 오용과 남용은 계속해서 대중에게 관심거리였다(Associated Press, 2009; Cohen, 2009; Conwart, 1988; Mayes, Bagwell, & Erkulwater, 2008). ADHD 아동을 효과적으로 진단하고 치료하는 데 가장 큰 애로사항은 교육과 의료 전문가 사이에 협력이 필요하다는 점이다. 이들을 다루기 위한 환경과 중재의 영향력은 이러한 협력 작업을 필연적으로 요구한다. 이 책의 목적은 신체적 · 정신적 건강과 교육계 전반을 통해 ADHD 증후의 진단 및 치료가 필요하다는 증거를 통합적으로 보여 줌으로써, 교육과 보건 양측 분야 관점의 주요한 정보를 결합하고자 하는 것이다.

학부모는 자녀교육과 의료종사자 사이에서 유일한 대화 매개체가 되어야만 한다. 몇몇 부모는 이러한 역할을 잘 수행할 수 있지만 스트레스가 증가하고 상당한 시간이 소요된다. 어떤 학부모는 증후군이 있는 자녀와의 생활에서나 혹은 교육 체계에서 얻은 경험 때문에 자녀의 요구를 전달하는 데 어려움을 겪는다. 직접적으로 담당교사에게서 이야기를 들을 수 있는 경우 해당 교사가 관찰한 아동의 행동과 부모가 관찰한 것이 일치하지 않는데, 이것은 학부모와 교사는 아주 다른 상황에서 아동의 행동을 보게 되기 때문이다(Wolraich et al., 2004).

ADHD 아동을 대상으로 다중양식처치(the Multimodal Treatment) 연구를 하는 학자들(Swanson, Conner, & Cantwell, 1999)은 학부모와 교사의 관찰 견해에서 공통적으로 나타나는 불일치와 교육계 및 의료계 서비스 사이에서 확연하게 드러나는 단절을 보고하였다. 이들은 임상의가 진단과 치료를 위한 결정을 내릴 때, 학부모와 교사 양쪽에게서 해당 아동에 대한 정보를 취합하는 것이 매우 중요하다고 강조하였다. 또한 교사에게서 얻은 정보는 약의 효력을 확인하는 데 매우 결정적이라고 언급하였다. 교사는 약물치료의 효과와 부작용을 알아보는 데 최적의 위치에 있는데, 이것은 약의 효능이 최대치에 이르렀을 때 교사가 해당 아동을 관찰하기 때문이며 종종 부모조차 볼 수 없는 것을 관찰할 수 있기 때문이다.

대부분의 임상의는 아동을 평가할 때가 되어서야 교사 보고서(teacher report)를 입수한다고 말한다(Kwasman, Tinsley, & Lepper, 1995; Wolraich et al., 1990). 그렇지만 어떤 연구에서는 의사의 진단서와 교사의 행동 평가서를 기본으로 한 진단은 50% 이하의 불일치성을 보인 반면, 어떤 연구에서는 의사와 학부모 간 진단이 일치하는 것은 70%라고 보고했다(Wolraich et al., 1990). 이를 통해 의사는 진단을 내릴 때 교사에게서 불충분한 정보를 제공받거나 혹은 그 정보에 그다지 중점을 두지 않는 것을 알 수 있다. 미국소아과학회(The American Academy of Pediatrics: AAP)는 2000년에 ADHD에 대한 주요 방침 안내서에서 학부모와 교사 간 소통을 주요 권고사항으로 발표했고, 앞으로의 개정판에서도 이를 지속시킬 것으로 보인다.

다행스럽게도 뒤이은 소아전문의 대상 설문조사에서 학부모와의 대화가 개선되었음이 나타났다(Wolraich, Bard, Stein, Rushton, & O' Connor, 2009). 그러나 의사와 교사 사이에는 많은 문제가 산재해 있다. 두 전문가 집단은 서로 다른 용어를 사용하고 있다. 두 집단 모두 자신의 테두리 안에서 통용되는 특수용어를 쓰기 때문에, 동일 집단 내에서는 대화가 원활하지만 타 전문가와의 소통은 어려울 수 있다. 또한 일정도 서로 달라서 교사가 가능한 시간에는 의사에게 맞지 않는 시간대인 경우가 있다. 결과적으로 대화에 필요한 시간을 추가적으로 확보하기가 어렵다. 전자우편이 좀 더 나은 소통의 도구가 될 수도 있지만, 사생활 존중이라는 제약으로 그 용도는 제한된다. 나아가 매년 부모, 교사, 의료진 간의 소통이 더 복잡해지는 까닭은 부모가 종종 다른 교사나 교사군을 만났을 때 자기 아이의 문제점에 대해 다시 알려 줘야 하고 대화의 통로를 재개해야 하기 때문이다(Reid, Hertzog, & Snyder, 1996). 이렇듯 활발한 협력과 공동 작업은 ADHD 진단과 지도를 위한 필수요소이기 때문에 ADHD 아동을 돌보는 사람 사이에는 대화를 증진하는 것에 대해 신경을 써야 한다. 이 개선과정의 첫 번째 단계는 통합적인 이미지(integrated picture)를 제공할 수 있도록 교육계 및 의료계의 논쟁(issues)을 염두에 두며 교사와 의료진에게 ADHD에 대한 상호협력의 필요성을 인식시키는 것이다.

1. 역 사

비록 최근에 ADHD가 특히 성인에게까지 영향을 미치는 이상증세로 여겨졌기 때문에 새롭고 변화무쌍한 증세로 생각할 수 있지만 실제적으로 긴 역사를 지니고 있으며, 많은 전문가 집단에게 관심의 대상이 되어 왔다. 19세기 중반, ADHD의 특성은 독일 내과의인 하인리히 호프만(Hoffman, 1848)이 지은 어린이 동화, '안절부절못하는 필립과 멍한 조니' 로 대변되었다.

멍한 조니 이야기

조니가 터덜터덜 학교에 걸어갈 때마다
그가 항상 지키는 그만의 규칙은
하늘을 바라보는 것.
그리고 떠가는 구름도
그렇지만, 앞에 놓여 있던 것은
조니가 전혀 생각지도 못한 것.
모두가 소리쳤지.
"저기 쬐그만 조니다.
멍한 조니!"

안절부절못하는 필립 이야기

"어디 필립이 꼬마 신사가 될 수
있는지 한번 보자꾸나.
어디 한 번이라도 식탁에 얌전히
앉아 있을 수 있는지 보자고!"
이렇게 아빠는
필립에게 얌전히 굴 것을 부탁했고
엄마는 무척 걱정스러운 표정이었어.
허나 안절부절못하는 필립,
얌전히 앉지도 않고, 몸부림치고
킬킬거리고, 그네처럼 앞뒤로 왔다 갔다
마치 의자를 흔들목마처럼 움직이고 있는 필립에게
마침내 난 소리쳤어.
"필립! 나 정말 화낸다!"

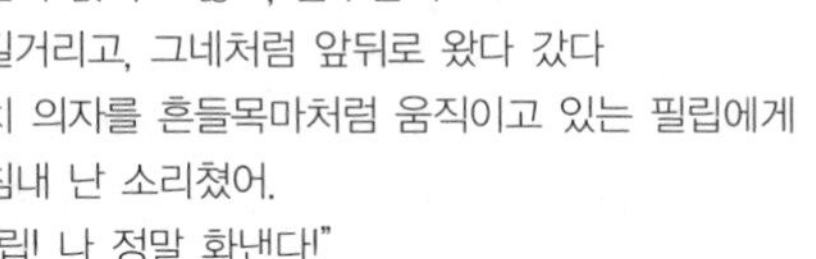

• 그림 1-1 • 하인리히 호프만의 동화책에 그려진 ADHD의 특성(1848)

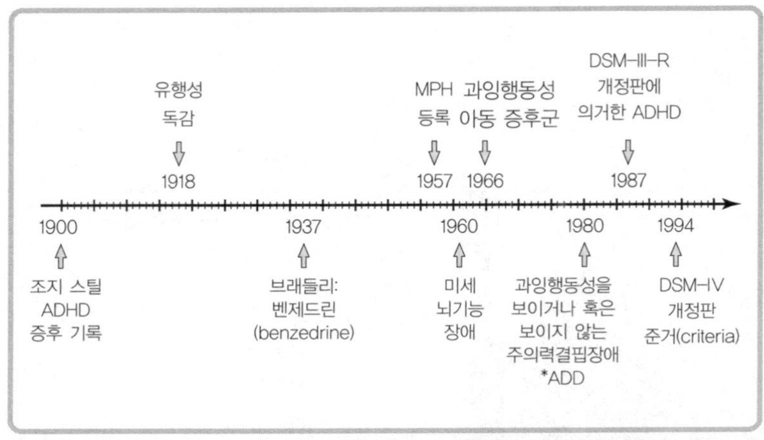

• 그림 1-2 • ADHD 연대기표

ADD(주의력결핍장애), DSM(정신장애 진단 및 통계 편람), MPH(메틸페니데이트)

ADHD의 역사에 대한 연대기표는 [그림 1-2]에 나와 있다. 1902년에 왕립내과의대 회합에서 조지 스틸(George Still)은 이 질병을 도덕성 결함에서 기인한 것이라고 발표했다. 스틸은 해당 아동이 규칙과 규정을 습득하지 못하는 것이 문제점으로 나타나고, 덧붙여 불안정하고 부주의하며 과잉된 행동양식을 보인다고 기록했다. 또한 그는 해당 아동이 뇌손상을 입었을지 모른다고 제시했지만 그런 행동은 유전적 · 환경적 요소에 의해서도 일어날 수 있다고 했다.

ADHD와 뇌손상의 관련 가능성은 1917년에서 1918년까지 전 세계적으로 성행한 뇌염을 동반한 유행성 독감으로 두드러지게 되었다. 왜냐하면 독감에서 회복한 몇몇의 아동이 침착하지 못하고 주의가 산만하며, 충동적이고 쉽게 자극을 받거나 과잉행동의 증후를 보였기 때문이다(Ebaugh, 1923; Hohman, 1922). 이후에 많은 경우에서 동일한 증후가 나타났지만 그 정도가 그렇게 심하지 않아서 뇌손상이 확실한 증거라고 할 수 없었다. 그 결과로 이런 이상 증세는 미세뇌기능손상-뇌기능장애, MBD[1]라고 명칭이 바뀌었다(Clements, 1966).

그러나 대부분의 MBD 증후에서 그 원인을 뇌손상이라고 입증하기는 어려웠다. 그래서 이 이상 증세의 이름은 좀 더 병인관계가 불분명한 것으로 바뀌었다. 예를 들어, '정신장애 진단 및 통계 편람 2판(DSM-II; American Psychiatric Association [APA], 1967)' 에 소개된 정신과 분류체계에서 증후에 대한 정의를 따르면 이런 증후는 '과잉운동적 충동장애(hyperkinetic impulse disorder)' 라고 일컬었다. 이후에 그 초점은 다시 버지니아 더글라스와 다른 학자의 연구로 옮겨졌다. 주요 문제점은 과잉행동 쪽보다는 부주의한 것으로 여겨졌고, 이것은 DSM-III(1980)의 진단명에 '주의력결핍장애' 증세로 바뀌어 반영되었다. 또한 세 가지 주요한 행동의 측면, 즉 주의력결핍, 충동성, 과잉행동성의 세 가지로 묘사되었다. 그 정의 아래에서도 두 가지로 나뉘어져서 주의력결핍과 충동성 유형만 있는 주의력결핍장애와 과잉행동성까지 세 가지 모두 포함한 형태의 '주의력결핍장애'로 나뉘었다. 그러나 1987년 세 번째 개정판에서

1) 'MBD' 라 일컬으며, 뇌손상과 관련한 명확한 신경학적 증후는 없지만 미미한 뇌손상이 원인으로 추정되는 다양한 현상을 설명하는 데 사용한 용어다. 주로 주의집중 및 학습에 관련한 어려움을 나타내는 아동의 원인 혹은 현상을 설명할 때 사용한다. 1963년 S. Kirk가 학습장애라는 용어를 사용하면서 그 원인의 하나로 미세뇌기능장애를 제시하였다.

(DSM-III-R)(APA, 1987) 세 가지 측면은 다시 주의력결핍 과잉행동장애 하나로 합쳐졌다. 2000년에 발간된 DSM-IV-TR에서 그동안 늘어난 증거와 여러 의견으로 과잉행동성과 충동성이 하나로 합쳐졌고, 주의력결핍 유형, 과잉행동성-충동성 유형, 그리고 모두 결합된 혼합 유형, 이렇게 세 가지로 다시 정의되었다. 연구가 계속 반복됨에 따라 과잉행동성과 충동성은 항상 같이 일어나는 것으로 밝혀졌다(Wolraich et al., 2003).

이러한 장애의 이질성(heterogeneity)을 특징화한 것은 DSM-III에서 주의력결핍이 주요 결함 요인이라고 중점을 두었던 것에 변화가 생기면서부터다. 이 정의 아래에서 '과잉운동성이 있는 주의력 결핍 유형'과 '과잉운동성이 없는 주의력결핍 유형'으로 종류가 나뉘었다. 그러나 DSM-III-R에서 이런 두 가지 유형을 지지하기에는 증거가 불충분하였지만, 1991년에 뒤이은 연구(Lahey & Carlson, 1991)에서 증거를 확보함에 따라 DSM-IV(APA, 1994)에서는 세 개의 유형을 포함하게 되었다. 주의력결핍과 과잉행동성의 차이가 동일한 장애에서의 하위 유형이라기보다 별개의 장애로 정의되는 것을 우려하였다(Loney & Milich, 1982). 이런 논란은 주의력결핍이 좀 더 인지적이고 학습능력에 대한 것인데 반해, 과잉운동성은 좀 더 분열적인 행동장애에 대한 것이기 때문이다. 하지만 현재 이런 특성에 대해서 별도로 치료법을 달리하는 경우는 없다.

또한 주의력결핍의 특성이 주요한 증후가 되도록 결정하는 데 도움을 준 것은 정신과가 처음으로 자극제 약물요법에 대한 유익을 보고하도록 임상훈련을 했기 때문이기도 한데, 이것은 입원한 아동을 중심으로 벤제드린 투약을 실시하면서 시작되었다(Bradley, 1937). 1950년대까지 브래들리의 연구 외에는 벤제드린에 대한 연구가 없는데, 이것은 메틸페니데이트가 1957년이 되어서야 상용이 허락되었기 때문이다. 임상의는 이후부터 브래들리의 연구에 대해 새롭게 관심을 보이게 되었다. MBD의 경우에 자극제(약물)를 활용한 것은 정신과와 소아과에서 긍정적인 효과를 보고함에 따라 급속도로 증가했다(Eisenberg, 1966; Laufer & Denhoff, 1957; Laufer, Denhoff, & Solomons, 1957).

이 증후에 대한 교육적인 관심은 뇌 손상을 입은 아동을 교육하는 문제가 대두된 1940~1950년대부터 시작되었다. 스트라우스(Strauss)와 베르너(Werner)는 이 시기에 뇌에 손상을 입은 아동과 지적 결함이 있는 아동을 계속적으로 비교하는 일련의 연구를 시작하였다(Strauss, 1941, 1944; Strauss & Werner, 1941, 1943). 이 두 학자는 또한 감각 통합 훈련(intersensory integration training)과 추상 개념을 가르칠 때 실질적인 도구의 사용, 교실에서 주의를 흐트러뜨리는 물건 제거 등의 교육적 치료방법을 개발하였다(Strauss & Kephart, 1955). 이들의 연구가 본래는 뇌손상을 입은 아동을 대상으로 하였지만 또한 비슷한 양상의 결함이 있는 아동, 즉 미세 뇌 기능장애(MBD)의 증후에 부합하는 아동 또한 포함하였다.

교육계는 지속적으로 ADHD 아동에게 필요한 서비스를 제공하는데 상당한 일조를 해 왔다. 1990년 「장애인교육법」(IDEA, PL 101-476)과 1973년 「재활법」 제504조(PL 93-112, Section 504 Regulations)에 따라, 학교에서는 교실 내에서의 수정(adaptation)과 필요시 ADHD

아동을 위해 특수교육 서비스를 지원하게 되었다. 심리약학적(psychopharmacologic) 연구 혹은 행동수정 연구와 같이 광범위한 연구는 아니지만 특정 학교의 중재방법을 다루는 연구가 계속 실행되어 왔다(예, Shapiro, DuPaul, Bradely, & Bailey, 1996; Zentall & Dwyer, 1988; Zentall & Meyer, 1987). 학교교육에서의 실례로는 정확하고 분명한 학급 내에서의 규칙(Paine, Radicchi, Rosellini, Deutchema, & Darch, 1983), 수행과제를 학생이 선택하도록 하는 것(Dunlap et al., 1994)과 토큰 강화 시스템의 시행 등이 있다(Pelham & Fabiano, 2008). 이러한 학교교육은 8장에서 더 자세하게 다룰 것이다.

ADHD가 1800년대에 최초로 확인되었고 자극제를 이용한 치료요법이 효과적이라고 알려졌지만, 이 증후의 존재 유무와 자극제의 과다한 사용은 계속해서 대중적 논란이 되어 왔다. 자극제의 광범위한 사용과 남용에 대한 우려가 시작된 것은 1970년대에 들어와서부터다. 워싱턴 포스트지는 네브래스카 주 오마하의 5~10%에 해당하는 학생에게는 행동 통제를 위해서 자극제를 투여하였음을 보도하였다. 이것은 실증된 것도 아니고, 그 수치도 과장되었다고 생각되지만, 이 보고서로 자극제 약물요법에 대한 국정조사뿐만 아니라 더 많은 연구가 촉진되었다.

1980년대 사이언톨로지 교회의 인권 시민 위원회(the Church of Scientology's Citizens Commission on Human Rights)에서는 ADHD 진단에 대해 의문이 들었고, 약물요법의 잠재적인 부작용을 확대하여 강조하면서 자극제 치료요법의 폐지를 주장하였다(Citizens Commission on Human Rights, 1987; Toufexis, 1989; Williams,

1988). 이들은 기사에서 자극제 약물요법이 아동을 지나치게 수동적이고 약에 취한 상태가 되게 한다고 주장했다. 장기적인 복용 시 심각한 부작용을 초래할 수 있고 중독되게 할 수 있다고도 하였다. 이 약물 때문에 자극제 치료를 받는 ADHD 환자가 위험하다는 증거가 없음에도 불구하고, 발생할 수 있는 부작용을 설명하면서 암페타민을 사용했을 때 약물 중독자에게 생기는 폐해보다도 부작용이 더 크다고 하였다(Wilens, Faraone, Biederman, & Gunawardene, 2003). 이러한 평판 때문에 1980년대 후반에는 메틸페니데이트의 사용이 감소되었다(Safer & Krager, 1992). 예를 들어, 메릴랜드 발티모어 주의 자극제 약물요법 분포율은 1971년에서 1987년까지 4~7년마다 두 배가 되어 1971년에는 1%였던 것이 1987년에는 6%까지 증가하였다. 그러다가 1991년에는 3%로 떨어졌다. 하지만 지난 15년간 자극제의 사용은 크게 증가하였다. 1991년에서 1995년까지 발티모어 카운티의 사용 수치는 2.6%에서 3.8%로 늘어났고(Safer, Zito, & Fine, 1996), 그에 따라 자극제 생산량이 6배 정도 증가하였다(Drug Enforcement Administration, 1995). 이런 사실은 과학지(Diller, 1996)와 전문지 외(Angier, 1994; McGinnis, 1997) 일반 논평 양쪽에서 모두 자극제의 과다 사용에 대한 우려를 자아내었다. 이러한 생산량의 증가는 여러 요인으로 자극제 약물에 새롭고도 보다 더 오랜 시간 작용할 수 있는 결합 방식을 개발하였고, 또한 ADHD 증후가 기존의 생각과는 달리 성인이 되어서도 별다르게 없어지지 않고 지속된다는 것을 발견하였기 때문이라고 할 수 있다(Barkely, Murphy, & Fischer, 2007; Biederman, Mick, & Faraone, 2000).

2. ADHD 연구 요소

자극제 요법의 남용에 대한 논란은 그 효력의 여부에 문제가 있는 것이 아니라 어떻게 다뤄지고 있느냐에 대한 것이 관건이다. ADHD의 주요 증후에 대해서 자극제 요법이 효과가 있다는 사실은 6장에서 다루고 있는 것처럼 수년에 걸쳐 아주 확실한 증거가 제시되어 있다(Brown et al., 2005; Jensen et al., 2001). 그러므로 약물치료상에서 상당 부분의 우려는 효능보다는 누구를 대상으로 치료하느냐에 대한 것이다. 이 논쟁은 지나치게 많은 사람이 자극제를 처방받아 복용하고 있다는 것이고, 이중 상당수는 부적절하게 처방받았을 거라는 사실이 전제되어 있다(Diller, 1996). 누가 잘못 처방되었는지 단언하는 것은 무척 어려운 일이나, 많은 ADHD 사람이 이러한 약물치료를 받지 않았다는 증거는 있다(Jesnsen et al., 1999).

자극제 요법의 효능(Greenhill, 1995; Miller et al., 1998; Swanson et al., 1993)을 말해 주는 대부분의 통제 실험(controlled studies)은 정신과나 다른 삼차 진료소(행동발달 연구센터나 정신건강 관리센터)에서 실행되어 왔지만, 대부분의 자극제 요법은 일차 진료 내과의에 의해서 처방이 된다. 특히 처방전의 대부분은 소아과의사가 내린다(Rappley, Gardiner, Jetton, & Houang, 1995; Ruel & Hickey, 1992; Sherman & Hertzig, 1991). ADHD 아동을 치료하는 데 일차 진료 내과의가 참여한 것은 부분적으로 '이 증후를 정서적인 증후라기보다는 생물학적인 증후로 해석하는 역사적인 관점'과 '주로 소아과의사가 부모가 만나는 최초의 의료진이라는 사실' 에 뿌리를 두고 있다. 더불어 일차 진료 소아과의사는 종종 그 해당 아동의 가족과 지속적으로 관계하기 때문에, 문제가 생겼을 때 제일 먼저 상담받는 사람이 되기 쉽다.

ADHD의 출현율이 높기 때문에 아동 정신과의사의 수와 정신과 치료에서의 제한을 고려한다면, ADHD의 치료는 앞으로도 일차 진료 내과의의 상당한 참여를 필요로 할 것이다. 또한 정신병에 대한 사회의 부정적인 태도 때문에라도 가족은 소아과의사에게 제일 먼저 찾아가서 상담할 가능성이 높다. 과학적 증거가 아무리 그 경계를 모호하게 하더라도 사회적으로는 계속 몸과 마음이 나뉘어 있다는 이원성을 받아들이고 있다. 행동치료 시설(또는 서비스)에서는 일반적인 의료 서비스에서보다 더 많은 제한 조건을 두기 때문에 차별적으로 보상하려고 하며, 대부분의 주에서는 신체적 · 정신적 건강을 담당하는 부서가 별도로 있다. 의료지원 시스템은 행동건강 부서를 통해 이 차이점을 계속 유지하려고 하기 때문에, 정신과의 접근을 제한함으로써 좀 더 많은 아동을 일차적 진료 내과의에게 보이도록 유도하고 있다. 어떤 부모는 자신의 아동을 위해서 정신과의 도움을 요청하는 것은 나쁜 부모가 하는 행동이라고 생각한다. 이런 부모에게는 ADHD가 신경학적인 증후라고 여기기 쉽기 때문에 주로 그들은 소아과의사나 소아신경과전문의에게 도움을 구할 것이다.

ADHD 치료는 주로 일차 진료의 환경에서 일어나기 때문에 그런 맥락에서 치료를 살펴보는 것은 중요하다. 그렇지만 상대적으로 정보가 그다지 많지 않다. 일차 기관에서 치료를 받는 아동은 앞서 언급한 자극제 효과 연구에 참여한 아동과는 다를 수 있다. 소아과에서 치료를 받는 ADHD 아동은 정신과에 오는 아동에 비해서 나이가 어리고 대개는 학업 수행 능력도 떨어지지만, 기타의 공존장애[2)] (comorbidities)는 보이지 않는 경향이 있다(Lindgren et al., 1990).

일차 진료 소아과의사의 치료를 받는 여러 유형의 ADHD 아동은 이질성과 진단과정에서의 부정확성을 반영하고 있다. 생물학적 가족력이 있는 유전적인 요인에도 불구하고, ADHD인지 아닌지의 판단은 행동을 관찰함으로써 결정되기 때문이다(Baumgaertel & Wolraich, 1998). ADHD 아동을 진단하는 데 '지속적인 수행 검사(continuous performance tests)' (Corkum & Siegel, 1993)나 중추신경의 기능을 객관적으로 측정하기 위한 신경영상술(neuroimaging) 외에 다른 특징이 있는 특별한 방법은 없다. ADHD 자체가 외부적으로 나타나는 증후이기 때문에 해당 아동과 가장 가까운 성인이 지켜본 바에 따라서 진단이 내려지게 된다. 이렇게 관찰한 것이 해당 아동이 작성한 보고서보다도 더 유효하다(Lahey et al., 1987). 관찰된 행동은 또한 전후 관계에 따라서 달라지는데, 요구되는 집중도가 높고 재미가 덜한 자극일수록 ADHD 아동이 집중하기는 더 어렵다. 학교교실 환경에서는 집중을 요구하는 행동이 좀 더 쉽고

2) 공존장애는 동반장애 혹은 공존장애라고도 함. 한 가지의 주 장애가 있는 아동이 학습장애, 품행장애, 적대적 반항장애, 불안장애, 우울장애 등 다른 장애를 동반하는 경우를 일컫는다.

명백하게 보이기 때문에, 교사의 관찰이 진단에서 아주 중요한 고려 대상이 된다. 그러므로 비록 교사와 치료담당 의사 간의 의사소통이 어렵고 힘들더라도 ADHD 아동의 진단과 치료에는 매우 필수적이다.

이 책은 신체적 · 정신적 건강과 교육학 분야 양쪽의 관점에서 ADHD의 진단과 치료에 적용할 만한 근거를 살펴보았으며, ADHD를 심도 있게 이해하고 또 어떻게 다뤄야 하는지 도움을 줄 만한 여러 가지 사실을 종합적으로 알아보았다. 또한 건강(의료 분야) 및 교육 분야 양쪽 전문가가 ADHD 아동을 위해서 좀 더 넓은 체계 안에서 각각 실행할 수 있는 것을 이해하고 통합할 수 있도록 양 분야에 걸쳐서 어떻게 서로 협력해서 서비스를 제공할 것인지 논의하고 있다.

American Academy of Pediatrics, Committee on Quality Improvement and Subcommittee on Attention-Deficit/Hyperactivity Disorder. (2000). Clinical practice guideline: Diagnosis and evaluation of the child with attention-deficit/hyperactivity disorder. *Pediatrics, 105*, 1158-1170.

American Psychiatric Association. (1967). *Diagnostic and statistical manual of mental disorders* (2nd ed.). Washington, DC: Author.

American Psychiatric Association. (1980). *Diagnostic and statistical manual of mental disorders* (3rd ed.). Washington, DC: Author.

American Psychiatric Association. (1987). *Diagnostic and statistical manual of mental disorders* (3rd ed., Rev.). Washington, DC: Author.

American Psychiatric Association. (1994). *Diagnostic and statistical manual of mental disorders* (4th ed.). Washington, DC: Author.

American Psychiatric Association. (2000). *Diagnostic and statistical manual of mental disorders* (4th ed., Text Rev.). Washington, DC: Author.

Angier, N. (1994, July 24). The debilitating malady called boyhood. *New York Times*, Sec. 4, pp. 1, 4.

Associated Press. (2009). *ADHD drug abuse calls flood poisons centers.* Retrieved November 23, 2009, from http://www.msnbc.msn.com/id/32538503/ns/health-kids_and_parenting/.

Barkley, R., Murphy, K., & Fischer, M. (2007). *ADHD in adults: What the science says.* New York: Guilford Press.

Baumgaertel, A., & Wolraich, M. L. (1998). Practice guideline for the diagnosis and management of attention deficit hyperactivity disorder. *Ambulatory Child Health*, *4*, 45-58.

Biederman, J., Mick, E., & Faraone, S. V. (2000). Age-dependent decline of symptoms of attention deficit hyperactivity disorder: Impact of remission definition and symptom type. *American Journal of Psychiatry*, *157*, 816-818.

Bradley, C. (1937). The behavior of children receiving benzedrine. *American Journal of Psychiatry*, *94*, 577-585.

Brown, R., Amler, R. W., Freeman, W. S., Perrin, J. M., Stein, M. T., Feldman, H. M., et al. (2005). Treatment of attention-deficit/hyperactivity disorder: Overview of the evidence. *Pediatrics*, *115*, e749-e756.

Citizens Commission on Human Rights. (1987). *Ritalin: A warning for parents.* LA: Church of Scientology.

Clements, S. D. (1966). *Minimal brain dysfunction in children:*

Terminology and identification. Washington, DC: U.S. Department of Health, Education and Welfare.

Cohen, E. (2009). *Does your child need ADHD drugs?* Retrieved November 23, 2009, from http://www.cnn.com/2009/HEALTH/07/30/adhd.drugs.children/index.html.

Corkum, P. V., & Siegel, L. S. (1993). Is the continuous performance task a valuable research tool for use with children with attention-deficit-hyperactivity disorder?. *Journal of Child Psychology and Psychiatry, 34*, 1217-1239.

Cowart, V. S. (1988). The Ritalin controversy: What' s made this drug's opponents hyperactive? *JAMA, 259*(17), 2521-2523.

Diller, L. H. (1996). The run on Ritalin: Attention deficit disorder and stimulant treatment in the 1990s. *Hastings Center Report, 26*, 12-18.

Douglas, V. I. (1974). Differences between normal and hyperkinetic children. In C. Conners (Ed.), *Clinical use of stimulant drugs in children* (pp. 12-23). Amsterdam: Excerpta Medica.

Douglas, V. I., & Peters, K. G. (1979). Toward a clearer definition of the attention deficit of hyperactive children. In G. Hale & M. Lewis (Eds.), *Attention and the development of cognitive skills*. New York: Plenum Press.

Drug Enforcement Administration. (1995). *Yearly aggregate production quotas*. Washington, DC: Drug Enforcement Administration, Office of Public Affairs.

Dunlap, G., dePerczel, M., Clarke, S., Wilson, D., Wright, S., White, R., et al. (1994). Choice making to promote adaptive behavior for students with emotional and behavioral challenges. *Journal of Applied Behavior Analysis, 27*, 505-551.

Ebaugh, F. G. (1923). Neuropsychiatric sequelae of acute epidemic encephalitis in children. *American Journal of Diseases of Children, 25*, 89-97.

Eisenberg, L. (1966). The management of the hyperkinetic child. *Developmental and Child Neurology*, *8*(5), 593–598.

Greenhill, L. L. (1995). Attention-deficit hyperactivity disorder: The stimulants. *Child and Adolescent Psychiatry Clinics of North America*, *4*, 123–168.

Hoffman, H. (1848). *Der Struwwelpeter*. Leipzig, Germany: Imsel Verlag.

Hohman, L. B. (1922). Post-encephalitic behavior disorder in children. *Johns Hopkins Hospital Bulletin*, *33*, 372–375.

Individuals with Disabilities Education Act (IDEA) of 1990, PL 101–476, 20 U.S.C. §§ 1400 *et seq*.

Jensen, P., Hinshaw, S. P., Swanson, J. M., Greenhill, L. L., Conners, C. K., Arnold, L. E., et al. (2001). Findings from the NIMH multimodal treatment study of ADHD (MTA): Implications and applications for primary care providers. *Journal of Developmental and Behavioral Pediatrics*, *22*, 60–73.

Jensen, P. S., Kettle, L., Roper, M. T., Sloan, M. T., Dulcan, M. K., Hoven, C., et al. (1999). Are stimulants overprescribed? Treatment of ADHD in four communities. *Journal of the American Academy of Child and Adolescent Psychiatry*, *38*, 797–804.

Kwasman, A., Tinsley, B. J., & Lepper, H. S. (1995). Pediatricians' knowledge and attitudes concerning the diagnosis and treatment of attention deficit and hyperactivity disorders. A national survey approach. *Archives of Pediatric and Adolescent Medicine*, *149*, 1211–1216.

Lahey, B., Mc Burnett, K., Piacentinit, J., Hartdagen, S., Walker, J., Frick, P., et al. (1987). Agreement of parent and teacher rating scales with comprehensive clinical assessments of attention deficit disorder with hyperactivity. *Journal of Psychological Behavioral Assessment*, *9*, 429–439.

Lahey, B. B., & Carlson, C. L. (1991). Validity of the diagnostic category of Attention Deficit Disorder without Hyperactivity: A review of the literature. *Journal of Learning Disabilities, 24*, 110–120.

Lahey, B. B., & Carlson, C. L. (1994). Attention deficit disorder without hyperactivity: A review of research relevant to DSM-IV. In T. A. Widiger, A. J. Frances, H. A. Pincus, W. Davis & M. First (Eds.), *DSM-IV sourcebook* (Vol. 1). Washington, DC: American Psychiatric Press.

Laufer, M., & Denhoff, E. (1957). Hyperkinetic behavior syndrome in children. *Journal of Pediatrics, 50*, 463–474.

Laufer, M., Denhoff, E., & Solomons, G. (1957). Hyperkinetic impulse disorder in children's behavior problems. *Psychosomatic Medicine, 19*, 38–49.

Lindgren, S., Wolraich, M. L., Stromquist, A., Davis, C., Milich, R., & Watson, D. (1990). *Diagnostic heterogeneity in attention deficit hyperactivity disorder*. Paper presented at the Fourth Annual NIMH International Research Conference on the Classification and Treatment of Mental Disorders in General Medical Settings, Bethesda, MD.

Loney, J., & Milich, R. (1982). Hyperactivity, inattention, and aggression in clinical practice. *Advances in Developmental and Behavioral Pediatrics, 3*, 113–147.

Mayes, R., Bagwell, C., & Erkulwater, J. (2008). ADHD and the rise in stimulant use among children. *Harvard Review of Psychiatry, 16*, 151–166.

McGinnis, J. (1997, September 18). Attention deficit disaster. *The Wall Street Journal*, A14.

Miller, A., Lee, S. K., Raina, P., Klassen, A., Zupanic, J., & Olsen, L. (1998). *A review of therapies for attention deficit/hyperactivity disorder*. Vancouver: Research Institute for Children's and Women's Health and University of British Columbia.

Paine, S. C., Radicchi, J., Rosellini, L. C., Deutchman, L., & Darch, C. B.

(1983). *Structuring your classroom for academic success.* Champaign, IL: Research Press.

Pelham, W., & Fabiano, G. A. (2008). Evidence-based psychosocial treatments for attention-deficit/hyperactivity disorder. *Journal of Clinical Child and Adolescent Psychology, 37*, 184–214.

Rappley, M. D., Gardiner, J. C., Jetton, J. R., & Houang, R. T. (1995). The use of methylphenidate in Michigan. *Archives of Pediatric and Adolescent Medicine, 149*, 675–679.

Rehabilitation Act of 1973, PL 93–112, 29 U.S.C. §§ 701 *et seq.*

Reid, R., Hertzog, M., & Snyder, M. (1996). Educating every teacher, every year: The public schools and parents of children with ADHD. *Seminars in Speech and Language, 17*(1), 73–90.

Ruel, J. M., & Hickey, P. (1992). Are too many children being treated with methylphenidate? *Canadian Journal of Psychiatry, 37*, 570–572.

Safer, D. J., Zito, J. M., & Fine, E. M. (1996). Increased methylphenidate usage for attention deficit disorder in the 1990's. *Pediatrics, 98*, 1084–1088.

Safer, D. J., & Krager, J. M. (1992). Effect of a media blitz and a threatened law-suit on stimulant treatment. *Journal of the American Medical Association, 268*, 1004–1007.

Shapiro, E. S., DuPaul, G. J., Bradley, K. L., & Bailey, L. T. (1996). A school-based consultation program for service delivery to middle school students with attention-deficit/hyperactivity disorder. *Journal of Emotional and Behavioral Disorders, 4*, 73–81.

Sherman, M., & Hertzig, M. E. (1991). Prescribing practices of Ritalin: The Suffolk County, New York study. In L. Greenhill & B. Osman (Eds.), *Ritalin theory and patient management.* New York: M. A. Liebert.

Still, G. F. (1902). The Coulstonian lectures on some abnormal physical conditions in children. *Lancet, 1*, 1008–1012.

Strauss, A. A. (1941). The incidence of central nervous system involvement in higher grade moron children. *American Journal of Mental Deficiency, 45*, 548–554.

Strauss, A. A. (1944). Ways of thinking in brain-crippled deficient children. *American Journal of Psychiatry, 100*, 639–647.

Strauss, A. A., & Kephart, N. C. (1955). *Psychopathology and education of the brain-injured child* (Vol. 2). New York: Grune and Stratton.

Strauss, A. A., & Werner, H. (1941). The mental organization of the brain injured mentally defective child. *American Journal of Psychiatry, 97*, 1194–1202.

Strauss, A. A., & Werner, H. (1943). Comparative psychopathology on the brain-injured child and the traumatic brain-injured adult. *American Journal of Psychiatry, 99*, 835–838.

Swanson, J. M., Conner, D. F., & Cantwell, D. (1999). Ill-advised. *Journal of the American Academy of Child and Adolescent Psychiatry, 35*, 5.

Swanson, J. M., McBurnett, K., Wigal, T., Pfiffner, L. J., Lerner, M. A., & Williams, L. (1993). Effect of stimulant medication on children with attention deficit disorder: A "review of reviews". *The Council for Exceptional Children, 60*(2), 154–162.

Toufexis, A. (1989, January 16). Worries about overactive kids: Are too many youngsters being misdiagnosed and medicated?. *Time*, 65.

Wilens, T., Faraone, S., Biederman, J., & Gunawardene, S. (2003). Does stimulant therapy of ADHD beget later substance abuse? A meta-analytic review of the literature. *Pediatrics, 111*, 179–185.

Williams, L. (1988, January 15). Parents and doctors fear growing misuse of drug used to treat hyperactive kids. *Wall Street Journal*, 10.

Wolraich, M. L., Bard, D. E., Stein, M. T., Rushton, J. L., & O'Connor, K. G. (2009, Aug. 25). Pediatricians' attitudes and practices on ADHD before and after the development of ADHD pediatric practice guidelines. *Journal of Attention Disorders*. (First published as doi:10.1177/

1087054709344194 at http://jad.sagepub.com/pap.dtl)

Wolraich, M. L., Lambert, E. W., Baumgaertel, A., Garcia-Tornel, S., Feurer, I. D., Bickman, L., et al. (2003). Teachers' screening for attention deficit/hyperactivity disorder: Comparing multinational samples on teacher ratings of ADHD. *Journal of Abnormal Child Psychology, 31*(4), 445-455.

Wolraich, M. L., Lambert, E. W., Bickman, L., Simmons, T., Doffing, M. A., & Worley, K. A. (2004). Assessing the impact of parent and teacher agreement on diagnosing ADHD. *Journal of Developmental and Behavioral Pediatrics, 25*, 41-47.

Wolraich, M. L., Lindgren, S., Stromquist, A., Milich, R., Davis, C., & Watson, D. (1990). Stimulant medication use by primary care physicians in the treatment of attention deficit hyperactivity disorder. *Pediatrics, 86*, 95-101.

Zametkin, A. J., Nordahl, T. E., Gross, M., King, A. C., Semple, W. E., Rumsey, J., et al. (1990). Cerebral glucose metabolism in adults with hyperactivity of childhood onset. *New England Journal of Medicine, 323*, 1361-1366.

Zentall, S. S., & Dwyer, A. M. (1988). Color effects on the imulsivity and activity of hyperactive children. *Journal of School Psychology, 27*, 165-174.

Zentall, S. S., & Meyer, M. J. (1987). Self-regulation of stimulation for ADD-H children during reading and vigilance task performance. *Journal of Abnormal Child Psychology, 15*, 519-536.

02 원인, 출현율 그리고 장기적 영향

ADHD로 판별된 아동을 위해(이들에게 적절한 서비스가 제공되도록 하기 위해) 문제의 범주를 이해하는 것은 중요하다. 즉, 이는 많은 ADHD 아동에게 동반되는 기타의 상태와 빈도, 장기간의 영향과 같은 것을 말한다. 이러한 정보는 아동의 개별적 진단과 학령기 및 전 생애에 걸친 치료(treatment)를 계획하게 하며, ADHD 때문에 아동 생애에 지속될 수 있는 장기적 영향이 어떠한지에 대한 이해를 돕는다. 또한 가용능력을 최적화할 수 있는 적절한 서비스 체계를 계획, 발전하게 하며 치료효과에도 영향을 준다. 서비스 제공자에게는 ADHD 아동에게 성장 시 무슨 일이 일어나는지와 공존장애의 영향을 아는 것이 중요하다. 이러한 정보는 서비스 제공자에게 가족을 교육시킬 수 있도록 돕고, 효과적인 관리계획 개발 및 이차적인 합병증 예방과 미래를 위한 계획을 세울 수 있도록 돕는다. 이러한 논의를 설명하고자, 이 장에서는 ADHD의 원인과 출현율, 관련 특성 및 장기적 영향(outcomes)에 대해 논의하고자 한다.

1. 원 인

ADHD의 원인은 어떠한 혈액검사 또는 뇌 영상이미지로도 쉽게 확인할 수 있는 하나의 병인으로 제한하기 힘들며, 현존하는 어떠한 신경학적 검사로도 해답을 제시하기 힘들다. 따라서 복합적 병인만이 유사한 행동적 증후를 설명해 줄 수 있다. 1장에서 주목하였듯이, 출생 전 또는 출산 시의 외상과 같은 뇌손상은 역사적으로 가장 흔한 ADHD의 원인으로 추정할 수 있는데, 이는 일찍이 '미세 뇌기능장애(minimal brain damage or dysfunction: MBD)' 라는 명칭에 반영되었다(Climents, 1966). 하지만 유전적 특질이 가장 일반적인 원인임이 분명해지고 있다.

1) 유전적 특질

유전적 원인의 증거는 열성 또는 우성의 단일 유전자라고 하는 전형적인 멘델의 법칙 패턴을 따르지 않는다. 하지만 유전적 원인의 기초가 되는 증거를 제시하는 많은 연구가 있다.

- 쌍생아 연구를 통해 0.75의 비율로 유전 가능성이 발견되었는데, 이는 75% 정도의 표현형 변이율이 유전적 요인에서 비롯될 수 있다는 것이다(Barkley, 1998).
- 또한 가족 연구에서, ADHD 아동은 양자 관계일 때보다는 생물학적 친족일 때 장애가 더 발생하기 쉽다(Alberts-Corush, Firestone, & Goodman, 1986; Morrison & Stewart, 1973).
- ADHD가 없는 형제, 자매보다는 ADHD가 있는 형제, 자매가 그 (발생) 위험률이 2~3배 크다(Biederman, Faraone, Keenan, Knee, & Tsuang, 1990).
- 일차적 친족은 비교집단과 비교하여 장애가 생길 위험이 더 크다(Biederman et al., 1990; Cantwell, 1972; Morrison & Stewart, 1971).

특정 유전적 특질과의 좀 더 구체적인 연관성이 ADHD 개인 중 일부에서 확인되었다. ADHD와 연관된 신경전달물질 중 두 가지는 생산, 방출, 재흡수, 또는 물질대사를 돕는 유전인자다. 그것에는 도파민 전달 유전인자(DAT1)(Elia & Devoto, 2007), D4 수용체 유전인자(Swanson et al., 1998), DAT5(Elia & Devoto, 2007), 도파민 베타 수소방사 물질(Elia & Devoto, 2007), 노르에피네프린 전달체, 시냅토섬(시냅스 말단 구성조직) 관련 단백질(Elia & Devote, 2007), 갑상선 수용 유전인자가 포함된다(Hauser et al., 1993). 유전자의 결손(absence)이나 재현(repetitions) 또는 올바르게 기능하지 않는 유전자로 초래된 유전적 특질의 일부가 결함을 초래할 수 있다.

유전학적 원인에 대한 시사점은 유의해야 할 가족 구성원의 가계보를 얻는 것이 중요하다는 것이다. ADHD가 있는 친족이 공식적으로는 아동기 때 진단되지 않았을 수도 있다. 이는 단지 누가 임상적으로 진단되었나를 묻는 것보다는 오히려 행동과 학교 수행에 대해서 질문하는 것이 중요하다는 것을 의미한다. 일측 또는 양측 부모에게 있던 동일한 문제를 그들의 자녀에게서 발견하는 것은 어렵지 않다. 게다가 ADHD 부모는 치료 프로그램을 잘 지지하기(예를 들어, 자신의 자녀가 약물치료를 받는 것에 대해 확신하는 것) 힘들거나 또는 효과적인 행동 프로그램에서 요구되는 일관성을 제공하기 힘들다. 만일 부모가 학교에 대해 부정적인 경험을 했다면, 그 부모는 자녀의 교사에게서 위협을 느끼거나 자녀에게 학교에 대한 부정적인 태도를 전할지 모른다. 전문가는 부모 스스로 상태를 확인하고 치료를 알아볼 수 있도록 그들을 도울 수 있다. 만일 ADHD 부모 자신이 잘 치료받은 경험이 있다면, 자신의 자녀에게 전체적인 치료 계획에 잘 따르게 하기가 쉽다.

2) 두뇌 손상

유전적 병인이 가장 우세한 원인인 반면, ADHD로 진단된 이들의 20~25%는 두뇌와 같은 신체적 원인과 연관된 장애가 있다. 이러한 증거를 다음의 연구에서 확인할 수 있다.

- 미성숙하게 출생한 아동에게서 ADHD 및 학습장애의 발생률이

더 높은 비율로 나타난다(Klebanovs, Brook-Gunn, & McCormick, 1994).

- 임신 중 담배를 핀 경험이 있는 여성의 자녀에게서 더 높은 발생률이 나타난다(Fergusson, Horwood, & Lynskey, 1993).
- 오토바이 또는 자전거 교통사고로 머리 부분의 외상과 같은 외상성 뇌손상은 유사한 행동 특성을 초래한다(Levin et al., 2007).
- 태아기 때 알코올에 노출되면 그 심각한 형태가 태아기 알코올 증후군이라는 결과로서 뚜렷하게 나타나며, 이는 ADHD의 증후를 초래한다(Azuma & Cheshoff, 1993).
- 납과 같은 중독성 물질에의 노출이 원인이 된다(Needleman et al., 1979).
- 뇌막염과 같은 감염이 원인이 된다(Shaywitz & Shaywiz, 1989).

3) 두뇌 메커니즘

어떤 잠재된 원인과 상관없이, ADHD 개인은 두뇌의 크기와 기능 모두에 차이가 있는 것이 보통이다. 뇌자기공명영상술(MRI)에 따르면, ADHD 증후가 없는 사람과 비교한 ADHD 개인의 두뇌 해부 연구에서는 평균적으로 ADHD 개인이 전전두엽 피질, 기저핵, 소뇌 부위(vermix)에서 두뇌의 크기가 더 작다(Shaywitz, Fletcher, Pugh, Klorman, & Shaywitz, 1999). 이러한 연구는 양전자 방사단층조영술(PET), 단일 광전자방사선술(single photon emission), 전산화된 단층촬영술(CT), 기능적 뇌자기공명영상술(f-MRI)과 같은 기능적 연구를 시행하면서, ADHD 개인과 통제군을 비교해 볼 때 두뇌(선조체: striatal hypoperfusion)의 미상핵 부분(cordate area)에서 감소된 혈류의 활동이 확인되었다(Kelly, Margulies, & Castellanos, 2007). 부가적으로 신경전달물질 수준에서 해부학적 연구를 통해 볼 때, ADHD에 중요한 기능을 하는 도파민 및 노르에피네프린 시스템이 관련되어 있음이 확인되고 있다([그림 2-1] 참조). 도파민과 노르에피네프린 모두 신경전달물질로서 한 개의 뉴런 종말에서 방출되는 화학물질인데, 그것은 두뇌 뉴런(신경원) 내에서 뉴런과 그 다음 뉴런 사이를, 또한 두뇌와 신체의 나머지 부분 내 신경 세포체 간 소통을 제공하는 경로를 통과하면서 전달된다. 비록 두뇌의 구조 및 기능의 차이가 영구적인 문제를 초래한다고 여겨짐에도 불구하고, 최근의 종단적 영상 연구에서는 ADHD의 비교집단 간에 발달상의 지체(delays)를 유발하는 차이가 있음이 발견되었는데, 어떤 경우에는 성인이 되었을 때 사라진다고 보고되고 있다(Kieling, Goncalves, Tannock, & Castellanos, 2008).

두뇌의 크기와 활동상의 차이가 신경심리학적인 기능상의 차이로 나타난다. 이러한 차이는 실행기능이 어떠한지를 설명하는 중에 발견되었다. 실행기능은 개인이 효율적으로 활동할 수 있도록 돕는 비서 활동을 하는 것으로 여겨진다. 그것은 외부의 자극을 걸러내고 기분을 조정하면서, 한 가지 활동에 초점을 맞추는 능력을 포함한다(Lawrence et al., 2004). 기억에 결함이 있는 사람은 산만하지 않은 채 주의를 집중하는 것뿐만 아니라 과제를 완수하는 데도 어려움이 있다.

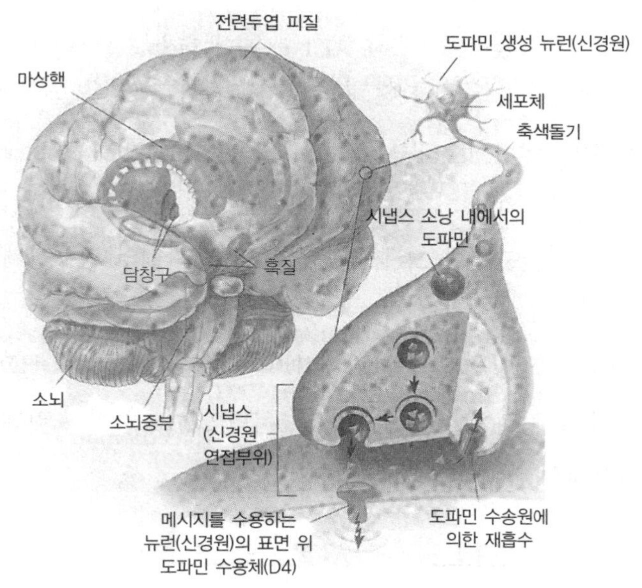

• 그림 2-1 • 주의력결핍/과잉행동장애의 신경해부학
(Terese Winslow, 1998 재인용)

ADHD 사람에게서 나타나는 차이와 결함에 대한 이해가 증진되었음에도 불구하고, 현재 사용할 수 있는 뇌영상술과 같은 세밀한 평가기술이 임상적인 진단을 촉진하도록 돕지는 못한다. ADHD 사람은 종종 ADHD가 없는 사람보다 두뇌가 더 작거나 덜 활성화되었지만 두 집단 모두 많은 변이성을 나타낸다. 이러한 집단은 ADHD 사람의 상위 부분(경도의 장애군)과 ADHD 증후가 없는 사람의 하위 부분(경계선급의 비장애군)이 분간되지 않을 정도로 중첩된다. 신경심리학적 검사는 단독의 측정으로는 일관성 있게

ADHD 아동을 변별하지 못하며, ADHD 아동으로 진단할 수 있도록 요구할 만한 정보 또한 추가해 주지 못한다. 그러므로 구조와 기능 면에서 두뇌상의 변화를 확인해 가는 새로운 연구결과에도 불구하고, 여전히 ADHD의 진단은 가장 가까이서 아동을 관찰할 수 있는 부모와 교사의 보고서에 의존하게 된다. ADHD의 진단은 우울증, 정신분열증, 또는 불안장애와 같은 기타 정신장애처럼 유의미한 역기능을 일으키는 특정 행동과 기간, 또는 증세에 기초하여 내려진다. 앞서 언급한 장애와 마찬가지로, 결국 ADHD는 유전적 요소를 통해 발견할 수 있는 유의미한 생물학적 요인에 근거한 정신장애의 하나다.

2. 출현율

ADHD의 출현율(prevalence)은 매우 중요한 논쟁거리다. 아동이 ADHD로 과잉진단되었는지와 자극성 약물로 부적절하게 치료되었는지가 대중적인 언론의 주요 관심사이기 때문이다(Diller, 1996; Many Believe Drugs to Treat ADHD, 2006). 또한 출현율은 필요한 서비스의 범주를 계획하는 데 의료 및 교육 분야 양측에서 요구하는 중요한 정보다. 하지만 ADHD의 실제 출현율을 결정하는 것은 아래의 다섯 가지 쟁점을 논의하는 것과 같이 도전적인 과제가 되어 왔다.

첫째, 구체적인 진단을 확정짓게 할 특정한 생물학적 근거(실험실 검사 또는 영상 검사)가 없다. '황금 기준'을 마련하기 위해 가능한 객관적인 평가가 요구된다. 앞서 설명했듯이, 과학적인 증거는 그러한 상태에 대한 생물학적 토대를 분명하게 보여 주고 있지만, 진단은 아동을 돌보는 사람의 보고와 관찰된 특정 행동 및 역기능에 기초한다. 그러므로 진단은 필수적 행동 증후와 역기능에 대한 주관적 판단에 기초하여 내리게 된다. 연령에 적합한 정상적인 행동의 빈도가 어느 정도인지 명확한 준거가 없기 때문에 판단이 더 주관적으로 내려진다. 지능을 평가하는 것과는 달리, 연령별로 수행할 수 있는 과제에 대한 표준적인 가이드라인이 분명해지기 위해서는 특정 행동에 대한 보고자의 부적절한 주관적인 판단을 고려하는 것이 필요하다. 이러한 판단은 개인이 관찰되고 있는 상황, 환경과 관찰자의 문화적 규범에 영향을 받기 쉽다. 역기능을 평가하기 위한 정확한 측정이 미비하기 때문에 준거는 더욱더 주관적이 되고 있다.

둘째, 적절하거나 부적절한 행동 사이에 명백한 경계가 없다. 예를 들어, 어떠한 다른 장애가 없는 개인이라면 일반적으로 발견되지 않는 환각이나 망상은 명백한 정신과적 장애다. 하지만 ADHD 행동은 훨씬 '정상' 분포에 가깝기 때문에, 어느 정도의 구체적인 구별 점수(cut-off point)가 진단 증거를 확립하기 위해 만들어져야 한다. 예를 들어, 아동은 부적절하게 자리를 이탈할지 모르지만, 그 빈도가 상황에 따라 다양하게 나타날 수 있다. 하지만 이것이 아동에게 어려움을 일으키는 원인으로 작용한다면 유의미한 것이 된다. ADHD 평정척도 IV(DuPaul, Power, Anastopolous, & Reid,

1998), 밴더빌트 평정척도(Wolraich, Hannah, Pinnock, Baumgaertel, & Brown, 1996). 코너스 평정척도 개정판(Conners, Sitarenios, Parker, & Epstein, 1998)과 같은 평정척도 검사는 규준적 자료(normative data)를 제공함으로써 그러한 논쟁을 설명하고자 하였다. 그러나 일반적으로 사용되어 온 평가방법은 '정신장애 진단 및 통계 편람-4판(DSM-IV; American Psychiatric Association[APA], 1994)' 에 기초하였고, 그것의 준거에는 단지 부정적인 행동에 대한 내용만 포함하고 있다. 진단을 내리는 데 활용하는 DSM-IV 준거가 규준에 기초하여 만들어진 것이 아니기 때문에 그에 따른 분포는 규준적이지 않다. 무엇이 정상인가와 어떤 구성요소가 ADHD를 이루는가 간의 경계선에 대한 논쟁이야말로 각 ADHD 아동의 전반적 스펙트럼을 다루고 있는 일차적 조력자인 전문의와 교사 모두에게 뚜렷한 논쟁거리가 되고 있다.

셋째, ADHD 아동에게서 드러나는 많은 행동이 환경에 따라 달리 나타난다. 예를 들어, ADHD 아동은 비디오 게임을 하는 것과 같이 관심을 끄는 자극에는 좀 더 오랜 시간 집중할지 모른다. 그러나 일상적 학교 과제를 수행할 때는 주의를 유지하는 데 어려움을 느낀다. 능력 있는 부모는 좀 더 구조화되고 일관성 있는 환경을 제공하여 아동의 결함을 보상하기 위한 환경 구성방법을 학습한다. 뚜렷하고도 일관성 있는 규칙으로 수업을 운영하는 교사는 아동이 적절한 행동을 수행했을 때 아동에게 긍정적으로 대하거나 격려하게 된다. 또한 그러한 교사의 행동으로 어려움이 줄고 좀 더 나은 기능을 수행하는 경도의 ADHD 아동에게는 더욱 그렇다.

넷째, 이제까지는 ADHD의 특징적 행동의 유무를 결정하기 위한 유일한 실제적 방법이 부모와 교사의 보고를 활용하는 것이었는데, 이는 자주 의견의 불일치를 보였다(Wolraich et al., 2004). 그러나 불일치가 반드시 부정확한 보고를 나타내는 것은 아니다. 교사는 아동에게 집중과 주의를 더 많이 요구하는 상황(예, 학교 교실)에서 아동을 지켜보게 되는데, 이는 과제의 성격에 따라, 다를뿐더러 또 가정보다는 아동의 특징적 행동의 빈도가 훨씬 더 높게 나타나기 때문이다. 그러므로 교사는 가정에서처럼 요구사항이 적을 때는 자주 나타나지 않던 행동을 교실에서 더 잘 볼 수 있다. 또한 교사는 유사한 환경에서 많은 수의 동일한 연령대인 비교집단으로서의 또래 친구를 볼 수 있다는 장점이 있다. 하지만 반대로 교사는 부모만큼 다양한 상황에서 아동을 관찰하기는 쉽지 않다. 교사의 평정을 활용한 출현율 연구는 더 높은 평정을 하는 경향을 보이며, 대체로 DSM-IV 준거 모두를 포함하지 않는 경향을 보인다. 임상적 진단에 따르면, 부모의 일반적인 보고는 좀 더 포괄적이고 체계적으로 만들어진 (부모용으로 구조화된) 정신과적 면담 평가방법에 기초했을 때보다 실제의 출현율을 더 낮게 보고할 수 있다.

다섯째, ADHD를 진단하기 위한 준거는 오랫동안 변화하여 왔다. 이러한 변화는 ADHD의 실제적 출현율을 결정하기 위한 훨씬 더 복잡한 과정을 초래하였다. DSM-III-R(APA, 1987)에서는 단지 한 가지 하위유형이었던 것에서 DSM-IV에서는 세 개의 하위유형으로 변화됨으로써 출현율을 더 증가시켰다(Baumgaertel, Wolraich, & Dietrich, 1995; Wolraich et al., 1996). 초기, 두뇌손상이 주요한 병인으로 고려되었을 때는 '미세한(soft)' 신경학적 증후로 묘사되었던 것이 진단의 상태에서 고려되었다. 이러한 신경학적인 증후에는 좌우를 구별하는 능력이나 일련의 손발 움직임에서, 반대쪽을 과도하게 동시에 움직이지 않고 국재화(localization)하는 것의 어려움을 포함한다. 앞서 설명한 것과 같은 기술상 어려움이 어린 나이에서 나타난다면 정상으로 여겨질 수 있으나, 그것이 지속된다면 비정상적인 것이다. 이러한 발견은 현재 많은 ADHD 아동에게서 나타나고 있는 저조한 협응능력에 대한 표식으로 고려되고 있지만, 상황에 대해서는 구체화되어 있지 않다. 미세 뇌기능장애처럼, 미세한 신경학적인 증후에 입각한 출현율은 5%정도로 추정된다(Minskoff, 1973). DSM-III(APA, 1980)에서의 ADHD 정의에 따라 출현율이 증가하였고, 그것은 두 가지 하위유형으로 정의되었다. 부가적으로 하나의 하위유형에 대한 진단 준거로서 과잉행동성 또는 충동성은 필수적이었으며, 이 결과로 주의력결핍과 조직화 기술에의 어려움이 있음에도 불구하고 많은 사람이 ADHD 증후가 있는 것으로 고려되지 않았다. 즉, 이러한 오래된 필수요건인 과잉행동성이 뚜렷하게 나타나지 않는 많은 여성을 제외시키게 되었다. DSM-IV에서의 필수요건 행동이 한 가지 환경 이상에서 나타나야 함에도 불구하고 출현율은 지속적으로 증가하여 왔다. DSM-III의 준거로는 3~5%였던 것이, DSM-III-R에서는 4~6%, DSM-IV에서는 8~12%였다(APA, 1994).

진단적 준거가 개념적 변화를 확고히 하기 위해 장기간 변화하여 왔기 때문에, 대체로 3~5%(APA, 1994)로 추정되어 온 출현율은 1~14%까지의 범위에 이르게 되었다(Szatmari, Bremner, & Nagy, 1989). 진단적 준거에 관련된 미래의 변화가 이러한 비율을 훨씬 더 증가시킬지 모른다. 동일한 표집 안에서, ADHD의 출현율이 DSM-III로는 2.6%였던 것이 DSM-III-R에서는 6.1%까지 증가하였고(Lindgren et al., 1990), DSM-III-R에서 DSM-IV로는 9.6%에서 17.8%까지(Baumgaertel, 1995), 또 7.2%에서 11.4%까지 증가케 하였다(Wolraich et al., 1996). 이 연구에서는 결정되지 않은 지속성과 손상의 정도를 새 준거에서 요구했기 때문에 뒤에 나와 있는 두 편의 연구에 대해서는 주의를 기울여야 한다. 손상(impairment)의 진단 조건이 추가됨으로써, 그 비율은 16.1%에서 6.8%까지 감소하였다. 부모가 보고한 임상 사례에 대한 최근의 연구에서는 7.8%의 비율이 제시되었다(Visser, Lesesne, & Perou, 2007).

단지 진단 준거의 변화가 출현율에 변화를 일으키는 유일한 요인은 아니다. 또한 출현율 연구는 표집 인구에 의존하고 있다. 그 출현율은 정신건강 클리닉, 일차적 치료기관, 지역사회 및 학교에서의 표집에 따라 다르다. 출현율이 4%에서 12%에 이르러 왔는데, 그 중앙값이 5.8%다(Brown et al., 2001). 학교 표집에서보다는 지역사회 표집에서 출현율이 더 높고(10.3% vs. 6.9%), 남성 출현율이 여성 출현율보다는 더 높으며(9.2% vs. 3.0%), 진단 준거의 변화에 따라 더 높아진다(DSM-III에서 DSM-III-R로, 또 DSM-IV으로).

이는 ADHD가 약 50년에 걸쳐 오랜 기간 판별되면서 다루어지고 있기 때문이며, 또한 자극제 약물요법으로 치료되고 있는 많은 대상이 있고 그것이 출현율의 추이를 훨씬 더 복잡하게 했기 때문이다. 이러한 많은 개인이 정확하게 진단되어 효과적인 치료 환경에 있었는지, 혹은 부적절하게 진단되어 약물요법으로 처치되었는지를 소급하여 판단하는 것은 불가능한 일이다.

3. 장기적 영향

ADHD는 비연속적인 상태로 나타나는 장애가 아니다. ADHD 개인은 고려해야 할 장기적 문제의 위험에 처해 있는데 특히 그들이 치료를 받지 않는다면 더욱 그렇다. 처음에는 이러한 문제가 사춘기에는 해결될 것이라고 믿었지만, 현재는 ADHD 증후가 있는 대다수에게 이 문제가 성인기에도 지속될 것으로 보인다(Ingram, Hechtman, & Morgenstern, 1999). ADHD가 ADHD 아동의 66%에게서 거의 그대로 지속되고, 그 증후는 임상적으로 의미 있는 수준까지 지속된다(Mannuzza & Klein, 2000). ADHD 증후가 없는 비장애 성인과 비교해 볼 때, 장애가 있는 사람은 학교과정을 마치지 못하고, 또 적절한 직업을 유지하지 못하며, 자존감이 더 낮고, 적절한 사회성이 떨어진다. 약물 남용에 빠진 사람을 살펴보면, ADHD 사람이 더 어린 나이에 흡연을 시작하고, 또한 더 높은 흡연율을 보인다(Hartsough & Lambert, 1987; Lambert & Hartsough, 1998). 약물 남용에 빠진 사람 중, ADHD 사람의 비율이 15~25% 사이의 범위에 이르고 있다(Schubiner et al., 2000; Wilens, 1998). 또한 ADHD는 약물 남용과 연관된 잦은 자동차 충돌 사고로 더 큰 장애가 발생하거나 혹은 더 심한 약물 중독으로 이어지고 있다(Biederman et al., 1997; Schubiner et al., 2000).

과잉행동성이 두드러진 ADHD 개인은 아동기에는 그 특성이 뚜렷하지만 성인기에는 그러한 행동이 약화된다. 하지만 주의력 결핍 및 비조직화 특성은 지속적으로 명백하게 나타난다. ADHD 사람에 대한 장기간의 추수 연구에서는 학업 성과의 저조함, 법적인 어려움, 또래 및 부부 사이의 관계 형성의 어려움이 더 크게 나타나고, 약물 남용과 자동차 사고 및 폭력에서의 높은 비율이 확인되었다(Ingram et al., 1999).

Alberts-Corush, J., Firestone, P., & Goodman, J. T. (1986). Attention and impulsivity characteristics of the biological and adoptive parents of hyperactive and normal control children. *American Journal of Orthopsychiatry*, *56*, 413-423.

American Psychiatric Association. (1980). *Diagnostic and statistical manual of mental disorders* (3rd ed.). Washington, DC: Author.

American Psychiatric Association. (1987). *Diagnostic and statistical manual of mental disorders* (3rd ed., Rev.). Washington, DC: Author.

American Psychiatric Association. (1994). *Diagnostic and statistical manual of mental disorders* (4th ed.). Washington, DC: Author.

Azuma, S., & Cheshoff, I. J. (1993). Outcome of children prenatally exposed to cocaine and other drugs: A pathanalysis of three-year data. *Pediatrics, 92,* 396–402.

Barkley, R. (1998). *Attention deficit hyperactivity disorder: A handbook for diagnosis and treatment.* New York: Guilford Press.

Baumgaertel, A., Wolraich, M. L., & Dietrich, M. (1995). Comparison of diagnostic criteria for attention deficit disorders in a German elementary school sample. *Journal of the American Academy of Child and Adolescent Psychiatry, 34,* 629–638.

Biederman, J., Faraone, S. V., Keenan, K., Knee, D., & Tsuang, M. T. (1990). Family-genetic and psychosocial risk factors in DSM-III attention deficit disorder. *Journal of the American Academy of Child and Adolescent Psychiatry, 29,* 526–533.

Biederman, J., Wilens, T., Mick, E., Faraone, S. V., Weber, W., Curtis, S., et al. (1997). Is ADHD a risk factor for psychoactive substance use disorders? Findings from a four-year prospective follow-up study. *Journal of the American Academy of Child and Adolescent Psychiatry, 36,* 21–29.

Brown, R., Freeman, W. S., Perrin, J. M., Stein, M. T., Amler, R. W., Feldman, H. M., et al. (2001). Prevalence and assessment of attention-deficit/hyperactivity disorder in primary care settings. *Pediatrics, 107,* e43.

Cantwell, D. P. (1972). Psychiatric illness in the families of hyperactive children. *Archives of General Psychiatry, 27,* 414–417.

Clements, S. D. (1966). *Minimal brain dysfunction in children: Terminology and identification.* Washington, DC: U.S. Department of Health, Education, and Welfare.

Conners, C. K., Sitarenios, G., Parker, J. D., & Epstein, J. N. (1998). Revision and restandardization of the Conners Teacher Rating Scale (CTRS-R): Factor structure, reliability, and criterion validity. *Journal of Abnormal Child Ps, 26,* 279–291.

Diller, L. H. (1996). The run on Ritalin: Attention deficit disorder and stimulant treatment in the 1990s. *Hastings Center Report, 26*, 12–18.

DuPaul, G. J., Power, T. J., Anastopolous, A. D., & Reid, R. (1998). *ADHD Rating Scale IV: Checklists, norms, and clinical interpretations.* New York: Guilford Press.

Elia, J., & Devoto, M. (2007). ADHD genetics: 2007 update. *Current Psychiatry Reports, 9*, 434–439.

Fergusson, D., Horwood, L. J., & Lynskey, M. T. (1993). Maternal smoking before and after pregnancy: Effects on behavioral outcomes in middle childhood. *Pediatrics, 92*, 815–822.

Hartsough, C., & Lambert, N. M. (1987). Pattern and progression of drug use among hyperactives and controls: A prospective short-term longitudinal study. *Journal of Child Psychology and Psychiatry, 28*, 543–553.

Hauser, P., Zametkin, A. J., Martinez, P., Vitiello, B., Matochik, J. A., Mixson, A. J., et al. (1993). Attention deficit-hyperactivity disorder in people with generalized resistance to thyroid hormone. *New England Journal of Medicine, 328*, 992–1001.

Ingram, S., Hechtman, L., & Morgenstern, G. (1999). Outcome issues in ADHD: Adolescent and adult long-term outcome. *Mental Retardation and Developmental Disabilities Research Reviews, 5*, 243–250.

Kelly, A., Margulies, D. S., & Castellanos, F. X. (2007). Recent advances in structural and functional brain imaging studies of attention-deficit/hyperactivity disorder. *Current Psychiatry Reports, 9*, 401–407.

Kieling, C., Goncalves, R. R., Tannock, R., & Castellanos, F. X. (2008). Neurobiology of attention deficit hyperactivity disorder. *Child and Adolescent Psychiatric Clinics of North America, 2*, 285–307.

Kim, J., Biederman, J., McGrath, C. L., Doyle, A. E., Mick, E., Fagerness, J., et al. (2008). Further evidence of ass between two NET singlenucleotide polymorphisms with ADHD. *Molecular Psychiatry, 13,* 624-630.

Klebanov, P., Brooks-Gunn, J., & McCormick, M. C. (1994). Classroom behavior of very low birth weight elementary school children. *Pediatrics, 94,* 700-708.

Lambert, N. M., & Harsough, C. S. (1998). Prospective study of tobacco smoking and substance dependencies among samples of ADHD and non-ADHD participants. *Journal of Learning Disabilities, 31,* 533-544.

Lawrence, V., Houghton, S., Douglas, G., Durkin, K., Whiting, K., & Tannock, R. (2004). Executive function and ADHD: A comparison of children's performance during neuropsychological testing and real-world activities. *Journal of Attention Disorders, 7,* 137-149.

Levin, H., Hanten, G., Max, J., Li, X., Swank, P., Ewing-Cobbs, L., et al. (2007). Symptoms of attention-deficit/hyperactivity disorder following traumatic brain injury in children. *Journal of Developmental and Behavioral Pediatrics, 28,* 108-118.

Lindgren, S., Wolraich, M. L., Stromquist, A., Davis, C., Milich, R., & Watson, D. (1990). *Diagnostic heterogeneity in attention deficit hyperactivity disorder.* Presented at the Fourth Annual NIMH International Research Conference on the Classification and Treatment of Mental Disorders in General Medical Settings, Bethesda, MD.

Mannuzza, S., & Klein, R. G. (2000). Long-term prognosis in attention-deficit/hyperactivity disorder. *Child and Adolescent Psychiatric Clinics of North America, 9,* 711-726.

Many Believe Drugs to Treat ADHD Are Prescribed Too Often, Poll Finds. (2006, April 27). *The Wall Street Journal Online, 5*(7).

Minskoff, J. (1973). Minimal brain dysfunction: 3. Epidemiology. Differential approaches to prevalence estimates of learning disabilities. *Annals of the New York Academy of Sciences, 205*, 139–145.

Morrison, J. R., & Stewart, M. A. (1971). A family study of the hyperactive child syndrome. *Biologic Psychiatry, 3*, 189–195.

Morrison, J. R., & Stewart, M. A. (1973). The psychiatric status of the legal families of adopted hyperactive children. *Archives of General Psychiatry, 28*, 888–891.

Needleman, H., Gunnoe, C., Leviton, A., Reed, R., Peresie, H., Maher, C., et al. (1979). Deficits in psychological and classroom performance in children with elevated dentine lead levels. *New England Journal of Medicine, 300*, 689–695.

Schubiner, H., Tzelepis, A., Milberger, S., Lockhart, N., Kruger, M., Kelley, B. J., et al. (2000). Prevalence of attention deficit hyperactivity disorder and conduct disorder among substance abusers. *Journal of Clinical Psychiatry, 61*, 244–251.

Shaywitz, B. A., Fletcher, J. M., Pugh, K. R., Klorman, R., & Shaywitz, S. E. (1999). Progress in imaging attention deficit hyperactivity disorder. *Mental Retardation and Developmental Disabilities Research Reviews, 5*, 185–190.

Shaywitz, B. A., & Shaywitz, S. E. (1989). Learning disabilities and attention disorders. In K. Swaiman (Ed.), *Pediatric neurology: Principles and practice* (pp. 857–894). St. Louis: Mosby.

Swanson, J. M., Sunohara, G. A., Kennedy, J. L., Regino, R., Fineberg, E., Wigal, T., et al. (1998). Association of the dopamine receptor D4 (DRD4) gene with a refined phenotype of attention deficit–hyperactivity disorder (ADHD): A family-based approach. *Molecular Psychiatry, 3*, 38–41.

Szatmari, P., Bremner, R., & Nagy, J. (1989). Asperger's syndrome: A review of clinical features. *Canadian Journal of Psychiatry, 34*, 554–560.

Visser, S. N., Lesesne, C. A., & Perou, R. (2007). National estimates and factors associated with medication treatment for childhood attention-deficit/hyperactivity disorder. *Pediatrics, 119*, S99–S106.

Wilens, T. (1998). Alcohol and other drug use and attention deficit hyperactivity disorder. *Alcohol Health and Research World, 22*, 127–130.

Wolraich, M. L., Hannah, J. N., Pinnock, T. Y., Baumgaertel, A., & Brown, J. (1996). Comparison of diagnostic criteria for attention deficit hyperactivity disorder in a county-wide sample. *Journal of the American Academy of Child and Adolescent Psychiatry, 35*, 319–323.

Wolraich, M. L., Lambert, E. W., Bickman, L., Simmons, T., Doffing, M. A., & Worley, K. A. (2004). Assessing the impact of parent and teacher agreement on diagnosing ADHD. *Journal of Developmental and Behavioral Pediatrics, 25*, 41–47.

03 선별절차

ADHD 아동과 청소년은 그 증후에 따른 행동의 영향으로 가정, 학교, 지역사회에서 여러 어려움을 겪는다. 게다가 정신건강이나 학습의 문제 때문에 중재가 필요한 아동보다 발달과정에서 평균 이상의 어려움을 겪는다(Barkley, 2006). 결론적으로 아동의 전반적인 환경에서 효과적인 중재를 실시할 수 있도록 ADHD 아동을 가능한 빨리 발견하는 것이 중요하다. 따라서 학교와 외래클리닉에서는 ADHD 아동을 판별해서 중재를 시작하기 위해 신뢰롭고 타당한 선별절차를 사용해야 한다.

클리닉과 학교에서 실행하는 선별절차에는 다음과 같은 세 가지의 상황이 있을 수 있다. 첫째, ADHD 아동과 청소년을 선별하기 위해서 보편적인 선별절차를 예방적으로 사용할 수 있다. 둘째, 행동과 학습문제로 평가가 의뢰된 개인에게 ADHD일 확률을 타진한 후 또 다른 평가가 필요한가를 알아볼 수 있다. 셋째, ADHD 아동과 청소년에게 또 다른 행동과 학습문제가 나타나는가를 알아보기 위한 선별검사를 실시할 수 있다. 맥락에 따라 사용되는 평가 도구가 유사할지라도 이렇게 다른 선별 상황에서는 다양한 문제를 기술하고 다양한 결과를 도출해 낸다.

이 장에서는 이 세 상황에서의 선별절차를 기술한다. 첫째, 외래 클리닉과 학교에서의 구체적인 선별절차를 기술할 것이다. 둘째, 선별과정 중 학교 현장에서 ADHD 아동을 직접 상대하고 있는 학교 관계자에게 특별히 관심을 기울일 것이다. 마지막으로, 선별과정에서 가정, 학교, 지역사회 사이의 의사소통을 촉진하는 데 필요한 절차와 요소에 대해 논의할 것이다.

1. ADHD의 보편적인 선별

ADHD는 전세계 학령기 인구의 약 5%나 되는 비교적 보편적인 파괴적 행동장애다(Polanczyk, Silva de Lima, Horta, Biederman, & Rohde, 2007). ADHD 증후를 보이는 경우 주치의나 다른 건강지원 전문인에게 의뢰된다(Barkley, 2006). 이 장애에 대한 광범위한 인식과 중재의뢰에도 불구하고, 최근의 연구에 따르면 ADHD는 판별과 치료가 잘 이루어지지 않는다. 예로, 플로리치(Froehlich)와 동료들(2007)이 대규모 역학샘플에서 ADHD의 출현율을 조사한 결과 임상적으로 심각한 수준을 보인 아동 중 48%만 ADHD 진단을 받았다. 더 우려되는 점은 이러한 아동 중 39%만이 의학적인 치료를 받았다. 치료를 받지 못한 아동은 특히 사회경제적으로 어려운 아동이었다. 이와 유사하게 파스토르와 루벤(Pastor & Reuben, 2008)의 연구에 따르면, ADHD로 판정된 많은 아동 중에서 오직 14.6%가 특수교육 서비스를 받았고 31.7%가 정신건강 전문가의 진료를 받았다. 따라서 건강지원 전문가와 교육 전문가는 판별의 어려움을 감소시키고 적절한 치료 서비스의 이용을 증가시키기 위해, 예방적인 차원에서 ADHD로 판정된 아동을 선별해야 한다. 보편적 차원의 선별이 가능한 곳으로 학교와 교실, 의료기관을 들 수 있다.

1) 학교와 교실 기반의 선별

학교나 교실은 보편적 차원의 ADHD 선별을 실시하기에 좋은 곳으로서 몇 가지 이점이 있다. 첫째, 의무교육법에 따라 모든 아동(홈스쿨을 하는 아동은 제외)은 공립이나 사립학교에 다닌다. 그래서 이곳에서는 다른 어느 곳에서도 가능하지 않은 아동에 대한 접근이 허락된다. 둘째, 교실 활동에서는(예를 들어, 가만히 앉아 있기, 주의 기울이기, 노력을 들여 자습과제 수행하기) ADHD와 관련된 행동을 알아낼 수 있다. 따라서 ADHD를 알아낼 확률이 높아진다. 셋째, 학교기반의 선별은 정보제공자로 교사와 부모를 포함할 수 있고, 부모와 교사는 다양한 상황과 맥락에서 아동의 행동에 관한 고유한 정보를 제공하기 때문에 판별의 정확성이 향상된다(Essex et al., 2009).

학교기반에서 ADHD의 보편적 선별 모델을 평가한 실증적 연구는 거의 없다. 초기에 단축형 코너스척도(교사용)(Abbreviated Conners Teacher Rating Scale)(Conners, 1969)를 사용하여 초등학교에서 실시한 연구가 한 편 있다. 이 간편 척도에서 90% 이상의 아동이 ADHD 진단 기준에 부합하는 것으로 밝혀졌다. 아마도 선별 모델이 부족한 것은 ADHD 아동의 의뢰율이 높은 데다가 ADHD 아동의 파괴적인 행동 특성으로 쉽게 발견할 수 있기 때문

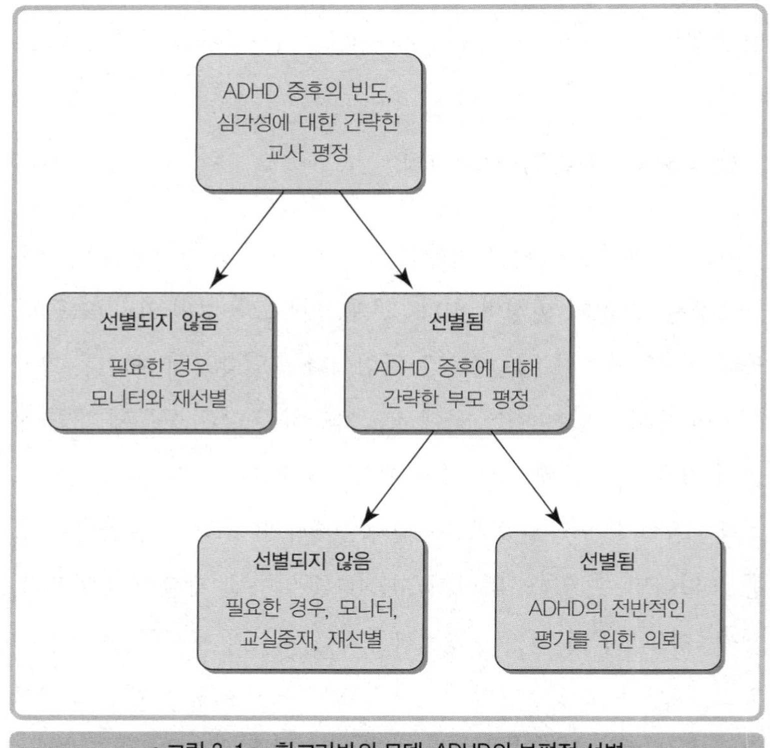

• 그림 3-1 • 학교기반의 모델, ADHD의 보편적 선별

일 것이다. 그러나 이전에도 논의했듯이, 실증적 연구에 따르면 ADHD 아동의 구체적인 비율은 밝혀지지 않았을뿐더러 적절한 치료조차 이루어지지 못한 실정이다.

학교기반의 보편적 선별을 위한 모델이 없기 때문에 [그림 3-1]의 절차를 참고하기 바란다. 선별과정의 첫 번째 단계는 ADHD 증후의 빈도와 심각성에 대해 간략한 교사 평정을 모으는 것이다. 이런 목적에 맞으며 짧은 시간 안에 작성할 수 있는 몇 개의 도구가 있다(〈표 3-1〉).

교사 평정의 구별점수는 위음(즉, ADHD 아동이 선별검사에서 ADHD로 판별되지 않는 것)을 가능한 최소화하도록 설정해야 한다

표 3-1 ADHD 선별도구

도구	인용	평정자
밴더빌트 평정척도	월라이취, 퓨러, 한나, 바움개르텔, 피노크(Wolraich, Feurer, Hannah, Baumgartel, & Pinnock, 1998); 월라이취(Wolraich, 2003)	부모, 교사
ADHD 평정척도 IV	듀폴, 파우어, 아나스토푸로스, 레이드(DuPaul, Power, Anastopulos, & Reid, 1998)	부모, 교사
ADHD 증후 체크리스트 4	가도우, 스프라프킨(Gadow & Sprafkin, 1997)	부모, 교사
파괴적 행동장애 평정척도	펠햄, 나기, 그린슬레이드, 밀리치(Pelham, Gnagy, Greenslade, & Milich, 1992)	부모, 교사
스냅 평정척도	스완슨(Swanson, 1992)	교사

(더 자세하게 보려면 이 장 후반부에 나오는 선별 목적을 위한 구별점수 참조). 교사의 평정결과가 구별점수에 도달하거나 넘는 학생은 두 번째 단계로 ADHD 증후의 빈도와 심각성에 대해 부모가 평정을 한다. 다시 한 번 더 부모 평정의 구별점수 역시 위음이 최소화되도록 한다.

부모 평정이 구별점수에 도달하거나 넘는 학생에 대한 다음 단계는 ADHD 검사를 위해 전반적인 평가를 의뢰하는 것이다. 4장에서 언급하겠지만, 이 평가는 학교, 일차 의료기관, 정신건강센터에서 수행될 것이고, 다면적인 평정자의 측정을 포함하여야 한다. 전반적인 평가 결과 정확한 진단과 적절한 치료 서비스가 가능해질 것이다(예, 의료, 사회 심리적 치료, 학업중재). 부모 평정이 구별점수에 도달하지 못하는 학생은 평정을 높게 한 교사가 지속적으로 반복적인 평정을 실시한다.

비록 위의 모델이 실증적인 조사로 제시되지는 않았을지라도, 유사한 정신건강이나 행동장애 선별과정에서 연구되고 있다. 예로, 에식스(Essex)와 동료들(2009)은 현재 발생했거나 추후에 발생할 장애와 관련된 심각한 정신건강 문제를 겪고 있는 유치원생을 밝혀내기 위한 선별검사를 실시하였다. 부모와 교사는 유치원에 다니는 328명의 아동에 대한 맥아더 건강행동 질문지(MacArthur Health and Behavior Questionnaire)(Boyce et al., 2002)를 작성했다. 외현화(즉, 파괴적이고 공격적)와 내재화(즉, 불안과 우울) 행동 문제에서 구별점수를 넘는 아동은 초등학교에 다니는 동안 지속적으로 증후를 보였고, 또래와 비교했을 때 학업적 · 사회적 손상의 위험도가 유의한 수준으로 높았다. ADHD와 관련하여 구체적으로 외현화 문제를 보인다고 보고된 학생은, 처음에 내재화 문제를 보인다고 보고된 아동보다 결국에는 공존장애와 장애의 정도가 더 심각하였다. 에식스와 동료들은 이와 같은 결과에 근거하여, 조기 선별과 중재는 학교에 입학해서 보이는 정신건강 문제와 관련해 만성적인 문제와 장애를 설명하는 데 필수적이라고 결론지었다.

버싱(Bussing)과 동료들(2008)은 무작위로 선정된 1,613명의 초등학생을 대상으로 스냅-IV 평정척도(SNAP-IV)(Swanson, 1992)를 사용하여 부모와 교사의 평정결과를 얻었다. 에식스(Essex)와 동료들(2009)의 연구결과처럼, 특정 기준점 이상의 스냅-IV 평정결과는 DSM-IV의 ADHD 기준에 따라 밝혀진 학생과 매우 정확하게 일치하였다. 같은 연구에서 ADHD 진단을 예측하는 데 부모의 평정이 교사의 평정보다 더 정확하였다.

워거와 시버슨(Walker & Severson, 1988)은 초등학교에서 사용할 수 있는 행동장애를 위한 체계적 선별(Systematic Screening for Behavior Disorders: SSBD)을 개발하였다. 이 선별절차는 여러 단계 또는 절차로 되어 있다.

- 교사는 교실에서 외현화 · 내재화 행동의 빈도가 가장 높은 학생을 지명한다.
- 교사는 지명된 학생에 대한 간략한 행동문제 질문지를 작성한다.
- 교사 평정에서 설정한 기준점을 초과한 학생의 문제행동에 대

해 직접 관찰한다.

- 학생에게서 관찰된 행동이 빈도나 강도 면에서 눈에 띄게 평균에서 벗어날 경우 부가적인 평가와 중재를 의뢰한다.

SSBD는 서비스가 필요한 학생을 정확하게 판별하고 성공적으로 중재하는 데 긍정적인 결과를 가져온다.

2) 일차 의료기관에서의 선별

ADHD와 관련된 정서나 행동문제에 대한 보편적 선별은 일차 의료기관에서도 실시할 수 있다. 학교의 경우와 마찬가지로, 의료기관에서 사용할 수 있도록 제안되거나 연구된 ADHD 보편적 선별 모델은 없다. 그러나 정신건강 문제에 대한 광범위한 선별 모델은 기술되어 있다. 예를 들어, 정신건강 문제에 집중하고 있는 '미국소아과학회(이하 AAP)' 는 가능한 한 정신건강 문제에 대해 더 많은 평가가 필요한 아동을 선별하기 위해, 소아증후군 척도(17문항 또는 35문항)(Gardner, Lucas, Kolko, & Campo, 2007; Jellinek et al., 1999) 또는 강점과 약점 질문지(Goodman, 2001)를 추천할 것이다.

AAP 정신건강 특별위원회의 권고에 기초하여 학교를 대상으로 기술했던 것처럼, 우리는 ADHD에 대해서 비슷한 선별절차를 제안한다. 첫 번째 단계에서는 ADHD 증후에 대한 부모 평정결과에서 설정한 기준점 이상인 학생에게는 부가적인 선별을 실시한다. 다음 단계에서는 교사 평정결과에서 설정한 기준점 이상인 학생은

4장에서 언급한 더 전반적인 ADHD 평가에 의뢰한다.

3) 선별 목적의 구별점수 선정

일단 평정점수를 얻게 되면, 평가가 더 필요한가 아닌가에 대한 결정을 해야 한다. 선별을 위해 최적의 기준점을 선택하는 데 도움이 되는 네 가지의 통계지표는 민감성, 특이성, 양성 예측력(이하 PPP), 음성 예측력(이하 NPP)이다(〈표 3-2〉). '민감성' 은 장애아동(이 책에서는 ADHD 아동)이 특정점수 이상일 가능성을 나타낸다. 예를 들어, ADHD 평정점수가 민감성 0.93이라면 ADHD 아동의 93%는 이 기준점 이상이라는 의미다. 민감성은 전문가가 장애에서 특정 행동까지 일반화하는 상대적 신뢰도를 나타낸다.

'특이성' 은 장애가 없는 아동이 평정척도에서 특정 점수 아래로 평정될 가능성을 나타낸다. 예를 들어, 특이성 0.90이라면 ADHD

표 3-2 선별 기준점 선택에 사용되는 지표

지표	정의
민감성	ADHD 아동이 특정 기준점 이상의 점수를 받게 될 가능성
특이성	ADHD 증후가 없는 아동이 특정 기준점 이하의 점수를 받게 될 가능성
양성 예측력 (PPP)	특정 기준점 이상이면 아동이 ADHD 증후가 있을 가능성
음성 예측력 (NPP)	특정 기준점 이하면 아동이 ADHD 증후가 없을 가능성

증후가 없는 아동의 90%는 이 점수 아래로 평정될 것이다. 민감성과 유사하게, 특이성은 전문가가 장애에서 특정 행동까지 일반화하는 신뢰도를 나타낸다. 민감성과 특이성은 0~1.0으로 나타낼 수 있고 점수가 높을수록 더 정확하다.

민감성, 특이성과는 반대로 'PPP'와 'NPP'는 개별적인 점수나 행동에서 장애까지 일반화된다. PPP는 장애가 있는 아동이 진단지수의 특정 기준점 이상의 점수를 얻을 가능성을 말한다. 예를 들어, 특정 평정척도 점수와 관련된 PPP가 0.90이라면 이 기준점 이상인 아동의 90%가 ADHD 증후가 있다는 것이다. 반대로 NPP는 ADHD 증후가 없는 아동이 진단지수의 특정기준점 이하의 점수를 얻을 가능성을 말한다. 예를 들어, 특정 평정척도 점수와 관련된 NPP가 0.92라면 이 기준점 이하인 아동의 92%는 ADHD 증후가 없다는 것이다.

4개의 통계자료는 선별 목적에 맞는 최적의 점수를 결정하는 데 도움을 줄 수 있다. 4개의 통계자료에서 어느 것이 가장 중요한 것인가에 대한 상대적인 평가는 선별 맥락에 따라 다를 것이다. 일반학생을 대상으로 하는 학교기반의 ADHD 선별의 경우에는 가능한 한 많은 학생을 포함시키는 것이 바람직하다. 왜냐하면 이어지는 전반적 평가에서 더 확실한 진단 정보가 제공될 것이기 때문이다(DuPaul et al., 1998). 즉, 사람들은 위양에 비해서 위음을 최소화하는 것을 원한다. 그래서 NPP와 특이성을 최대화하는 기준점은 ADHD 증후가 없다는 것을 매우 정확하게 예측할 수 있게 하고(NPP), ADHD 증후가 없는 많은 아동을 알아낼 수 있기 때문에(특이성) 선별에서 가장 유용하다. 한편 ADHD 검사가 전반적인 진단 평가의 일부로 실행된 경우에, 전문가는 ADHD 진단이 의학적 이면서 학교기반의 서비스가 필요하다는 것에 대한 더 정확한 판단을 원한다. 이런 경우에 위양을 최소화하는 것은 위음보다 더 중요하다. 따라서 PPP와 민감성은 기준점 설정에서 가장 중요한 통계자료이며, 이 기준점은 ADHD 증후가 있는 아동을 매우 정확하게 예측하고(PPP), 많이 알아낼 수 있어야 한다(민감성).

선별을 위한 구별점수 설정에 이와 같은 통계자료를 사용한 예로, 파우어, 앤드류(Power & Andrews)와 그의 동료들이 2개의 교육청에서 유치원부터 8학년에 해당하는 147명의 학생을 대상으로 ADHD 평정척도 4판의 다양한 기준점에 대한 NPP, PPP, 민감성, 특이성을 조사했다(DuPaul et al., 1998). NPP는 아동의 나이와 성에 대하여 백분위수 80에 해당하는 교사평정을 기준점으로 사용할 때 최대화되었다. 이론적으로 이 기준점은 실험대상 인구의 상위 20%가 더 정밀한 ADHD 평가를 받아야 한다는 것을 나타낸다. 비록 이것이 장애 출현율(5~10%)보다 더 많이 포함된다고 해도 위양의 축소를 강조하기 위한 더 포괄적인 평가가 이어질 것이기 때문에 선별단계에서의 목적은 위음을 줄이는 것이다.

4) 선별에 고려되는 요인

학교나 일차 건강센터에서 ADHD를 선별할 때 몇 가지를 고려해야 한다. 첫째, 선별척도에서 기준점은 가능한 한 장애의 실제 사례를 많이 밝혀내는 것이 목적이라는 가정하에 전형적으로 위음을 최소화하도록 설정되었다. 이것은 위양 판별이 실제로는 ADHD 증후가 없는 아동이 측정의 오류나 다른 요인에 의해 선별되는 경향이 있음을 의미한다. 따라서 진단결과는 선별결과에 의해서가 아니라, 위양 판별을 최소화하는 포괄적인 평가에 기반을 두는 것이 중요하다.

둘째, ADHD 선별에서 증후적인 행동에 대한 교사나 부모의 평정에 영향을 주는 연령, 성, 인종의 정도다. 예로 [그림 3-2]와 [그림 3-3]은 각각 소년과 소녀의 연령과 교사평정 간에 어떤 관계가 있는지를 보여 준다. 이 자료는 ADHD 평정척도 4판의 표준화 표본에서 추출하였다(DuPaul et al., 1998). 두 개의 그림 모두 '주의력결핍' 과 '과잉행동-충동성' 에 대한 평균점수가 청소년보다 어린 아동에게서 더 높게 나타났다. 만일 [그림 3-2]와 [그림 3-3]을 비교한다면 전반적인 연령에서 주의력결핍과 과잉행동의 평점이 소녀보다 소년에게서 더 높다는 것이 명백해진다. 이렇게 시각적으로 명백한 연령과 성에 대한 차이는 통계적으로도 매우 유효하다(DuPaul et al., 1998).

ADHD와 관련된 행동의 빈도에서 연령과 성에 대한 차이는 잘 알려져 있고 전형적으로 임상평가에서 나타난다(연령과 성의 규준에 근거한 표준점수 또는 백분위수 사용에 의해). 그러나 선별이나 평가의 과정으로 설명되지 않는 또 하나의 사실은 아프리카계 미국인 아동에 대한 교사와 부모의 평정점수는 백인 아동의 평정점수보다 매우 높다는 것이다(Epstein, March, Conners, & Jackson,

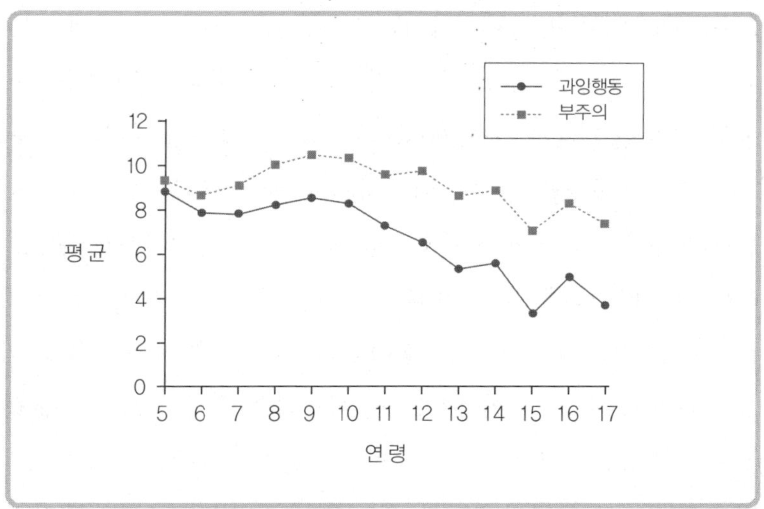

• 그림 3-2 • 소년의 연령에 따른 ADHD-IV 교사평정 평균(DuPaul et al., 1998)

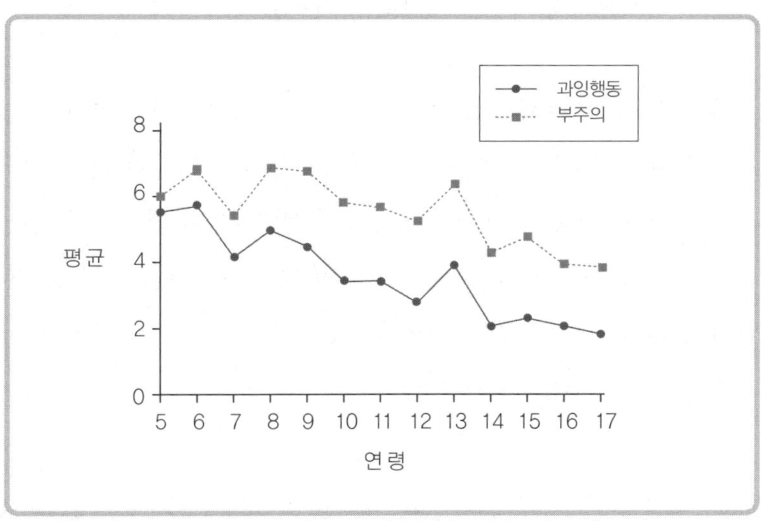

• 그림 3-3 • 소녀의 연령에 따른 ADHD-IV 교사평정 평균(DuPaul et al., 1998)

1998; Reid, DuPaul, Power, Anastopoulos, & Riccio, 1998). 예를 들어, [그림 3-4]와 [그림 3-5]는 각각 '주의력결핍'과 '과잉행동-충동성'에 대한 연령과 인종집단 간의 교사평정 평균을 나타낸다. 두 가지 경우 모두 평정점수는 아프리카계 미국인 아동이 백인계 아동보다 유의하게 높고, 어떤 연령대에서는 라틴아메리카계 아동보다도 더 높다. 그러므로 만일 혼합된 인종 규준에 근거한 기준점이 사용된다면(처음에는 백인계 아동에 근거했다), 더 정밀한 평가가 필요한 대상으로 아프리카계 미국인 아동의 비율이 다르게 판별될 것이다. 앞으로의 평정척도는 분리된 인종집단 규준을 사용함으로써 이런 뚜렷한 인종집단의 차이를 설명할 수 있을 것이다. 그러나 현 시점에서 임상가는 아프리카계 미국인 아동이 ADHD 평정척도의 기준점에 도달하거나 근소하게 넘어갔을 경우에는 특히 조심해야만 한다.

마지막으로 고려해야 할 요인은 ADHD의 보편적인 선별이 전반적인 실제도 아니고 이 주제에 따른 연구가 많이 진행된 것도 아니라는 것이다. 비록 왜 보편적인 선별이 실행되어야 하는가에 대한 구체적인 이유를 명확하게 말하고는 있지만, 광범위한 적용을 제안하기 이전에 이 과정에 대한 응용된 환경에서의 경험에 근거한 철저한 연구가 진행되어야 한다.

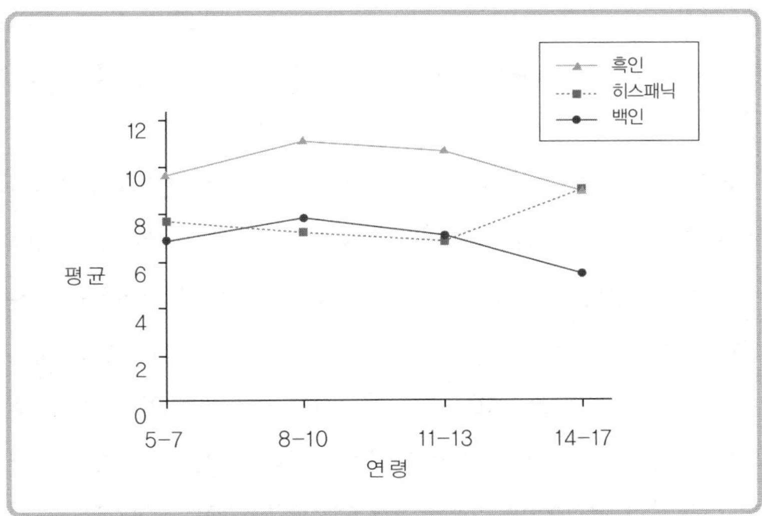

• 그림 3-4 • ADHD 평정척도 IV(DuPaul et al., 1998)에 의한 인종과 연령집단 간 주의력결핍에 대한 교사평정 평균

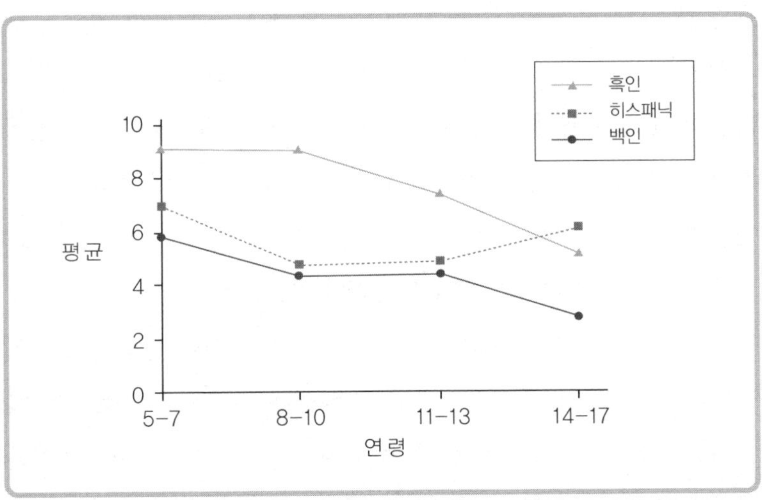

• 그림 3-5 • ADHD 평정척도 IV(DuPaul et al., 1998)에 의한 인종과 연령집단 간 과잉행동-충동성에 대한 교사평정 평균

2. 다면적 평가 맥락에서의 ADHD 선별

아동이나 청소년이 주의력문제, 학습의 어려움, 심한 방해행동 때문에 평가에 의뢰된다면, ADHD 선별은 어떤 상황에서도 실행해야 한다. 더구나 아동이 품행장애, 적대적 반항장애, 불안장애, 우울장애와 같이 ADHD와 함께 빈번하게 나타나는 장애가 있는 것으로 판단되면 언제라도 ADHD 선별검사를 실시해야 한다. 이런 맥락에서 선별은 평가과정의 첫 단계로 고려해야 한다. 선별이 어떻게 전반적인 평가에 포함되는가를 보여 주는 예로, 듀폴과 스토너(DuPaul & Stoner, 2003)는 학교기반의 ADHD 평가를 위한 5단계 모델을 기술했다. 첫 번째 단계에는 선별, 다각적 평가, 획득한 자료에 대한 해석, 중재 설계, 실행이 포함된다. 여기에서 선별은 전반적인 ADHD 평가가 실행되어야 하는지 아닌지를 결정하거나, 아동의 장애 때문에 나타나는 다른 장애가 있는지 없는지를 결정한다. 따라서 평가는 발생할 확률이 있는 다른 장애에 초점을 맞추어야 한다.

개인적인 수준에서의 ADHD 선별은 다음 두 가지의 질문에 답할 수 있도록 설계해야 한다. 그 아동이나 청소년이 임상적으로 심각한 수준의 '주의력결핍' 이나 '과잉행동-충동성'을 보이는가? 만일 그렇다면, ADHD에 대한 전반적인 평가가 보장되었는가? 따라서 선별절차는 어느 정도는 위양의 판별을 따르면서도 비용과 시간 효율성을 고려하여 설계해야 한다. 즉, 평가단계에서는 차라리 조심스러운 것이, 그리고 적어도 ADHD의 발현 가능성이 있는 아동과 청소년을 밝혀내는 것이 더 낫다. 동시에 선별은 ADHD의 발현 가능성이 상대적으로 적은 개인은 더 이상 고려하지 않아야 한다.

ADHD를 선별할 수 있는 두 가지 방법이 있다. 첫 번째 선별방법은 부모나 교사에게 ADHD 증후에 대한 간략한 평정을 부탁하는 것이다. 밴더빌트 ADHD 평정척도(Wolraich et al., 2003)와 ADHD 평정척도 4판을 포함해서 몇 개의 표준화된 규준참조 평정척도가 이러한 목적으로 개발되었다. 이 두 개의 척도는 모두 '주의력결핍' 과 '과잉행동-충동성' 증후에 대한 각각의 점수를 제공한다. 응답자는 특정 기간 동안 ADHD의 18개 증후가 나타난 빈도를 표시한다(예를 들어, 부모평정에서는 6개월 또는 교사평정에서는 2개월). 각 항목은 리커르트척도의 빈도로 평정하도록 되어 있다[예를 들어, 0(전혀 나타나지 않음)~3(매우 자주 나타남)].

일단 평정이 끝나면, 점수를 계산해서 의뢰된 아동의 연령과 성을 고려하여 표준자료와 비교한다. 만일 부모나 교사 평정 중의 하나라도 '주의력결핍' 이나 '과잉행동-충동성' 의 특정 기준점을 초과하면 ADHD를 위한 추가평가가 필요하다. 선별결정에서 사용되는 기준점은 NPP가 높은 수준에서 설정되어야 하지만, 어느 정도는 위양 판별에 따라야 한다. 이전에서 설명했듯이, 파우어와 앤드류(Power & Andrews) 그리고 동료들(1998)은 ADHD 평정척도 4판을 사용하여 학교기반의 선별을 할 경우에 백분위수 80이 최적의 기준점이라는 것을 알아냈다. 유사한 결과가 병원 차원의 표본을 대상으로 하는 기준점수에서도 발견되었다(Power, Doherty et al., 1998). 따라서 같은 성의 또래와 비교해서 백분위수 80 이상인 아동은 ADHD 확률에 대한 추가평가를 받아야 한다. 백분위수 80 아래인 아동은 ADHD가 있는 것으로는 진단되지 않을 것이기 때문에 다른 장애에 대한 진단을 받아야 한다.

또 다른 규준참조 접근방식에 따르면, 평정은 임상적으로 유의한 수준을 보이는 ADHD 증후의 개수로도 알아낼 수 있다. '종종' 또는 '매우 자주' 발생한다고 보고되는 항목은 '증후 있음'으로, '전혀' 또는 '때때로' 로 표시되는 항목은 '증후 없음' 으로 간주한다. 만일 보고에서 부모나 교사 중 한 쪽이 '증후 있음' 으로 나타난다면, 그것은 '증후 있음' 으로 간주한다. 각 범주에서 나타나는 증후의 개수를 더해서 DSM-IV 기준과 비교한다. 이런 식으로 아동이나 청소년이 '주의력결핍' 이나 '과잉행동-충동성' 증후 중에서 적어도 여섯 가지를 보인다고 보고되면 ADHD에 대한 추가평가가 필요하다. 이 단계의 평가과정에서 목표를 설정할 때 ADHD에 대한 지속적인 평가를 위해 현재 증후의 개수에 대한 기준을 더 자유롭게 설정하는 것이 바람직하다. 예를 들어, 듀폴과 스토너(DuPaul & Stoner, 2003)는 '주의력결핍' 과 '과잉행동-충동성' 중 어느 하나에서 적어도 네 가지 이상의 증후가 보고되면 추가평가를 진행해야 한다고 제안했다.

두 번째 선별방법은 ADHD 증후 기준과 관련해서 부모나 교사와 면담하는 것이다. 응답자와 함께 DSM-IV의 기준을 살펴보면서 18가지 증후의 빈도(자주 또는 매우 자주)를 표시할 수도 있다. 만일 교사와 부모를 모두 면담했는데, 둘 중 한쪽에서만 증후가 있다고 보고하면 다음과 같이 계산한다. 행동평정척도의 경우처럼 각 범주에서 보고된 증후의 전체 수를 계산하고 그 결과가 기준에 맞으면(어느 한 범주에서 적어도 4가지 이상의 증후를 보이면), 더 심도 있는 평가를 하도록 결정할 수 있다.

3. 공존장애 선별

ADHD 아동과 청소년은, 적어도 임상에 의뢰된 표본에서는 ADHD가 단독으로 나타나는 경우는 드물기 때문에 행동이나 학습장애 중 적어도 한 가지의 공존장애를 보이는 경향이 있다(Barkley, 2006). 따라서 포괄적인 ADHD 평가에는 공존장애의 선별과정이 포함되어야 한다(Anastopoulos & Shelton, 2001; Barkly, 2006). 사실 ADHD 진단 · 평가 · 중재를 위한 AAP 임상 실제 지침서에서는 "임상가는 정서행동장애(불안장애, 우울장애, 적대적 반항장애, 품행장애), 발달장애(학습장애, 언어장애), 신체장애(틱, 수면 무호흡증)를 포함해서 ADHD와 함께 나타날 수 있는 다른 장애에 대한 평가를 실시해야 한다."고 제안하고 있다. 청소년을 대상으로 할 경우에는 약물 남용에 대한 증후와 징조도 평가해야 한다.

정서행동장애에 대한 선별척도에는 부모, 교사, 친구에 의한 광대역과 협대역의 평정척도가 포함되어야 한다. 광대역의 측정에는 내재화(불안장애, 우울장애), 외현화(품행장애, 적대적 반항장애) 차원 모두에 걸쳐서 행동이나 정서에 어려움이 있을 확률이 있는 광범위한 영역에 대해 조사하는 많은 문항이 포함된다(Mash & Terdal, 1997). 예를 들어, 부모와 교사는 '아동 행동평정척도(Child Behavior Checklist: CBCL)' (Achenbach, 1997a) 또는 '아동 행동평가체계 II (Behavior Assessment System for Children II: BASC-II)' (Reynolds & Kamphaua, 1998)를 작성할 수 있다. 이 각각의 척도는 다면적인 협대역 차원(주의집중문제, 품행장애, 불안장애)뿐만 아니라 두 가지의 광대역 차원(외현화와 내재화)을 포함하다. 이와 유사한 방식으로, 의뢰된 아동이나 청소년은 '청소년 자기보고(Youth Self-Report)' (Achenbach, 1997b) 또는 '아동 행동평가체계 II 자기보고(BASC-II Self-Report)' (Reynolds & Kamphaus, 1998)를 작성할 수 있다. ADHD와 관련된 이런 많은 하위척도에서 특정 기준점 이상의 높은 점수(예를 들어, 아동의 연령과 성에서 백분위수 93)는 공존장애에 대한 추가평가가 필요하다는 것을 의미한다. 선별과정에서 좀 더 신중한 것을 원한다면(특이성보다 민감성을 강조), 응답자의 평정이 ADHD와 관련이 없는 영역에서 높은 점수가 나오면 공존장애에 대한 추가평가를 해야 한다. 예를 들어, 아동에 대한 교사평정이 하위척도 우울에서 백분위수 93 이상이면 우울증에 대한 추가평가를 실시해야 한다.

정서행동장애에서 가능한 한 공존장애의 추가평가를 할 수 있는 방법 중 하나는 특정의 관심 있는 상태에 대한 협대역 평정척도 작성을 응답자에게 요청하는 것이다(Anastopoulos & Shelton, 2001). 협대역 측정은 특정한 한두 개의 장애에 대한 증후적인 행동에 초점을 맞춘 문항으로 비교적 간략하게 되어 있다. 내재화 증후에 초점을 둔 협대역 측정의 예로 '아동기 우울척도(Children's Depression Inventory)' (Kovacs, 1992), '아동용 다차원 불안척도(Multidimensional Anxiety Scale for Children)' (March, Parker, Sullivan, Stallings, & Conners, 1997), '레이놀드 아동기 우울척도(Reynolds Child Depression Scale)' (Reynolds, 1989), '레이놀드 청소년기 우울척도(Reynolds Adolescent Depression Scale)' (Reynolds, 2002) 같은 것이 있다. 아동은 종종 그들 자신이 불안과 우울의 증후를 관찰하는 가장 좋은 위치에 있기 때문에 대부분의 협대역 내재화 평정척도는 자기보고 척도다. 외현화 증후에 초점을 둔 협대역 측정의 예로는 '아이버그 아동 행동 목록(Eyberg Child Behavior Inventory)' (Eyberg & Pincus, 1999)이 있다. ADHD 아동은 외현화 증후에 대해 잘못된 보고를 하는 경향이 있기 때문에 외현화 행동의 협대역 측정은 대부분 예외적으로 부모와 교사가 작성한다(Barkley, 2006). 협대역 평정척도에서 유의하게 높은 점수를 받게 되면(백분위수 93 이상) 공존장애에 대해 더 전반적인 평가를 하게 된다.

학습장애나 언어장애의 선별절차에는 몇 가지가 있다. 첫째, 교사에게 읽기, 셈하기, 기타 다른 학업 교과와 함께 학생의 어려움에 관해 면담해야 한다. 주어진 과제에 대한 강점과 약점뿐만 아니라 학생이 교육과정의 어느 단계에 있는지(즉, 학년 수준)에 대한 특정 정보와 학급 또래와의 상호작용방법에 대해 논의한다(교사 면담과 관련해서 더 자세한 것은 Shapiro, 1996 참고). 둘째, 학생의 학업 기능에 대해서 기록된 자료를 조사한다. 예를 들어, 최근의 작문

과제와 시험을 검토할 수 있다. 셋째, 교사에게 '학업수행 평정척도(Academic Performance Rating Scale, DuPaul)' (Rapport & Perriello, 1991) 또는 '학업능력 평가척도' (Adademic Competence Evaluation Scale, DiPerma & Elliott, 2000)와 같은 학업 기술에 대한 간략한 평정척도 작성을 부탁한다. 넷째, 학생의 읽기, 셈하기에 대해서 간략한 직접 평가를 교육과정 기반의 평가방식으로 실시한다(CBM; Shinn, 1998). CBM은 비교적 간단하고(예를 들어, 2~5분), 교육과정 내에서 학생의 학년 수준을 결정할 수 있다.

이런 측정을 함께 사용하면 학습장애에 대한 보다 더 전반적인 평가가 필요한지 아닌지에 대해 알 수 있다. 교사의 교수적 수정과 학업적 결함을 보충하기 위한 다른 전략에도 불구하고, 선별척도에서 학년 수준 및 또래와 비교하여 지속적으로 낮은 수행 수준을 보일 때는 특히 공존장애로 학습장애가 있다고 평가된다.

4. 학교 관계자와 의료지원 전문가의 역할과 책임

학교 관계자와 일차 의료기관 종사자는 ADHD 선별에서 결정적으로 중요한 역할을 담당한다. 이들은 ADHD 증후를 인식하고 전반적인 평가가 요구되는 아동과 청소년을 판별할 수 있는 첫 번째 전문가다. 주요한 역할과 책임은 다음과 같다.

- 심리측정상 적절하고 실현 가능한 선별과정을 고안하는 것

- 적합한 때에 선별과정을 실행하는 것
- 정확한 선별결정을 내리는 것
- 양성으로 선별된 아동에 대한 전반적인 평가를 계속하는 것
- 평가절차의 결과에 대해 점검하는 것

학교와 의료지원 전문가의 첫 번째 의무는 효과적인 선별절차를 고안하는 것이다. 앞에서 논의했듯이, 선별의 구성요소와 절차는 선별의 기능만큼 다양할 것이다. 우리는 여러 상황에서 선별이 진행되는 방법에 대한 지침을 제공하지만, 선별절차를 시작하기에 앞서 갖추어야 할 많은 부분적인 결정이 있다. 예를 들어, 특정 선별도구를 선택하고, 그 절차를 원활하게 진행할 개인을 지정하고, 적절한 스케줄과 기대를 수립해야 한다. 학교에서는 학교심리학자, 특수교사, 보건교사를 포함해서 이 과정을 수월하게 진행할 수 있는 전문가가 몇 명 있다. 일차 의료기관에서 간호사나 행정직원은 선별과정을 감독할 수 있다. 어떤 경우에는, 일차 의료기관 의사가 이 역할을 담당할 것이다. 중요한 점은, 효과적이고 실현 가능한 지침이 일관성 있게 제공되기 위해서 이 모든 결정이 사전에 내려져야 한다.

두 번째 의무는 일단 선별지침이 정해지면, 전문가는 적합한 곳이라면 언제라도 이 절차가 지켜지도록 해야 한다. 예를 들어, 학교심리학자는 학년 초에 보편적인 선별을 계획하고 앞에서 기술한 활동이 마무리되도록 일정을 조율해야 한다. 바람직한 실행은, 감독하고 선별자료를 수집하는 책임자를 명확히 하는 것뿐만 아니라

선별을 마칠 때까지의 구체적인 일정을 작성하는 것이다. 선별지침을 다음에도 다시 사용할 수 있도록 선별과정에서 발생하는 어떤 문제라도 이후의 토론과 절차의 수정을 위해 기록해 두어야 한다.

세 번째 의무는 선별 자료에 근거하여 정확한 결정을 내리는 것이다. 실행과정에서 표준화된 지침과 절차를 고수하도록 점검하면 정확성은 높아진다. 또한 평정척도나 면담에서 점수의 정확성을 몇 개의 기준(그렇지 않으면 모든 선별 요강에 따라)을 통해 점검해야 한다. 마지막으로, 아동에게 더 심도 있는 평가의 필요 여부를 결정하기 위해 관련된 기준점과 점수를 비교해야 한다. 기준점은 가능하면 언제든 아동의 나이, 성, 민족에 적절한 표준 자료에 근거해야 한다.

네 번째 의무는 ADHD에서 양성으로 선별된 아동과 청소년을 포괄적인 평가에 의뢰해야 한다. 4장에서 기술한 바와 같이, 이 평가에는 여러 가지 방법과 응답자를 포함시켜야 한다. 더욱이 평가는 ADHD 증후에만 초점을 맞추는 것이 아니라 아동에게 어려움이 있는 다른 원인(예를 들어, 다른 장애)을 조사해야 한다. 만일 평가가 선별 환경(즉, 학교나 일차 의료기관)에서 실행되지 않았다면, 가족은 ADHD나 관련 장애의 평가 전문가에게 의뢰해야 한다. 이런 경우에 학교나 의료지원 전문가는 평가가 정확하게 이루어지고, 그 결과를 시의적절하게 이용할 수 있도록 가족과 함께 점검해야 한다.

마지막 의무는 아동이 평가결과에 근거하여 적절한 중재를 받았는가를 확인하면서 평가의 성과를 점검하는 것이다. 선별과정을 감독하도록 임명된 학교나 의료지원 전문가는 평가 보고서를 읽어 보고, 권장되는 중재를 위해서 가족과 협력해야 한다. 학교에서는 교실에서의 전략을 고안하고 실행하고 평가하는 데, 담임교사와의 상담이 필요할지도 모른다. 의료기관에서는 적절한 약물을 처방하고 부모교육을 실시할 필요가 있다.

5. 학교, 가정, 의료지원 전문가 사이의 의사소통

효과적인 ADHD 선별을 위해 가족, 학교, 의료지원 전문가 사이의 의사소통은 상당히 중요하다. 특히 아동이 ADHD 양성으로 선별되면 아동은 세 상황(즉, 가정, 학교, 의료기관) 모두에 걸쳐서 생활하게 된다. 의사소통에서 가장 중요한 세 가지는 명료성, 존중, 적시성이다.

첫째, 선별의 내용과 과정에 관련된 모든 의사소통은 가능한 한 명료해야 한다. 부모와 함께 일할 때 전문가는 전문용어를 사용하지 않고, 선별의 이유와 일상에서 부모가 제공했으면 하는 자극에 대한 기대를 설명해야 한다. 특히 선별에서 양성이 나온 경우 선별과정에서 단계를 검토하는 것이 중요하다. 더욱이 완전한 이해를 위해 부모에게 질문을 이끌어 내고 대답을 해야 한다. 교사의 자극을 요구할 때도 유사한 과정이 따르게 된다. 부모와 교사에게 양성 선별이란, 아동이 ADHD로 진단된다는 것이 아니라 추가평가가 필요함을 의미한다는 것을 알려야 한다. 교육전문가와 의료지원 전문가가 선별과정 동안 의사소통할 때도 상호 이해를 높이기 위해서 각자 자신의 특정 전문용어 사용을 피해야 한다.

둘째, 선별과정에 참여하는 개인이 서로를 존중하려고 노력하는 것은 중요하다. 각 전문가는 선별과정에 전문성을 갖추고 참여한다. 부모는 자녀의 가정에서의 행동, 성장과정에 대해 가장 잘 알고, 교사는 아동의 매일의 수행뿐만 아니라 교실에서의 기준과 기대에 대해 잘 알고, 다른 학교 전문가(예를 들어, 학교 심리학자)는 평가 방법에 꼭 필요한 경험이 있고, 의료지원 전문가는 아동의 건강과 발달에 관련한 전문적 지식이 있다. 어떤 부모는 그들 자신이 ADHD나 다른 어려움이 있을지도 모르지만, 그 사실이 그들이 무언가 요구하고 검토할 때 존경받을 필요가 없다는 것을 의미하지는 않는다. 문화적 · 언어적 · 인종적 차이는 이 과정의 일부로 받아들일 필요가 있다. 예를 들어, 만일 영어가 가정에서 사용하는 모국어가 아닐 경우, 선별척도는 부모의 모국어로 진행해야 한다. 이런 경우에 가정의 문화가 존중되고 정확한 부모의 요구를 얻게 된다.

셋째, 의사소통은 가능한 시의적절한 방법으로 이루어져야 한다. 선별과정은 여러 단계로 이루어져 있으므로, 필요할 때 바로 중재가 제공될 수 있도록 각 단계를 알맞은 시간 안에 끝내는 것이 중요하다. 따라서 동의와 선별을 위해 가능한 한 빨리 부모와 만나야 한다. 부모와 교사에게는 선별척도를 마치기 위해 합리적이면서 시의적절한 기한(예를 들어, 일주일)을 제공해야 한다. 만일 대부분의 척도가 작성하는 데 10분이 넘지 않는다면, 이것은 부담스러운 요구는 아닐 것이다. 지속적으로 협력을 이어가기 위해서 가능한 한 빨리 부모와 교사의 질문에 답을 해야 한다. 마지막으로 선별결과를 적절한 기간 안에 모든 참가자에게 제공해야 한다. 만일 이번에도 대부분의 척도에서 점수 채점과 해석이 짧은 시간 동안 이루어진다면, 필요할 때 참가자에게 결과를 제공하고 다음 단계를 논의하는 데 하루나 이틀 이상이 걸리지는 않을 것이다. 일반적으로 각 단계가 이어지면서 의사소통이 효과적일수록 전반적인 평가, 중재 계획, 중재 실행 과정 동안 협력해서 일할 가능성이 커진다.

6. 결 론

보다 더 빠른 판별과 중재는 성공 기회를 증가시키고 문제가 되는 결과를 예방하기 때문에 ADHD 선별은 중요하다. 비록 이 장애의 증후가 명백하고 주목할 만하고 치료에 의뢰하기가 쉽더라도, 역학 자료에 따르면 ADHD 인구의 많은 비율이 인식되지 못할 뿐 아니라 치료도 제대로 못 받고 있다. 선별을 실시해야 하는 최소한의 세 가지 상황(① 초등학교 초기에 ADHD에 대한 보편적인 선별, ② 아동이 학습과 행동 문제로 의뢰됐을 때 ADHD에 대한 개인적인 선별, ③ 아동과 청소년이 ADHD로 판별됐을 때 공존장애에 대한 개인적인 선별)이 있다. 요컨대, 심리측정상 양질의 선별척도에는 ADHD 증후에 대한 교사와 부모의 평정이 포함된다. 진단과정에서 수집한 부모와 교사의 면담 자료 또한 선별과정에서 도움이 된다. 명확하고 실현 가능한 선별과정을 고안하여, ADHD에 대한 '최초의 응답자'가 있는 학교와 일차 의료기관에서 실행하는 것은 중요하다. 선별에서 양성이 나왔을 때 최종적인 결정은 실증적인 자료에 기반을 두어야 하고 전반적인 평가로 이어져야 한다. 궁극적으로 선별의 효과성은 서비스가 필요한 아동과 청소년에게 적절한 중재를 제공하는 것에 달려 있다.

Achenbach, T. M. (1997a). *Manual for the Child Behavior Checklist and Revised Child Behavior Profile*. Burlington: University of Vermont, Department of Psychiatry.

Achenbach, T. M. (1997b). *Manual for the Youth Self-Report*. Burlington: University of Vermont, Department of Psychiatry.

American Academy of Pediatrics. (in press). Clinical practice guideline: Diagnosis, evaluation, and treatment of the child and adolescent with attention-deficit/hyperactivity disorder. *Pediatrics*.

American Psychiatric Association. (1994). *Diagnostic and statistical manual of mental disorders* (4th ed.). Washington, DC: Author.

Anastopoulos, A. D., & Shelton, T. L. (2001). *Assessing attention-deficit/hyperactivity disorder*. New York: Kluwer Academic/Plenum.

Barkley, R. A. (Ed.) (2006). *Attention-deficit/hyperactivity disorder: A handbook for diagnosis and treatment* (3rd ed.). New York: Guilford Press.

Boyce, W. T., Essex, M. J., Goldstein, L. H., Armstrong, J. M., Kraemer, H. C., & Kupfer, D. J. (2002). The confluence of mental, physical, social, and academic difficulties of middle childhood: I. Exploring the "headwaters" of early life morbidities. *Journal of the American Academy of Child and Adolescent Psychiatry, 41*, 580–587.

Bussing, R., Fernandez, M., Harwood, M., Hou, W., Garvan, C. W., Eyberg, S. M., et al. (2008). Parent and teacher SNAP-IV ratings of attention deficit hyperactivity disorder symptoms: Psychometric properties and normative ratings from a school district sample. *Assessment, 15*, 317–328.

Conners, C. K. (1969). A teacher rating scale for use in drug studies with children. *American Journal of Psychiatry, 126*, 884–888.

DiPerna, J. C., & Elliott, S. N. (2000). *Academic Competence Evaluation Scale.* San Antonio, TX: Psychological Corporation.

DuPaul, G. J., Power, T. J., Anastopoulos, A. D., & Reid, R. (1998). *ADHD Rating Scale-IV: Checklists, norms, and clinical interpretation.* New York: Guilford Press.

DuPaul, G. J., Rapport, M. D., & Perriello, L. M. (1991). Teacher ratings of academic skills: The development of the Academic Performance Rating Scale. *School Psychology Review, 20*, 284–300.

DuPaul, G. J., & Stoner, G. (2003). *ADHD in the schools: Assessment and intervention strategies* (2nd ed.). New York: Guilford Press.

Epstein, J. N., March, J. S., Conners, C. K., & Jackson, D. L. (1998). Racial differences on the Conners Teacher Rating Scale. *Journal of Abnormal Child Psychology, 26*, 109–118.

Essex, M. J., Kraemer, H. C., Slattery, M. J., Burk, L. R., Boyce, W. T., Woodward, H. R., et al. (2009). Screening for childhood mental health problems: Outcomes and early identification. *Journal of Child Psychology and Psychiatry, 50*, 562–570.

Eyberg, S. M., & Pincus, D. (1999). *Eyberg Child Behavior Inventory and*

Sutter-Eyberg Student Behavior Inventory: Professional manual. Odessa, FL: Psychological Assessment Resources.

Froehlich, T. E., Lanphear, B. P., Epstein, J. N., Barbaresi, W. J., Katusic, S. K., & Kahn, R. S. (2007). Prevalence, recognition, and treatment of attention-deficit/hyperactivity disorder in a national sample in US children. *Archives of Pediatric and Adolescent Medicine, 161*, 857-864.

Gadow, K. D., & Sprafkin, J. (1997). *ADHD Symptom Checklist 4 manual.* Stony Brook, NY: Checkmate Plus.

Gardner, W., Lucas, A., Kolko, D. J., & Campo, J. V. (2007). Comparison of the PSC-17 and alternative mental health screens in an at-risk primary care sample. *Journal of the American Academy of Child and Adolescent Psychiatry, 46*, 611-618.

Goodman, R. (2001). Psychometric properties of the Strengths and Difficulties Questionnaire (SDQ). *Journal of the American Academy of Child and Adolescent Psychiatry, 40*, 1337-1345.

Jellinek, M. S., Murphy, J. M., Little, M., Pagano, M. E., Comer, D. M., & Kelleher, K. J. (1999). Use of the Pediatric Symptom Checklist to screen for psychosocial problems in pediatric primary care: A national feasibility study. *Archives in Pediatrics and Adolescent Medicine, 153*, 254-260.

Kovacs, M. (1992). *Children's Depression Inventory (CDI) manual.* Tonowanda, NY: Multi-Health Systems.

March, J. S., Parker, J. D., Sullivan, K., Stallings, P., & Conners, C. K. (1997). The Multidimensional Anxiety Scale for Children (MASC): Factor structure, reliability, and validity. *Journal of the American Academy of Child and Adolescent Psychiatry, 36*, 554-565.

Mash, E. J., & Terdal, L. G. (Eds.) (1997). *Assessment of childhood disorders* (3rd ed.). New York: Guilford Press.

Pastor, P. N., & Reuben, C. A. (2008). Diagnosed attention deficit hyperactivity disorder and learning disability: United States, 2004–2006. *Vital Health Statistics, 10*, 1–14.

Pelham, W. E., Gnagy, E. M., Greenslade, K. E., & Milich, R. (1992). Teacher ratings of DSM-III-R symptoms for the disruptive behavior disorders. *Journal of the American Academy of Child & Adolescent Psychiatry, 31*, 210–218.

Polanczyk, G., Silva de Lima, M., Horta, B. L., Biederman, J., & Rohde, L. A. (2007). The worldwide prevalence of ADHD: A systematic review and metaregression analysis. *American Journal of Psychiatry, 164*, 942–948.

Power, T. J., Andrews, T. J., Eiraldi, R. B., Doherty, B. J., Ikeda, M. J., DuPaul, G. J., et al. (1998). Evaluating attention deficit hyperactivity disorder using multiple informants: The incremental utility of combining teacher with parent reports. *Psychological Assessment, 10*, 250–260.

Power, T. J., Doherty, B. J., Panichelli-Mindel, S. M., Karustis, J. L., Eiraldi, R. B., Anastopoulos, A. D., et al. (1998). The predictive validity of parent and teacher reports of ADHD symptoms. *Journal of Psychopathology and Behavioral Assessment, 20*, 57–81.

Reid, R., DuPaul, G. J., Power, T. J., Anastopoulos, A. D., & Riccio, C. (1998). Assessing culturally different students for attention deficit hyperactivity disorder using behavior rating scales. *Journal of Abnormal Child Psychology, 26*, 187–198.

Reynolds, C. R., & Kamphaus, R. W. (1998). *Behavior Assessment System for Children Manual* (2nd ed.). Circle Pines, MN: American Guidance Service.

Reynolds, W. M. (1989). *Reynolds Child Depression Scale: Professional manual.* Odessa, FL: Psychological Assessment Resources.

Reynolds, W. M. (2002). *Reynolds Adolescent Depression Scale: Professional manual* (2nd ed.). Odessa, FL: Psychological

Assessment Resources.

Satin, M. S., Winsberg, B. G., Monetti, C. H., Sverd, J., & Foss, D. A. (1985). A general population screen for attention deficit disorder with hyperactivity. *Journal of the American Academy of Child and Adolescent Psychiatry, 24*, 756–764.

Shapiro, E. S. (1996). *Academic skills problems: Direct assessment and intervention (2nd ed.)*. New York: Guilford Press.

Shinn, M. R. (Ed.). (1998). *Advanced applications of curriculum-based measurement*. New York: Guilford.

Swanson, J. M. (1992). *School-based assessments and interventions for ADD students*. Irvine, CA: KC Publications.

Walker, H. M., & Severson, H. (1988). *Systematic screening for behavior disorders assessment system*. Longmont, CO: Sopris West.

Wolraich, M. L., Feurer, I. D., Hannah, J. N., Baumgartel, A., & Pinnock, T. Y. (1998). Obtaining systematic teacher reports of disruptive behavior disorders utilizing DSM-IV. *Journal of Abnormal Child Psychology, 26*, 141–152.

Wolraich, M. L., Lambert, W., Doffing, M. A., Bickman, L., Simmons, T., & Worley, K. (2003). psychometric properties of the Vanderbilt ADHD diagnostic parent rating scale in a referred population. *Journal of Pediatric Psychology, 28*, 559–568.

04 진 단

ADHD의 존재 여부를 알기 위해 아동을 평가하는 진단과정은 일반적으로 세 상황 중 한두 곳에서 실시한다. 그중에 약물이나 가정기반의 행동중재 처방은 초기 의료기관이나 정신건강과에서 내려지고, 학업과 행동중재를 위한 교육적 서비스를 제공하기 위한 평가는 학교에서 내려진다. 공존장애가 없거나 덜 심각한 ADHD 아동은 일차 임상의가 진단을 내릴 수 있다. 그러나 좀 더 심각한 ADHD 아동—특히, 복잡한 공존장애가 있는 아동—은 정신건강의가 평가한다. 처음에 학교 평가는 아동의 교육적 요구, 특히 교실에서의 학습에 대한 아동의 능력이 손상된 상태의 판별에 초점을 맞춘다. 이상적으로 모든 평가는 신체적 · 정신적 건강, 교육적 측면에서의 여러 임상의를 포함하는 다학문적 팀에 의해 이루어진다.

그러나 그러한 평가와 비용을 지원해 줄 프로그램을 찾는 데 어려움이 점점 많아지고 있기 때문에 팀 평가는 드문 일이다. 대부분의 평가는 개인 임상의가 실시하기 때문에 전문가와 부모 간의 의사소통은 상당히 중요하다(8장 참조).

진단평가는 3장에서 논의한 선별과정에서 수집된 정보를 활용하는 것에서 시작한다. 이를 위해 우선 아동의 기능을 손상시키는 특정한 행동이 있는가를 판별한다. ADHD가 실제적으로 유전적인 영향이라는 강력한 증거를 바탕으로 뇌구조와 기능의 차이에 따른 신경 정신 상태라고 해도, 결정적이고 신뢰할 만한 진단을 내리는 데 유용한 실험실 테스트나 신경영상 색인이 없다. 더욱이 ADHD 증후가 있는 것으로 평가되는 행동이 ADHD 증후가 없는 아동에게서도 때때로 나타나는 행동이기 때문에, ADHD 증후가 없는 아동에게 기대되는 행동의 빈도와 비교하여 다양한 환경에서 나타나는 행동의 빈도를 결정하는 것이 중요하다. ADHD와 관련된 행동이 환경적인 맥락의 영향을 매우 쉽게 받을 수 있기 때문에, 정확한 관찰에 의해 얻은 것이라고 해도 관찰한 짧은 에피소드에만 의존하는 것은 신뢰롭지 못하다.

비록 최근의 진단시스템이, 정신장애 진단 통계 편람 4판, 본문 개정판(DSM-IV-TR, APA, 2000), 평가자료 수집방법을 명확히 하지는 못했지만, 최선의 결과는 아동과 가장 많이 접촉하는 사람을 통해, 보통은 부모와 교사의 질문을 통해 얻어진다. ADHD 진단을 위한 지침에서, 미국소아과학회(AAP, 2000)는 진단을 내리기 위해 가능하면 언제나 부모와 교사 모두에게서 정보를 얻도록 특별히 권장하고 있다. 따라서 진단과정에서 의사와 교사가 의사소통하는 것은 필수사항이다(8장 참조).

이 장에서는 다음 세 가지를 보여 주고자 한다. 첫째, ADHD 진단을 내리는 데 요구되는 기준을 기술한다. 둘째, 진단을 내리는 데 겪는 어려움과 위험을 기술한다. 셋째, ADHD 아동에게 빈번히 나타날 수 있는 다른 행동과 인지상태의 특징을 제시한다.

1. 특정 기준

ADHD 진단을 내리기 위해, 의사는 DSM-IV-TR의 가장 최근 변화된 기준에 맞게 행동의 유무를 결정하는 것이 중요하다. 이 기준에는 '주의력결핍'과 '과잉행동-충동성'의 두 가지 차원이 있다. 각 차원의 구체적인 행동 특징은 <표 4-1>에 나타나 있다. 의사는 이러한 증후가 다양한 환경에서(특히 가정과 학교에서), 손상을 유발하는 정도뿐만 아니라 얼마나 많은 핵심 증후가 나타나는가를 결정해야 한다.

ADHD의 빈도는 성에 따라 차이가 나타나는데, 소년이 소녀보다 이런 행동을 더 많이 보인다(DuPaul, 1997). 따라서 부모나 교사가 작성한 행동 평정척도의 결과에 대해서도 이미 규명된 성의 규준과 비교해야만 한다.

표 4-1 주의력결핍 및 과잉행동장애(ADHD)의 핵심 증후

주의력결핍 영역	과잉행동-충동성 영역	
부주의한 실수	과잉행동	충동성
집중을 지속하는 것의 어려움	안절부절못함	질문이 끝나기 전에 불쑥 말을 함
듣고 있지 않는 것처럼 보임	자리에 앉아 있지 못함	차례를 기다리기 어려움
과제를 끝내는 것의 실패	과도하게 움직임(쉬지 않음)	다른 사람을 방해함
조직화의 어려움	조용하게 여가활동에 참여하는 것의 어려움	
지속적인 집중을 요구하는 과제의 회피	지속적으로 움직임	
물건을 잃어버림	과도하게 많이 말함	
쉽게 산만해짐		
쉽게 잊어버림		

1) 정보의 원천

ADHD 진단은, 환자의 행동을 가장 자주 관찰하여 많은 정보를 얻을 수 있는 사람이 내린다. 앞에서 언급했듯이, 교사는 아동이 주의를 집중하도록 자신의 활동 수준과 충동성을 통제해야 하는 상황에서, 아동을 같은 또래 집단과 비교하며 매일 6시간 동안 관찰하기 때문에 중요한 보고자다. 가능하다면 코치, 스카우트 리더, 조부모와 같은 다른 관찰자에게서 정보를 얻는 것도 도움이 된다. 또한 교실에서 아동을 직접 관찰하는 경우에 가장 객관적인 정보

를 제공받을 수 있다. 그러나 그것은 노력이 많이 필요하기 때문에 오직 제한된 관찰 시간 동안만 자료를 수집할 수 있다. 아동의 행동은 주변 환경에서 많은 영향을 받기 때문에 제한된 시간 동안의 관찰은 전반적인 행동 패턴을 반영하기 어렵다. 이와 같은 문제 때문에 의사의 진료실과 같은 임상적인 상황에서의 관찰은 아동의 전체적인 행동에 대한 정확한 그림을 제공하지 못할 수 있다(Sleator, Neumann, & Sprague, 1974). 더욱이 임상평가는 아동에게 낯선 상황이기 때문에 아동의 행동은 친숙한 환경에서 보이는 전형적인 행동과 다를 수도 있다.

불행하게도 아동은 자신의 행동에 대해 신뢰할 만한 보고자는 아니며, 보고 내용을 덜 드러내는 경향이 있다(Hoza, Pelham, Dobbs, Owens, & Pillow, 2002). 이런 사실은 아동과 청소년 모두 해당된다(Smith, Pelham, Dobbs, Molina, & Evans, 2000). 청소년의 경우, 부모는 십대 자녀를 관찰할 기회가 거의 없기 때문에, 다른 정보 제공자에게 정확한 정보를 얻는 것은 더 어렵다. 중학교와 고등학교 교사는 매일 정해진 시간 동안만 학생을 관찰한다. 따라서 가능한 경우 교사와 부모 모두의 관찰을 토대로 하는 것이 아직은 최선이다. 두세 명의 주요 과목 교사(수학, 영어, 과학, 사회)는 독립적으로 또는 팀을 이루어 평정해야 한다. 또한 청소년이 자신의 행동을 얼마나 잘 점검할 수 있는가를 결정하는 것도 중요하다.

부모와 교사 사이에 장애의 정도뿐만 아니라 증후의 빈도와 심각성에 대해서도 의견이 불일치할 수 있다(Mitsis, Mckay, Schulz, Newcorn, & Halperin, 2000). 불일치가 발생하는 많은 부분이 부모

표 4-2 **정보제공자의 불일치 평가하기**

정보 제공자가 특정 행동을 정확하게 관찰하도록 하기 위해 그 행동을 재검토하기(적어도 부모와 함께)
예전 교사, 현재의 보조교사, 도우미, 코치, 스카우트나 기관의 리더, 종교교사, 부모(정보를 제공하지 않은 부모)나 양부모, 그리고 다른 추가적인 정보 제공자에게서 정보 얻기
심리교육 평가나 중재 기간 동안의 아동 행동에 대한 보고서 보기
부모나 교사가 각성제를 강력하게 반대하는가 찬성하는가에 대해 판단하기
아동이 형제가 없거나 첫째인 경우, 부모가 아동의 발달 수준에 맞는 적절한 행동의 기대를 하고 있는지 아닌지를 판단하기
경험이 더 많은 교사는 경험이 적은 교사보다 더 적절한 발달 맥락에서 행동을 평가할 것이므로 교사의 경력 파악하기

와 교사가 아동을 관찰하는 상황이 다르기 때문이다. 차이가 심할 경우, 어떤 개인이 가장 정확한 개념을 제공하는지를 결정하려고 노력하는 것이 도움이 된다. 부모나 교사 한쪽 또는 양쪽 모두 편견이 있을 수 있다. 부모와 교사의 보고에서 나타나는 차이를 분명하게 하기 위한 몇 가지의 제안점을 〈표 4-2〉에 제시하였다.

2) 기타 기준

ADHD 사람은 핵심 증후 이외에 〈표 4-3〉에 나와 있는 기준을 충족해야만 한다. ADHD는 어떤 핵심 증후가 나타나는가에 따라 세 가지의 하위유형 중 한 가지로 분류된다.

표 4-3 ADHD의 기타 기준

장애를 일으키는 과잉행동-충동성 또는 주의력결핍 증후가 7세 이전에 나타난다.
증후가 적어도 6개월 동안 지속된다.
이런 증후에 따른 장애가 두 곳 이상의 상황에서 나타난다(예를 들어, 가정, 학교, 직장).
이런 행동 때문에 사회적 · 학업적 · 직업적 기능에서 임상적으로 심각한 장애의 증거가 있다.

주의력결핍 우세형 주의력결핍 영역의 기준에 해당하는 아동(아홉 가지의 주의력결핍 핵심 증후 중 여섯 가지 이상)

과잉행동-충동성 우세형 과잉행동-충동성 영역의 기준에 해당하는 아동(아홉 가지의 과잉행동-충동성 핵심 증후 중 여섯 가지 이상)

혼합형 두 영역에서 아홉 가지 기준 중 여섯 가지가 해당하는 아동

7세라는 기준은 아동기가 시작되는 생물학적 근거를 반영한다. 그 연령은 경험에서 추출한 것은 아니다. 주의력결핍 우세형을 보인 아동은 주의집중이 더 많이 필요한 연령이 될 때까지 증후가 나타나지 않을지도 모른다. 더욱이 더 어린 나이에 그 증후가 나타났을지도 모르는 어떤 아동은 비정상이라고 느껴지지 않거나 진단되지 않았을지도 모른다. 따라서 어떤 연구자는 ADHD 발병기를 7세

이전보다는 18세 이전의 아동기를 기준으로 사용하고자 주장하였다(Barkley & Biederman, 1997). 6개월의 요구 기간은 그 상황이 만성적인지 아닌지를 말한다. 일시적인 경향이 더 많은 우울과는 다르게, ADHD의 행동 패턴은 약간의 변화가 있기는 하지만 일반적으로는 지속된다. 진단에서 가장 중요하게 다루는 측면은 아동의 기능을 손상시키는 핵심 증후에 대한 개념이다. 핵심 증후를 많이 보이고 있다 하더라도, 그의 강점 때문에(예를 들어, 평균 이상의 지적 능력) 심각한 역기능을 유발할 수 있는 그 증후를 충분히 예방할 수 있는 사람이 있다. 기능 평가는 5장에서 더 상세하게 논의할 것이다.

2. 진단의 위험

ADHD의 진단은 위험할 수 있다. 최근의 ADHD 진단 기준이 현재 가장 높은 수준이라고 해도 완전하다고 말하기는 어렵다. 첫째, DSM 시스템은 발달적 관점을 반영하지 않았다. 즉, 아동의 연령과 발달 수준에 따른 다양한 장애의 증후를 기술하지 않았다. 그 진단 기준은 애초에 6~13세 아동의 연구에서 나왔다. DSM-IV-TR의 진단 기준은 입학 전의 아동(4~6세 아동)에게 적절한 것으로 나타났다(Egger, Kondo, & Angold, 2006). 그러나 임상가는 청소년을 평가할 때 증후가 아동기에 나타났는가를 판별하기 위해 환자의 회상에 근거해 진단하려고 한다. 18개의 핵심 증후는 4~17세 아동을 대상으로 한 현장 연구에서 도출한 것이다. 그러나 '과도하게 뛰거나 오르는'식의 행동은 청소년에게 적용하기에는 적절하지 않은 내용이다(Lahey et al., 1994).

또한 증후적인 행동은 환경에 의존적이다. 성인이 아동의 활동과 환경에 보다 많은 관심을 가져 준다면, 아동이 자신의 행동을 조절하는 것이 더 쉬워진다. 부모나 교사와 같은 관찰자를 위한, 행동이 부적절하게 자주 발생하는지를 정확하게 결정할 수 있는 구체적인 지침 또한 없다. 따라서 증후의 보고는 어느 정도 주관적이고, 부모와 교사 사이의 모순에 관해서 앞에 언급한 사실은 놀라운 것이 아니다. 일반적으로 교사의 보고는 교실에서 아동을 직접 관찰하는 것과 관련되어 있다(Danforth & DuPaul, 1996). 초등학교에서의 교사 보고는 하루 중에 더 많은 시간 동안 아동을 관찰하기 때문에 중학교나 고등학교에서의 교사 보고보다 더 정확한 경향이 있다.

진단의 또 다른 어려움은 행동의 발생 여부만으로 결정할 수 없다는 것이다. 어떤 증후는 아동의 연령과 성, 환경에 따라 일반적인 아동의 행동에서 나타날 수도 있다. 난기질의 아동은 문제를 일으킬 만한 행동을 할지도 모르지만, 그들의 증후—더 중요하게는 역기능의 정도—는 ADHD 진단을 받을 정도로 우려할 만큼 심각하지 않기도 하다. 이러한 어려움은 하위증후군으로 의뢰되고, 부주의 과잉행동-충동성 문제가 있는 것으로 정의된다(Wolraich, Felice, & Drotar, 1996).

많은 증후적 행동은 나이가 많아질수록 감소할 것이다. 그래서 청소년기에는 과잉행동 증후를 보이는 것이 일반적이지 않다. 비록 안절부절못하기, 몸부림치기, 조용한 여가활동 참가 어려워하기, 다른 사람 방해하기 등의 행동은 지속될 수 있지만, 충동성 또한 감소하는 경향이 있다(Barkley, Anastopoulos, Guevremont, & Fletcher, 1991). 청소년은 내적인 불안감 때문에 발생하는 과잉행동을 경험할 수도 있다(Weyandt et al., 2003). 나이가 들면서 감소하는 경우도 있고, 비록 어떤 아동은 성숙함에 따라 이런 결함을 조절하는 데 성공한다 해도 주의력결핍과 실행 기능의 손상은 성인기까지 지속되는 경향이 있다. 종종 상세한 것에 세심한 주의 기울이기, 과제 집중하기, 지시사항 따르기에서 주의력 결함이 지속된다(Barkley et al., 1991).

DSM-IV-TR에 의한 진단을 내릴 때 충분한 정보를 수집하는 것은 중요하다. DSM 기준의 행동 증후에 근거한 평정척도를 사용하는 것은, 정보를 모으는 데 필요한 시간을 단축할 수 있다(3장 참조). 또한 평정척도는 진단을 내릴 때 유용한 정보를 제공할 수 있지만 정보의 일부만을 제공하기 때문에, 최소한 부모와 직접 면담을 하면서 핵심적인 행동을 검토하는 것과 같은 절차를 거치지 않고 유일한 진단도구로 사용해서는 안 된다. 특히 이런 도구는 다른 형태의 접근이 어려운 학교에서 교사에게 정보를 얻는 데 도움이 된다. 3장에서 언급했듯이, 밴더빌트 부모-교사 ADHD 평정척도를 포함해서(Wolraich et al., 1998; http://devbehavpeds.ouhsc.edu/rokplay.asp) ADHD 평정척도-IV(DuPaul, Power, Anastopoulos, & Reid, 1998), 스냅 IV(Swanson, Nolan, & Pelham, 1981; http://

www.adhd.net), 코너스 교사-부모 평정척도 개정판과 같이 이용할 수 있는 몇 개의 진단도구가 있다(Conners, 1969).

만일 동시에 발생하는 상황을 고려하는 경우에는 유용할지라도, 실험실 연구나 영상 연구를 통해 구체적인 진단을 내리는 데 유용할지는 모르겠다. 예를 들어, 납에 노출된 지역처럼 만일 아동이 위험 지역에 살고 있다면 ADHD 아동을 선별하는 것은 중요하다. 갑상선 이상은 다른 갑상선 증후 없이는 나타나지 않는 경향이 있다. 표준화된 뇌전도(EEG)는 부모가 말한 증후가 발작일 경우에는 발작 진단에 도움이 된다. ADHD 아동의 비특이성 EEG 변화율이 증가할지라도, 현재 사용할 수 있는 진단도구는 거의 없다(Chabot, di Michele, & Prichep, 2005). 컴퓨터화된 EEG 평가는 연구 목적으로 사용되곤 하지만, 진단을 내리는 데 도움이 될 만한 것을 찾아내지는 못하고 있다(AAP, 2000).

또한 많은 ADHD 아동은 소근육이나 대근육 운동 기술에서 협응력이 빈약할 것이다(Fliers et al., 2008). 연령이 증가함에도 오른쪽과 왼쪽을 구분하지 못하는 것과 같은 '미발달의 표시'가 남아 있기 때문에 '연성 신경학적 증후'라고 부른다. 또한 협응력의 결함은 발달적 협응장애 또는 운동기능장애라고도 부른다. 이러한 결함은 체육시간에서의 활동 수행, 쓰기에서의 학업 수행과 같은 사회적 기능을 손상시킬 수 있기 때문에 이러한 점을 파악하는 것이 중요하다.

학업과 사회적 기능 평가는 ADHD 진단에 필요한 요소다(5장 참조). ADHD 증후를 평가하는 어떤 행동평정척도에는 기능과 관련된 질문이 포함되어 있다. '밴더빌트 부모-교사 ADHD 평정척도 2판' 에서는 기능에 관한 정보를 알 수 있다. SNAP은 기능을 평가하는 SKAMP와 함께 실시된다. SKAMP는 SNAP와 같은 자료로서 이용 가능하다. 더욱이 부모와 아동 모두 아동이 또래와 가족 관계, 학업, 단체(조직화된 활동), 여가 기능에서 잘 해내고 있는가에 관해 대답해야 한다.

3. 공존장애의 진단

ADHD 환자에게 행동장애와 신체장애가 동시에 발생하는 것은 일반적이기 때문에, 임상가의 진단과정에서 환자에게 ADHD 증후가 있으며 다른 장애는 없다고 결정하는 것뿐만 아니라, 공존장애가 있는가를 결정하는 것도 매우 중요하다. 공존장애는 DSM-IV-TR에서 ADHD 진단과 동시에 존재하고, ADHD 증후를 유발하지 않는 장애를 언급할 때 사용하는 용어다. ADHD 증후가 있는 많은 사람은 적어도 한 가지 다른 공존장애가 있다(Barkley, 2006).

공존장애는 4개의 그룹('인지장애' '행동이나 정신장애' '운동장애' '신체장애')으로 범주화할 수 있다. 이에 대해서는 다음 단락에서 더 자세하게 논의할 것이다. 이 4개의 범주는, ADHD 증후가 있는 것으로 의심되는 아동을 평가하기 위해 통합된 의료 및 교육의 과정이 중요하다는 것을 강조한다. 의료지원 시스템은 신체적 장애를 평가하는 데 중요하다. 반면 학교는 인지장애를 평가하는 데 가장 좋은 정보 제공처다. 두 가지의 시스템은 운동장애, 행동장애, 정신장애를 진단할 수 있다. 인지 결함에는 학습과 언어장애가 포함된다. 또한 행동장애나 정신장애는 내재화와 외현화장애로 나뉜다. 운동장애에는 틱과 발달적 협응장애가 포함된다. 그리고 갑상선 호르몬에 반응하지 않는 것과 같은 신체적 장애가 종종 동시에 발생할 수 있다.

1) 학습장애

학습장애는 학습이나 학업 수행의 어떤 측면을 방해하는 특정 인지 결함으로, 이런 장애가 있는 사람은 자신의 전체적인 인지 능력 수준까지 성취할 수 없다. 비록 가장 일반적인 장애는 읽기에서 나타나지만, 그 결함은 어떤 학업 활동에서도 나타날 수 있다(예를 들어, 읽기, 쓰기, 수학). 읽기에서 학습장애를 지닌 경우(난독증)에는, 대부분 음성인식이라고 부르는 단어의 소리를 구별하는 데 취약하다. 언어장애는 또한 읽기장애와 관련이 있다. 만약 아동이 글자, 숫자, 색깔을 배우는 게 늦다면 학교에 가기 전에도 학습장애를 의심해 볼 수 있다. 글자 반전은 학습장애의 중요한 특징이라는 이전의 생각은 맞지 않다. 왜냐하면 글자 반전이나 글자 치환은 학습장애가 없는 아동에게서도 어느 정도 지속적으로 나타나기 때문이다. 언어장애는 화용론이라고 언급하는 언어의 실제적인 사용과 관련되어 있고, 전통적인 언어 평가에서는 간파하지 못할 수도 있다. 따라서 언어치료사의 평가에서는 아동이 일상의 활동에서 언어를 사용하는 방법을 조사하는 것이 필요하다.

전통적으로 학습장애가 있다고 의심되는 아동은 인지적 · 학업적 특징을 기술하기 위해 심리-교육 진단도구 세트를 사용하여 평가해 왔다. 이 세트에는 최소한 아동용 웩슬러 지능검사 4판(Wechsler, 2003)과 같은 표준화된 개별 지능검사, 우드콕-존슨 III 성취도 검사(Woodcock, McGrew, & Mather, 2000)와 같은 개별화된 표준 성취도 검사가 포함된다. 그런 상태에 대한 평가는 특수교육 서비스를 받을 아동을 고려하면서 학교에서 실시한다. 최근에 일부 학교는 우선 공식적인 평가를 적용하기 전에 문제의 정도를 더 명확하게 하기 위해 일차적인 중재를 시도하고 있다. 이 '중재 반응 접근(Response to intervention: RTI)' 은 일반 교실에서 사용할 수 있는 교수 전략이 효과적인지를 입증할 것을 강조한다. RTI의 가정은 집중적이고 개별화된 교수에 제대로 반응하지 못하는 학생은 특수교육을 받아야 하는 학습장애가 있을지도 모른다는 것이다.

ADHD를 평가하는 의료 전문가를 위한 비공식적인 선별에 부모와 교사가 아동에 만족스러울 만큼 최대의 능력을 발휘하여 수행하고 있다고 생각하는지에 대한 평가뿐만 아니라, 아동의 등급과 1년 동안 집단 성취도 결과의 평가가 포함될 수 있다. 아동에게 학습장애가 있는지를 평가할 때 학교 시스템 절차를 아는 것은 신체적 · 정신적 건강 임상의에게 도움이 된다. 제한된 재정에 직면한 학교의 요구를 고려하면 적절한 방법으로 평가를 마무리하는 것은 어려울지도 모른다. 자녀의 어려움을 RTI 방식이나 평가로 다루려는 부모는 평가가 빨리 이루어지도록 요구할 수 있으므로 임상의는 그 과정과 교육적 요구에 관한 정보를 부모에게 제공함으로써 도울 수 있다. 학교 시스템과 의료지원 전문가 간 협력은 시스템에 대한 오해와 가족의 갈등을 줄일 수 있다.

과거에 '정신지체' 라고 불렀던 낮은 인지 능력이 ADHD 아동의 진단과 중재에서 예외적인 것은 아니다(Gadow, 1985). ADHD 증후의 심각성과 빈도는 같은 생활 연령의 또래와 비교하기보다는 같은 정신 연령의 또래와 비교하여 평가한다(Barkley, 2006). 자극제는 더 심각한 제한이 있는 아동에게 사용하는 것만큼 효과적이지는 않을지라도, 지적장애 및 ADHD 아동에게 이로울 수 있다(Aman, Marks, Turbott, Wilsher, & Merry, 1991). 학습장애 진단에 사용되는 똑같은 심리교육평가는 지적 제한성을 판별할 것이다.

2) 외현화장애

다음으로 가장 보편적인 공존장애는 외현화장애 또는 파괴적 행동장애다. ADHD와 함께 나타나는 다른 외현화장애는 '적대적 반항장애(Oppositional Defiant Disorder: ODD)' 와 '품행장애(Conduct Disorder: CD)' 다. 적대적 반항장애는 품행장애보다 덜 심하게 나타나고, 일단 아동기에 나타나면 종종 품행장애로 발달된다. 기준은 다음의 반항적이고 파괴적인 행동에서 적어도 4가지가 나타나고 6개월 이상 지속되며, 기대 이상의 정신능력을 보인다.

- 쉽게 화를 낸다.
- 어른과 논쟁한다.
- 고의적으로 사람을 괴롭힌다.
- 자신의 실수를 다른 사람 탓으로 돌린다.
- 신경질적이고 다른 사람의 반응에 쉽게 화를 낸다.
- 화를 내고 원망을 잘한다.
- 악의나 원한이 있다.
- 규칙을 따르거나 어른의 요구에 응하는 것을 적극적으로 반대하거나 거절한다.

아동의 ADHD 증후는 자극제를 복용함에 따라 감소할 것이다. 그러나 부모나 교사는 아동의 불순응적이고 적대적인 행동을 적절하게 조절할 수 있는 행동조절 훈련을 원한다.

품행장애는 반사회적 행동의 더 심각한 표현이고 다른 사람의 권리와 사회의 규준을 침해하는 행동이 특징이다. 공격성과 관련된 행동은 다음과 같다.

- 괴롭히기
- 신체적인 싸움 걸기
- 신체적인 상해를 목적으로 무기 사용하기
- 사람에게 신체적으로 잔인하게 대하기
- 동물을 잔인하게 대하기
- 피해자와 직접 대면한 상태에서 훔치기

• 타인에게 성적 행동 강요하기

홈치기, 속이기, 재산 파괴하기와 관련된 행동은 다음과 같다.

• 타인의 소유물에 침입하기(예, 집, 자동차)
• 물건을 얻거나 의무를 회피하기 위해 자주 거짓말하기
• 타인과 대면하지 않은 상태에서 훔치기
• 고의로 방화하기
• 고의로 타인의 재산을 파괴하기

심각한 규칙 위반은 다음과 같다.

• 13세 이전부터 부모의 허락 없이 밖에서 지내기
• 13세 이전부터 1회 이상 가출을 했고, 부모의 허락 없이 학교에 결석하기

심각한 손상을 일으키는 행동이 지난 6개월간 적어도 한 번은 있었고, 지난 1년간 이런 행동 중 세 가지가 발생한 경우 진단이 내려진다. 아동은 타인의 기본적인 권리를 침해하거나 연령에 적절한 사회적 규범을 위반하는 행동 패턴을 반복적으로 보여야 한다. 방해행동은 사회적, 학업적, 작업 기능에 임상적으로 심각한 손상을 초래해야만 한다.

품행장애는 아동이 18세 이상인 경우, 그리고 반사회적 인격장

애의 기준에 맞을 경우에는 진단되지 않는다. 품행장애 아동에게 ADHD와 우울이 공존장애로 나타날 경우 더 심각한 문제가 된다. 그들은 약물남용의 위험이 더 크며, 25~40%는 결국 반사회적 인격장애를 보일 것이다. 많은 아동에게 다중시스템 치료처럼 강력한 협력서비스가 필요하다(Shepperd et al., 2009).

3) 내재화 장애

내재화 장애에는 두 가지의 중요한 유형이 있다.

(1) 기분장애

기분장애의 특징에는 주요 우울증 에피소드와 조증 에피소드가 있다. 파괴적 행동장애의 중요한 정보 제공자는 부모와 교사인 반면, 내재화 증후에서는 아동과 청소년이 매우 중요한 정보원이다. 우울이나 불안의 느낌은 밖으로 드러나는 행동이 거의 없다. 따라서 면담과 자기보고 질문지가 진단을 내리는 데 중요하다. 성인을 대상으로 하는 행동 기준에서 우울한 기분 대신에 성마름이 나타날 수 있으며, 기분부전증(정서의 부족)으로 1년 이상 적절한 몸무게의 증가가 없다는 것을 제외하고 나머지는 아동에게 적용할 만하다. 아홉 가지의 행동에서 다섯 가지 이상이 적어도 2주 동안 발생한다. 이런 증후는 다음과 같다.

- 우울하거나 성마른 기분이 됨

- 거의 모든 활동에서 흥미나 즐거움이 감소함
- 다이어트를 하지 않거나 나이에 맞게 적당한 양을 먹은 상태에서 체중이 상당히 감소하거나 증가함
- 거의 매일 수면 문제가 나타나거나 지나치게 많은 잠을 잠
- 타인이 주목할 정도로 거의 매일 둔하거나 과다행동을 보임
- 거의 매일 피곤을 느낌
- 무가치함이나 과도하고 부적절한 죄책감을 느낌
- 거의 매일 집중하지 못하거나 우유부단함
- 죽음에 대해 생각하거나 자살에 대한 생각이나 행동을 함

한 가지 또는 더 많은 주요 우울증 에피소드는 주요 우울장애에서도 발생한다. 그러나 그 증후가 더 만성적이고(적어도 2년 동안 지속됨), 증후는 있지만(두 가지 또는 더 많이) 주요 우울증 에피소드가 없는 경우 기분부전장애라고 한다.

만일 주요 우울증 에피소드가 조증 에피소드 사이에 나타나면 양극성장애다. 때때로 어떤 사람은 애초에 우울증 없이 조증 에피소드가 있을지도 모르고, ADHD처럼 보일지도 모른다. 양극성 장애의 가족력이 있는 경우 개인은 장애 위험도가 더 커지기 때문에, 임상가는 개인이 양성 가족력이 있는 경우에는 양극성장애의 가능성에 대해 더 민감해야 한다. 조증에는 다음 증후의 세 가지나 그 이상의 에피소드가 나타난다.

- '과대성' 으로 묘사되는 과도한 자부심을 느낌

- 수면 욕구가 감소함
- 계속해서 얘기하도록 압박을 받는 것처럼 평상시보다 더 말이 많음
- 사고의 비약이 있음(생각이 달리는 것 같다고 묘사됨)
- 주의가 산만함
- 목표 성취를 위한 활동이 증가하거나 더 흥분함
- 해로운 결과 때문에 위험성이 높은 쾌락적인 활동에 과도하게 빠져 있음

양극성장애 증후는 아동보다는 청소년이나 성인에게 보다 분명하게 나타난다(Cummings & Fristad, 2008). 그러나 ADHD 중재에 반응하지 않고 과도한 분노나 적대적인 행동을 보이는 아동뿐만 아니라, 이 장애에 대한 심각한 가족력이 있는 아동에 대해서는 양극성장애가 있을 확률을 고려하는 것이 중요하다.

(2) 불안장애

불안장애는 약 25~35%가 ADHD와 같이 발생한다(Barkley, 2006). 불안장애에는 공포증, 공황발작, 외상후 스트레스성장애(PTSD), 범불안장애, 분리불안장애, 강박장애(OCD)가 포함된다. 불안장애에 공존장애까지 겹치면, 이런 아동은 각각의 독립적인 중재에 비해 결합된 중재에 더 잘 반응한다는 것이 밝혀졌기 때문에 결합된 심리사회적 · 정신약리학적 중재패키지가 필요할 것이다.

공포증 공포증은 특정한 형태(예, 거미, 어둠, 혈액-주사-상처) 또는 상황이나 사회적 상황(사회적 공포증)에 지속적이고 과도한 또는 비이성적인 공포를 나타내는 것이다. 공포 자극에 노출되면 그 반응이 과도하거나 비이성적이라는 것을 인식할지라도 즉각적인 불안 반응을 일으킨다.

공황발작 공황발작은 일정시간 동안의 강력한 두려움이나 갑자기 발작이 시작될 것 같은 불안감이다. 이것은 10분 안에 정점에 다다르고, 심계항진, 심장박동수 증가, 식은땀 흘리기, 오한이나 화끈거림, 떨림(전율)과 같은 자연적인 반응이 특징이다. 개인은 호흡 곤란, 가슴 통증, 복통, 어지러움, 감각 이상(비정상적 감각)을 경험할지도 모른다. 개인은 통제감의 상실이나 죽음에 대한 두려움, 비현실감을 느낄 수 있다.

외상후 스트레스성장애 외상후 스트레스성장애는 심각한 상해나 죽음을 위협하는 사건을 경험하거나 목격한 사람에게 진단된다. 이 장애는 그 사건이 지속적으로 생각되고 그와 관련된 꿈을 꾸게 되고, 그 사건을 상징하거나 비슷한 것이 단서가 되어 발생한다. 개인은 외상과 관련된 자극을 지속적으로 회피하지만, 수면장애, 성마름, 주의집중의 어려움, 경계심 증가, 과장된 놀람 반응과 같은 각성이 지속적으로 증가할 것이다.

범불안장애 범불안장애는 아동기의 과잉불안장애를 포함한다. 범불안장애는 특정 사건과 연관되어 있지 않은 일반적인 불안감이 특징이다. 개인은 근육긴장, 쉬운 피로감, 성마름, 침착하지 못함, 주의집중 어려움과 수면 문제를 경험할 것이다.

분리불안장애 분리불안장애는 아동이 애착을 느끼는 가정이나 사람에게서 분리될 때 과도한 불안을 보이는 것이 특징인 아동기의 장애다. 불안은 아동의 발달 수준에서 기대되는 것 이상으로 나타나고 4주 이상 지속되어야 한다. 그것에는 또한 상당한 고통과 기능 손상이 있어야 한다.

강박장애 강박장애는 지속적이고 반복적인 생각이나 충동으로 침입적이고 부적절하며, 과도한 불안을 야기한다. 개인은 그 생각을 무시하거나 누르려고 노력하고, 그 생각이 마음에서 생긴 것이라는 것을 인식하고, 다른 행동으로 없애려고 노력한다. 다른 행동은 고통을 줄이거나 예방하려는 시도를 하는 강박충동(즉, 손 씻기와 같이 행동을 고집스럽게 반복함)이 된다. 갑자기 강박장애가 시작된 경우에 임상의는 연쇄상구균성 감염과 관련이 있는 소아기 자가면역 신경정신질환의 가능성을 고려해야 한다.

4) 운동장애

세 가지의 운동장애가 보통 ADHD의 공존장애다. 두 가지는 틱장애(만성적 틱장애)와 뚜렛증후군이고 나머지 하나는 발달적 협응장애라고 부르는 협응운동장애나 운동역기능이다.

틱장애와 뚜렛증후군 틱은 갑작스럽고, 빠르고, 비율동적이고, 반복적이고, 상동증적인 운동이나 음성을 말하며, '머리 흔들기, 눈 깜박이기, 어깨 움츠리기, 꿀꿀거리기, 헛기침' 과 같은 심각한 문제를 일으킨다. 이러한 증후가 적어도 4주간 지속되고 1년을 넘지 않으면 일과성 틱이라고 한다. 이러한 증후가 1년 이상 지속되고 운동 또는 음성 틱의 한 가지가 나타나면 만성 틱장애로 분류된다. 만일 1년 이상 운동틱과 음성틱이 모두 나타나서 두드러진 고통을 야기한다면 뚜렛증후군이라고 한다. 틱은 증후가 심해지는 때와 약해지는 때가 있기 때문에, 개인이 통제하는 데 집중하면 짧은 시간 동안은 스스로 통제할 수 있다. 가장 심하고 고통스러운 유형은 욕설이나 인종경멸과 같이 매우 부적절한 말이 갑자기 튀어나오는 것을 제지할 수 없을 때다.

발달적 협응장애 발달적 협응장애는 뇌성마비와 같은 특정 운동장애 때문이 아니라 운동 협응의 손상이 주목할 만한 장애다. 전통적으로 체육활동이나 소근육 운동활동이 부실한 아동한테서 나타났다. 신경학적 검사에 따라 임상의는 손의 내전과 외전, 손가락으로 코 만지기, 중심선 교차하기, 오른손-왼손 확인하기에서 문제를 확인할 수 있다. 심각한 협응 문제가 있는 아동은 작업치료 평가가 도움이 된다. 만일 아동이 손으로 쓰기에 문제가 있다면, 학교에서 작업치료 평가를 실시할 수 있다.

5) 신체장애

어떤 신체장애는 또한 ADHD와도 연관되어 있다. 갑상선 호르몬에 대해 전신이 무반응인 개인 또한 ADHD가 있다. 그리고 폐쇄성 뇌손상을 경험한 많은 개인은 ADHD와 함께 나타날 수 있는 행동을 보인다. 게다가 '태아 알코올 증후군' 이나 '태아 알코올 영향' 의 일부로 ADHD가 유발될 수 있다. ADHD는 또한 약체 X증후군에서 보일 수 있다. ADHD 아동의 소수에게서 이 장애가 있다는 사실을 주목해야 한다.

코너스 부모-교사 평정척도, 아동 행동 체크리스트, 아동 행동 평가 시스템 2판, 아동용 다차원 불안척도, 아동의 우울척도와 같은 광범위한 평정척도는 공존장애 판별에 도움을 줄 수 있다.

4. 결 론

ADHD 증후가 있는 것으로 의심되는 아동의 평가는 가장 광범위하게 그 행동을 관찰한 사람(부모와 교사)에게서 그들의 행동에 관한 정보를 얻어야 한다. 또한 일반적으로 공존장애에 대한 평가도 필요하다. 그 과정에서 평정척도와 면담을 통해 부모와 교사에게서 정보를 얻는 것이 필요하다.

• 불안, 우울과 같은 어떤 내재화 장애가 있는가를 결정하기 위

한 아동과 청소년의 인터뷰

- 아동의 심리사회적 환경의 역사(일반적으로 ADHD와 동시에 발생하는 장애의 가족력)
- 신체와 신경학적 검사
- 아동의 학교 수행과 이전의 심리교육 평가

ADHD 진단결정은 다른 요인의 배제와 일반적으로 발생하는 다른 공존장애가 나타나는가에 대한 결정을 포함하는 오직 전반적인 평가로 가능하다. 또한 철저한 평가에 근거하여 ADHD와 이와 관련된 기능 손상을 설명하기 위한 전반적인 중재 계획을 개발하는 것이 가능하다.

Achenbach, T., & Edelbrock, L. (1991). *Manual for the Child Behavior Checklist 4-18 and 1991 Profile*. Burlington, VT: University of Vermont.

Aman, M. G., Marks, R. E., Turbott, S. H., Wilsher, C. P., & Merry, S. N. (1991). Clinical effects of methylphenidate and thioridazine in intellectually subaverage children. *Journal of the American Academy of Child and Adolescent Psychiatry*, *30*, 246–256.

American Academy of Pediatrics, Committee on Quality Improvement and Subcommittee on Attention-Deficit/Hyperactivity Disorder. (2000).

Clinical practice guideline: Diagnosis and evaluation of the child with attention-deficit/hyperactivity disorder. *Pediatrics, 105*, 1158-1170.

American Psychiatric Association. (1994). *Diagnostic and statistical manual of mental disorders* (4th ed.). Washington, DC: Author.

American Psychiatric Association. (2000). *Diagnostic and statistical manual of mental disorders* (4th ed., text rev.). Washington, DC: Author.

Barkley, R. (2006). *Attention-deficit hyperactivity disorder: A handbook for diagnosis and treatment* (3rd ed.). New York: Guilford Press.

Barkley, R. A., Anastopoulos, A. D., Guevremont, D. C., & Fletcher, K. E. (1991). Adolescents with ADHD: Patterns of behavioral adjustment, academic functioning, and treatment utilization. *Journal of the American Academy of Child and Adolescent Psychiatry, 30*, 752-761.

Barkley, R., & Biederman, J. (1997). Toward a broader definition of the age-of-onset criterion for attention-deficit hyperactivity disorder. *Journal of the American Academy of Child and Adolescent Psychiatry, 36*(9), 1204-1210.

Chabot, R., di Michele, F., & Prichep, L. (2005). The role of quantitative electroencephalography in child and adolescent psychiatric disorders. *Child and Adolescent Psychiatric Clinics of North America, 14*, 21-53.

Conners, C. K. (1969). A teacher rating scale for use in drug studies with children. *American Journal of Psychiatry, 126*, 884-888.

Conners, C. K., Sitarenios, G., Parker, J. D., & Epstein, J. N. (1998). Revision and restandardization of the Conners Teacher Rating Scale (CTRS-R): Factor structure, reliability, and criterion validity. *Journal of Abnormal Child Psychology, 26*, 279-291.

Cummings, C., & Fristad, M. A. (2008). Pediatric bipolar disorder: recognition in primary care. *Current Opinion in Pediatrics, 20*, 560-565.

Danforth, J. S., & DuPaul, G. J. (1996). Interrater reliability of teacher rating scales for children with attention deficit hyperactivity disorder. *Journal of Psychopathology and Behavioral Assessment, 18*, 227-237.

DuPaul, G. J., Power, T. J., Anastopoulos, A. D., & Reid, R. (1998). *ADHD Rating Scale IV: Checklists, norms, and clinical interpretation.* New York: Guilford Press.

DuPaul, G. J., Power, T. J., Anastopoulos, A. D., Reid, R., McGoey, K. E., & Ikeda, M. J. (1997). Teacher ratings of attention deficit hyperactivity disorder symptoms: Factor structure and normative data. *Psychological Assessment, 9*, 436-444.

Egger, H. L., Kondo, D., & Angold, A. (2006). The epidemiology and diagnostic issues in preschool attention-deficit/hyperactivity disorder. *Infants and Young Children, 19*, 109-122.

fliers, E., Rommelse, N., Vermeulen, S. H., Altink, M., Buschgens, C. J., Faraone, S. V., et al. (2008). Motor coordination problems in children and adolescents with ADHD rated by parents and teachers: effects of age and gender. *Journal of Neural Transmission, 115*, 211-220.

Gadow, K. D. (1985). Prevalence and efficacy of stimulant drug use with mentally retarded children and youth. *Psychopharmacology Bulletin, 21*, 291-303.

Handen, B. L., Johnson, C. R., & Lubetsky, M. (2000). Efficacy of methylphenidate among children with autism and symptoms of attention-deficit hyperactivity disorder. *Journal of Autism and Development Disorders, 30*, 245-255.

Hoza, B., Pelham, W. E., Dobbs, J., Owens, J. S., & Pillow, D. R. (2002). Do boys with attention-deficit/hyperactivity disorder have positive illusory self-concepts?. *Journal of Abnormal Psychology, 111*, 268-

278.

Jahromi, L. B., Kasari, C. L., McCracken, J. T., Lee, L. S., Aman, M. G., McDougle, C. J., et al. (2009). Positive effects of methylphenidate on social communication and self-regulation in children with pervasive developmental disorders and hyperactivity. *Journal of Autism and Developmental Disorders, 39*, 395–404.

Lahey, B. B., Applegate, B., Barkley, R. A., Garfinkel, B., McBurnett, K., Kerdyk, L., et al. (1994). *DSM-IV* field trials for oppositional defiant disorder and conduct disorder in children and adolescents. *American Journal of Psychiatry, 151*, 1163–1171.

March, J. S., Swanson, J. M., Arnold, L. E., Hoza, B., Conners, C. K., Hinshaw, S. P., et al. (2000). Anxiety as a predictor and outcome variable in the Multimodal Treatment Study of Children with ADHD (MTA). *Journal of Abnormal Child Psychology, 28*(6), 527–541.

Mitsis, E. M., McKay, K. E., Schulz, K. P., Newcorn, J. H., & Halperin, J. M. (2000). Parent-teacher concordance for *DSM-IV* attention-deficit/hyperactivity disorder in a clinic-referred sample. *Child and Adolescent Psychiatry, 39*, 308–313.

Murray, D. W., Bussing, R., Fernandez, M., Wei, H., Garvan, C. W., Swanson, J. M., et al. (2009). Psychometric properties of teacher SKAMP ratings from a community sample. *Assessment, 16*, 193–208.

Reynolds, C. R., & Kamphouse, R. W. (1992). *BASC: Behavior Assessment System for Children manual.* Circle Pines, MN: American Guidance Service.

Sleator, E. K., Neumann, A., & Sprague, R. L. (1974). Hyperactive children: A continuous long-term placebo-controlled follow-up. *JAMA: The Journal of the American Medical Association, 229*, 316–317.

Shepperd, S., Doll, H., Gowers, S., James, A., Fazel, M., Fitzpatrick, R., et al. (2009). *Alternatives to inpatient mental health care for children and young people.* (Cochrane Database of Systematic Reviews No.

CD006410)

Smith, B. H., Pelham, W. E., Jr., Gnagy, E., Molina, B., & Evans, S. (2000). The reliability, validity, and unique contributions of self-report by adolescents receiving treatment for attention-deficit/hyperactivity disorder. *Journal of Consulting and Clinical Psychology, 68*, 489-499.

Smucker, M. R., Craighead, W. E., Craighead, L. W., & Green, B. J. (1986). Normative and reliability data for the Children's Depression Inventory. *Journal of Abnormal Child Psychology, 14*, 25-39.

Swanson, J. M., Nolan, W., & Pelham, W. E. (1981). *The SNAP Rating Scale for the diagnosis of the attention deficit disorder.* (ERIC Document Reproduction Service No. ED217047)

Swedo, S. E., Henrietta, L. L., Garvey, M., Mittleman, B., Allen, A. J., Perlmutter, S., et al. (1998). Pediatric autoimmune neuropsychiatric disorders associated with streptococcal infections: Clinical description of the first 50 cases. *American Journal of Psychiatry, 155*, 264-271.

van Gastel, W., & Ferdinand, R. F. (2008). Screening capacity of the Multidimensional Anxiety Scale for Children (MASC) for *DSM-IV* anxiety disorders. *Depression and Anxiety, 25*, 1046-1052.

Wechsler, D. (2003). *WISC-IV Technical and Interpretive Manual.* San Antonio, TX: Psychological Corporation.

Weyandt, L. L., Iwaszuk, W., Fulton, K., Ollerton, M., Beatty, N., Fouts, H., et al. (2003). The internal restlessness scale: Performance of college students with and without ADHD. *Journal of Learning Disabilities, 36*(4), 382-389.

Wolraich, M. L., Felice, M. E., & Drotar, D. D. (1996). *The classification of child and adolescent mental conditions in primary care: Diagnostic and Statistical Manual for Primary Care (DSM-PC) Child and Adolescent Version.* Elk Grove, IL: American Academy of

Pediatrics.

Wolraich, M. L., Feurer, I. D., Hannah, J. N., Baumgartel, A., & Pinnock, T. Y. (1998). Obtaining systematic teacher reports of disruptive behavior disorders utilizing *DSM-IV*. *Journal of Abnormal Child Psychology*, *26*, 141-152.

Woodcock, R., McGrew, K. S., & Mather, N. (2000). *Woodcock-Johnson III Tests of Achievement*. Itasca, IL: Riverside Publishing.

05 기능적 장애

ADHD 아동 및 청소년은 전형적으로 학업적 수행 및 성취와 또래나 성인(권위 대상)과의 사회적 관계 형성을 포함한 기능적 영역에서, 한 개 이상의 유의한 어려움을 경험하게 된다. ADHD 증후가 기능적 결함과 연관되어 있다는 사실은 DSM-IV-TR(American Psychiatric Association: APA, 2000) 준거가 진단을 위해 학업적 · 사회적 · 직업적 기능에서 관련 증후의 결함을 요구한다는 것을 통해 알 수 있듯이 놀라운 것이 아니다. 기능적 결함에 대한 고려는 매우 중요한데, 왜냐하면 ADHD 증후보다 오히려 학업적 · 사회적 기능상의 문제는 흔히 임상실과 학교에서 의뢰하게 되는 일차적 원인이 되기 때문이다. 더욱이 성공적인 치료는 증후를 줄이는 것뿐만 아니라 학업 및 사회적 성과를 증진하도록 하는 전략이기도 하다.

이 장의 목적은 또래 및 성인과의 관계 형성에 대한 내용과 더불어 학업적 기술과 수행을 포함하여 ADHD와 관련된 결함 영역을 기술하는 데 있다. 또한 평가와 중재를 위한 기능적 결함의 함의를 설명하고자 한다.

1. 학업적 기술 및 수행에서의 어려움

ADHD 아동은 전형적으로 학업적 기능을 손상시킬 수 있는 다양한 어려움을 나타낸다. 첫째, 이러한 장애가 있는 아동은 흔히 주의력이 결핍되어 있고, ADHD 증후가 없는 또래와 함께 수행하는 과제에서 이탈하는 비율이 유의하게 더 높게 나타난다(예, Abikoff et al., 2002; Vile Jundo, DuPaul, Jitendra, Volpe, & Cleary, 2006). 수동적인 학급 활동(예, 교사의 수업을 경청하기, 묵독하기)이 요구될 때의 과제 수행율은 특히 낮다(Vile Junod et al., 2006). 부가적으로, ADHD로 귀결될 과잉행동적 · 충동적 행동(예, 허락 없이 말하는 것, 정해진 구역에서 이탈하는 것, 다른 학생을 훼방 놓는 것, 교사의 수업을 방해하는 것)은 종종 교실이나 기타 학교 환경에서 방해적인 행동이 된다. 더욱이 ADHD 아동의 45~84%는 적대적 반항장애(oppositional defiant disorder: ODD)로 진단될 수 있고, ADHD 학생은 흔히 교사의 지시에 불순종하고 학교 규칙을 무시한다(Barkley, 2006). ADHD와 충동적 행동의 결합은 ADHD 학생 및 그들 급우의 학습을 방해할 수 있다.

학업적 저성취는 학업적 기술, 학업적 수행에서의 결함 또는 둘 다에 의해 야기될 수 있다. 학업적 기술의 결함은 특정 교과 내용을 학습하기 위한 능력(예, 읽기)의 부족으로 설명되는데, 결국 그것은 일반 교실에서 대개 매우 적게 학습되는 것으로 나타난다. 학업적 기술 결함에 대한 좀 더 일반적인 용어는 학습장애다. 학업적 수행의 결함은 대체적으로 학생이 필수적인 능력을 보유하고 있으나, 일반 교실의 상황(예, 올바르게 독립적 착석하에 작업하기)에서는 일관되게 기초 영역에 대한 이해를 입증하지 못하는 상태로 정의된다. 비록 ADHD의 약 30%만이 학업적 기술 결함이나 학습장애가 있을지라도(DuPaul & Stoner, 2003), ADHD 장애가 있는 대부분의 학생은 저성취와 관련된 학업적 수행 결함을 나타낸다.

ADHD는 최소 3가지 방식으로 학업적 수행 결함에 영향을 미치는 것으로 나타난다. 첫째, 주의력결핍과 행동 조정의 어려움은 학생의 학습을 위한 능력을 방해할 수 있으며(예, 주의력결핍 때문에 교사의 수업을 놓치는 것), 그리하여 학업적 저성취를 초래한다(Sliver, 1990). 둘째, 비록 아동이 과제를 정확히 완수할 수 있는 필요한 기술을 보유하고 있다고 할지라도, 학습 자료에 대한 주의력 부족은 문어 과제(written assignments)의 수행을 빈약하게 한다. 셋째, 학업적 수행은 비효율적이고도 비일관적인 문제해결 전략과 더불어 충동적인 행동에 의해서 부정적 영향을 받을 수 있다(Douglas, 1980).

ADHD 아동 및 청소년의 학업적 성취의 어려움은 몇 가지 방법으로 설명되어 왔다. 통상적으로 ADHD 아동은 ADHD 증후가 없는 아동에 비해 규준참조, 표준화 성취 검사에서 10~30점 정도 낮다(예, Barkley, DuPaul, & McMurray, 1990; Bgock & Knapp, 1996; Fischer, Barkley, Fletcher, & Smallish, 1990). 사실 최근의 메타분석 결과에서 성취 검사상, 전형적인 발달을 한 또래에 비해 상대적으로 ADHD 아동이 효과 크기에서 큰 차이를 보여 심각함을 시사하였다(Frazier, Youngstorm, Glutting, & Watkins, 2007). 또한 ADHD 아동의 20~30% 정도가 읽기, 수학 또는 쓰기 부분에 특정 학습장애가 있다(DuPaul & Stoner, 2003; Semrud-Clikeman et al., 1992). ADHD 증후(즉, 주의력결핍, 충동성, 과잉행동성)는 동반 문제 및 미래의 학업적 어려움(예, 성취검사에서의 수행, 보고서 카드 내용, 교육적 기능에 대한 교사의 평정평가)의 유의한 예견인자로 확인되었다. ADHD 증후와 성취결과 사이의 관련성은 참조되거나(DuPaul et al., 2004) 참조되지 않는(Fergusson & Horwood, 1995) 사례 모두에서 분명하다. 결과에 따르면, ADHD 학생은 학년의 유지와 특수학급 배치, 또 고등학교에서의 낙오(중퇴) 등에서 더 높은 위험에 처하게 된다(Fischer et al., 1990). ADHD 학생이 ADHD 증후가 없는 유사한 성취를 보이는 급우보다 중등과정 이후 교육을 상대적으로 더 적게 받게 된다(Mannuzza, Gittlman-Klein, Bessler, Malloy, & LaPadula, 1993). 그러므로 전 재학 시절에 걸쳐 나타나는 빈약한 교육적 기능은 ADHD 학생에게는 흔하다.

ADHD 증후와 학업적 성취의 어려움 간의 관련성을 설명하는 이중경로 모델(A dual pathway model)은 여러 연구에 의해 실험되어 왔다(예, Fergusson & Horwood, 1995; Rapport, Scanlan, & Denny, 1999). 예를 들어, 라포(rapport; 관계 형성) 및 동료애는 성

취 면에서 ADHD의 영향력과 연관된 인지 및 행동 측면 모두의 매개인자(mediators)로 제안되었다. 인지적 경로에서는 경계 및 기억 결함을 통해 성취 면에 ADHD의 영향을 받는 것으로 가정되고 있고, 반면 행동상의 경로에서는 충동성을 통해 학급행동 면에 ADHD 영향을 받게 된다고 가정한다. 다른 두 개의 연구는 ADHD와 수학 및 읽기에서의 성취 어려움 간의 연관성에 대해 설명할 수 있는 변인을 연구함으로써 이러한 모델을 확장하였다(DuPaul et al., 2004; Volpe et al., 2006). 이러한 탐구결과에서 볼 때, 현재의 성취 면에서 주요한 교실 행동(예, 동기, 공부 기술, 학업적인 이행)이 ADHD 및 이전 성취의 영향을 매개하는 역할을 하고 있다고 제시하였다. 그러므로 ADHD 증후와 성취 간의 관련성은 복잡한데, 이는 실행가와 연구자가 하나의 목표에 초점을 두고 있는 하나의 중재가 학업적인 어려움을 개선하는 데 충분할 것이라고 기대해서는 안 된다는 점을 암시한다.

초등학교 학생의 성취에 대한 학업적 중재(intervention)의 영향력을 검토하는 연구는 ADHD 개인이 경험하게 되는 학업적 결함의 전반(보편성)과 크기(중대성)를 좀 더 묘사하고 있다(상세한 내용은 DuPaul et al., 2006; Jitendra et al., 2007을 참조하라). 이 연구의 참여자에는 DSM-IV-TR의 ADHD 준거에 부합하는 87명의 아동과 학업적 또는 행동적 문제를 나타내지 않았던 전형적인 발달을 보인 37명의 급우가 포함되었다. 모든 아동은 7~10세로서 1~4학년 일반 학급에 배치되었던 아동이었다. 중재 이전에, ADHD 학생이 교실에서의 어려움 및 학업적 어려움을 얼마나 겪는지의 정도를 기록하기 위해 몇 가지 측정평가가 시행되곤 하였다.

과제참여 빈도를 평가하기 위해 모든 참여자는 읽기 및 수학 수업에서 각각 20분씩 관찰되었다. 이를 위해 학교에서의 학생 행동 관찰(The Behavioral Observation of Students in Schools: BOSS; Shapiro, 2003) 코딩 체계를 활용하였다. BOSS는 5개의 행동에 초점을 두는데, 즉 적극적으로 과제에 참여하기(예, 큰소리로 읽는 것, 교사의 질문에 대답하는 것), 수동적으로 과제에 참여하기(예, 교사의 수업을 듣는 것, 조용히 묵독하는 것), 과제 이탈 움직임(예, 안절부절 못하는 것, 허락 없이 자리에서 떠나는 것), 과제 이탈 구어(예, 허락 없이 말하기, 소음 만들기), 수동적인 과제 이탈 행동(예, 수업 시 교사를 쳐다보지 않는 것)을 포함한다. ADHD 아동은 수학 및 읽기 모두에서 ADHD 증후가 없는 급우에 비해 상대적으로 '수동적으로 과제에 참여하는 비율'이 유의하게 낮았으며, 이와 마찬가지로 3개의 과제 이탈 행동은 유의하게 더 높게 나타났다([그림 5-1]와 [그림 5-2] 참조). 또한 집단 간 차이가 상당히 컸다(예, 표준편차 0.5 이상). 흥미롭게도 ADHD 아동은 급우에게 요구된 만큼의 적극적인 반응을 나타내었는데, 즉 적극적인 과제참여 행동빈도에서 서로 차이를 보이지 않았다.

이러한 표본의 읽기 및 수학 성취는 Woodcock-Johnson III 성취도 검사를 활용하여 평가되었다(Woodcock, McGrew, & Mather, 2000). 전반적인 읽기와 수학평가에서 ADHD 아동은 ADHD 증후가 없는 또래가 획득한 점수보다 유의하게 더 낮은 표준점수를 받았다([그림 5-3]). 사실상 이러한 실험에서의 ADHD 집단은 학업

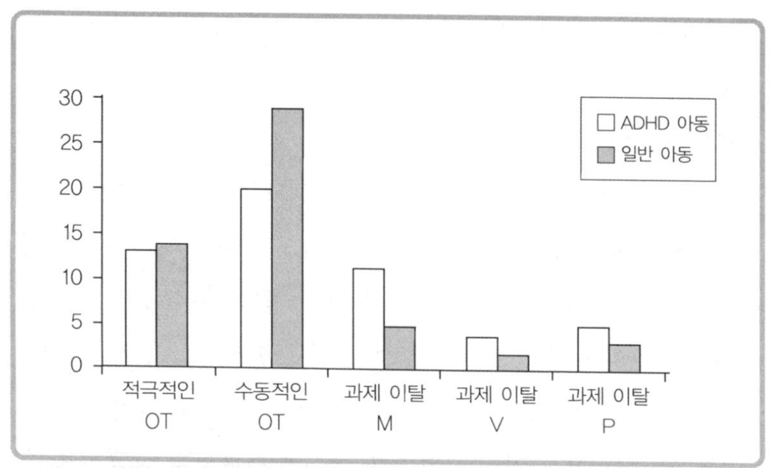

• 그림 5-1 • 학교 내 학생 행동 관찰(BOSS; Shapiro, 2003) 상에서의 관찰 간격별 백분율
수학 수업 동안의 ADHD 아동과 일반 아동에 대한 코딩 체계. 행동에는 적극적인 과제 참여(적극적인 OT), 수동적인 과제 참여(수동적인 OT), 과제 이탈 움직임(과제 이탈 M), 과제 이탈 구어(과제 이탈 V), 수동적인 과제 이탈 행동(과제 이탈 P)을 포함한다.

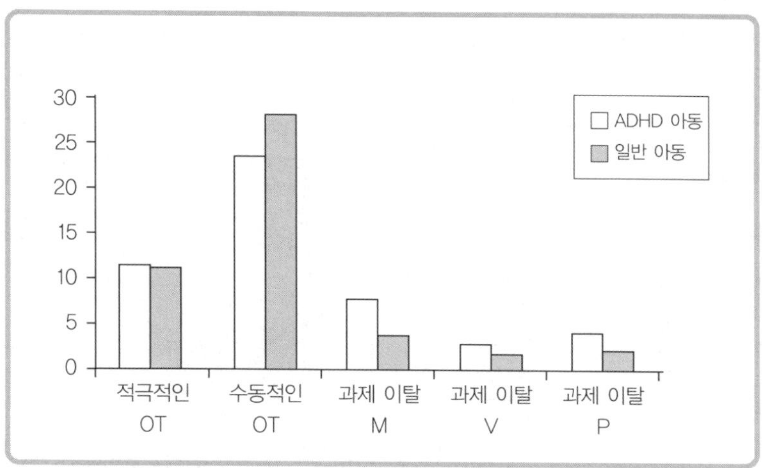

• 그림 5-2 • 학교 내 학생 행동 관찰(BOSS; Shapiro, 2003) 상에서의 관찰 간격별 백분율
읽기 수업 동안 ADHD 아동과 일반 아동에 대한 코딩 체계. 행동에는 적극적인 과제 참여(적극적인 OT), 수동적인 과제 참여(수동적인 OT), 과제 이탈 움직임(과제 이탈 M), 과제 이탈 구어(과제 이탈 V), 수동적인 과제 이탈 행동(과제 이탈 P)을 포함한다.

적 성취 면에서 임상적으로 유의한 결함을 나타내면서, 최소한 1개의 표준편차의 수준 정도로 차이를 나타내었다.

교사는 학업적 능력 평가척도(the Academic Competence Evaluation Scale: ACES; DiPerna & Elliott, 2000)를 활용한 학생의 학업적 기술과 학업을 용이하게 하는 행동(예, 공부 기술 및 동기)에 대한 평정평가를 요구받는다. ACES에는 6개의 하위 평가척도(즉, 읽기, 수학, 비판적 사고, 약속 이행, 동기, 공부 기술)가 포함된다. ADHD 아동은 6개 영역 모두에서 급우보다 유의하게 낮은 평가를 받았다([그림 5-4] 참조). 이러한 차이는 표준편차 2~3에 이르도록 상당히 컸다. 이는 명백히 교사가 전형적으로 발달한 급우(즉, 일반 아동)와 비교하여 ADHD 학생의 학업과 행동상의 다양한 결함에 대하여 분명

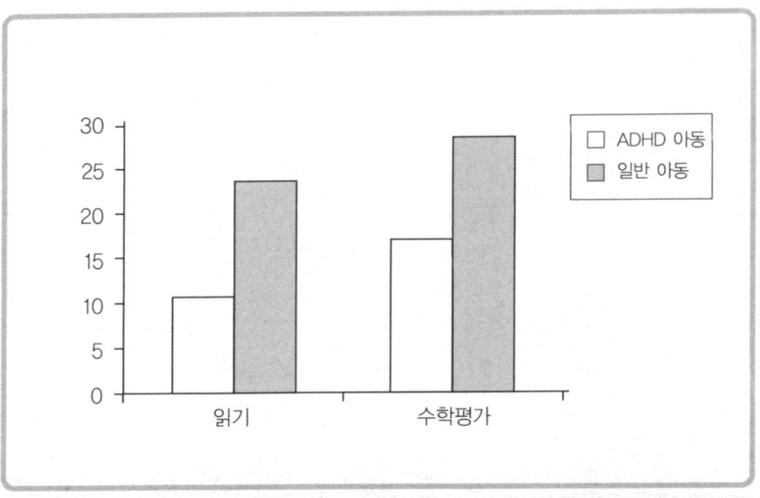

• 그림 5-3• Woodcock-Johnson III 성취도 검사에 대한 전반적인 읽기 및 수학 평가점수 (Woodcock, McGrew, & Mather, 2000) ADHD 아동과 일반 아동 대상.

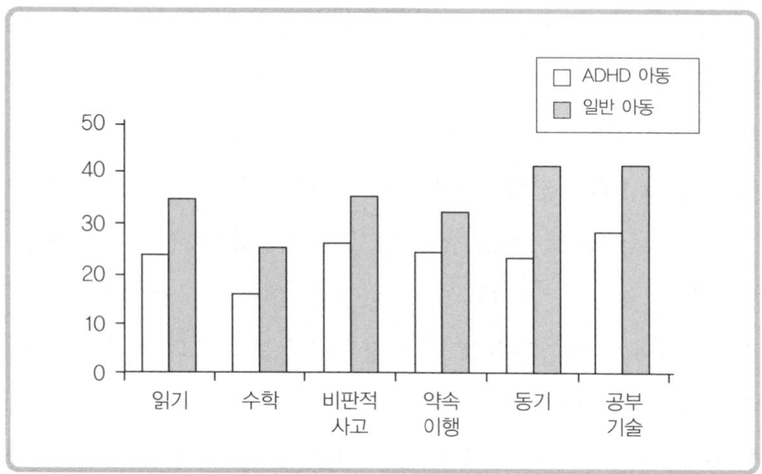

• 그림 5-4 • 학업적 능력 평가 척도에서의 원점수(ACES; DiPerna & Elliott, 2000) ADHD 아동과 일반 아동 대상. 하위 평가 척도에는 읽기(RDG), 수학, 비판적 사고(CRIT), 이행(ENG), 동기(MOT), 공부 기술(STUDY)이 포함된다.

하게 살펴본 것이었다.

ADHD와 학습장애 간의 연관성

ADHD 아동의 1개 이상의 학업적 하위 영역(예, 읽기, 수학)에서, 학업적 수행상의 결함뿐만이 아니라 뚜렷하게 유의한 비율(percentage) 차이가 나타난다. 사실상 ADHD 학생 중 약 30%는 학습장애가 있다(DuPaul & Stoner, 2003; Semrud-Clikeman et al., 1992). 더욱이 ADHD 학생은 학습장애가 20.2(Schnoes, Reid, Wagner, & Marder, 2006)~25%(Forness & Kavale, 2001)에 이르는 범위인 특수교육 서비스 대상으로 판별된다. ADHD가 학업 기술 결함에

'원인' 인지 아니면 그 반대인지 모호한데, 특히 이러한 논쟁은 적절하게 탐구된 연구가 없기 때문에 더욱 그렇다. 이후 구조적인 평행 모델을 활용한 연구는 학업적 성취에 강력하고도 부정적 영향을 남길 ADHD와 연관된 행동(주로 주의력결핍)에 대해 설명하였다(예, Rowe & Rowe, 1992). 비록 그 반대의 현상(예, 읽기의 어려움이 주의력결핍을 이끄는 것)이 사실로 나타날 수 있으나, 이러한 방향의 관계는 성취에 대한 ADHD의 부정적 영향보다는 더 미약하다. 이러한 상호 관련성에 대한 내용은 대략적인 추정임에도 불구하고, ADHD 아동에게 학습장애에 대한 평균 이상의 위험이 생길 수 있다. 고로 이러한 가능성은 ADHD 개인을 평가하거나 다룰 때 고려해야만 한다.

2. 또래 및 권위 대상과 관계에서의 어려움

ADHD 아동 및 청소년은 흔히 또래, 부모, 교사와의 긍정적인 관계 형성을 개발하고 유지하는 데 유의한 어려움을 겪는다(Barkley, 2006; DuPaul & Stoner, 2003). 학업적 성취 문제에 대한 사례에서와 마찬가지로, 사회적 관계의 어려움은 사회성 기술 결함(즉, 연령에 적절한 행동 레퍼토리 부족)과 또는 사회적 수행 결함(즉, 개인이 필수적인 사회성 기술을 보유하고 있으나 그것을 적절하게 또는 요구되는 시기에 수행하지 못하는 것) 때문에 기인할지 모른다. 비록 ADHD 아동에게 특정 사회성 기술이 부족하다 할지라도, 그들의 사회적 관계 형성에 대한 대부분의 어려움은 수행 결함(performance deficits)에서 기인한다(Barkley, 2006). ADHD와 관련된 사회적 수행 결함은 이들의 후기 상태와 연관되어 있는 공격 및 불순종에서 기인한다고 추정되며, 외현화동반장애(예, ODD 또는 품행장애) 존재에 의해서 더 악화된다고 보고된다(Booster, DuPaul, Eiraldi, & Power, 2009).

ADHD의 행동은 몇 가지 방식으로 사회적 수행 결함을 초래한다. 첫째, ADHD 아동은 상호적 담화의 절대적인 규칙을 일관성 있게 따르지 않을 수 있다(Stroes, Alberts, & van der Meere, 2003). ADHD 아동은 대화 시 방해를 하기 쉽고, 타인이 말하는 것을 면밀히 듣지 않거나 부적절한 방식으로 반응한다(즉, 대화 주제와 밀접한 관계가 없는 뭔가를 이야기하는 것). 둘째, ADHD 학생은 진행 중인 또래의 활동(예, 게임, 대화)에 방해적 · 충동적으로 끼어들지 모른다. 그러고는 심각할 정도로 활동을 방해할 수 있다(DuPaul & Stoner, 2003). 그 결과로 또래는 ADHD 아동을 활동에서 배제할 수 있다. 셋째, 이러한 장애가 있는 아동은 ADHD 증후가 없는 급우보다 구어적 또는 신체적 공격 방식으로 행동하기 쉽다. 아마도 이는 그들의 충동성에 대한 조정의 어려움에서 기인되었으리라 여겨진다(Barkley, 2006). 넷째, 몇몇 연구에서는, 이러한 사회적 관계 형성의 어려움이 결합된다면 ADHD 아동이 호감을 덜 사게 되고 좀 더 자주 거절당하며, ADHD 증후가 없는 또래보다 더 적은 수의 친구를 사귀기 쉽다고 제시하였다(Hoza et al., 2005). 더욱이 그들이 점차 성장함에 따라, ADHD 아동과 관련 행동장애는 서로 밀접하게 연관되고 비행 및 품행장애 행동의 점증적 확대에 이르게 할 문제 있는 또래집단과의 관계를 형성할지 모른다(Patterson, Reid, & Dishion, 1992).

ADHD는 단지 또래의 관계 형성의 발전을 방해할 뿐만 아니라 아동의 가족 구성원이나 성인 권위 대상(예, 교사)과의 상호작용에 해로운 영향을 미치게 된다. 흔히 아동의 주의력결핍 문제와 불순종은 유의하게 더 높은 부모의 스트레스, 특히 어머니의 더 높은 스트레스 수준과 연관된다(Johnston & Mash, 2001). 부가적으로 ADHD 아동의 부모는 행동을 조정하기 위해 명령의 조정법(예, 벌)을 좀 더 높은 비율로 활용하기 쉽다. 이러한 것은 전형적인 발달을 보인 아동의 가족에게서 보다 그들 가족 간의 상호작용을 좀 더 부정적으로—심지어는 공격적으로—이끌기 쉽다(Barkley, 2006). 또한 불순종과 부정적인 상호작용은 흔히 교사-아동 간의 관계에까지 확대된다(DuPaul & Stoner, 2003).

3. 교육적 평가를 위한 장애의 함의

ADHD가 있는 것으로 의심되는 아동 및 청소년에 대해 포괄적인 평가를 할 때, 꼭 포함시켜야 할 기능적 장애의 평가 이유에는 최소한 두 가지가 있다. 첫째, 이러한 장애는 흔히 학업 및 사회적 기능에서 임상적으로 유의한 어려움이 있는 것과 연관된다. 둘째, ADHD 준거에 부합하는 아동 비율은 진단의 일부로서 그러한 결함이 고려되느냐 고려되지 않느냐에 따라 심각하게 달라진다(Gathje, Lewandowski, & Gordon, 2008). 사실 Gathje와 그 동료들은 증후와 상당 부분 결함(기능적 장애)이 연관되어 있으면서도, 독립적으로 평가되어야 할 차별적 구조를 나타내고 있음을 발견하였다. 그 결과, ADHD에 대한 진단적 평가에는 학업 및 사회적 기능에 대한 신뢰롭고도 타당한 측정 평가방법이 포함되어야 한다(DuPaul & Stoner, 2003; Pelham, Fabiano, & Massetti, 2005).

전반적이고 특수한 수준 모두에서 결함을 평가하기 위한 측정방법이 활용된다. 이러한 평가목록표(indices)는 임상에서 결함의 유의한 수준이 ADHD 증후와 연관된 것인지의 여부를 확립하는 데 활용할 수 있다. 더욱이 결함의 영역에 대해서 중재가 처음으로 시행되었을 때(즉, 학업적 · 사회적 기능에 대한 치료효과를 평가하기 위한 것)는 지속적으로 평가해야 한다.

일반적인 결함에 대해서는 몇 가지 측정방법을 활용한다. 즉, 이러한 측정평가방법에는 콜롬비아 장애 평정척도(the Columbia Impairment Rating Scale)(Bird et al., 1993), 아동의 기능에 대한 전반적 평가(Children' s Global Assessment of Functioning)(Bird, Canino, Rubio-Stipec, & Ribera, 1987), 임상에서의 전반적인 인상평가-장애 정도(Clinical Global Impression-Severity)(Guyks, 2000), 장애 평정척도(Impairment Rating Scale)(Fabiano et al., 2006), 그리고 아동 및 청소년 기능 평가척도(Children & Adolescent Functional Assessment Scale)(Hodges, Doucette-Gates, & Lioa, 1999)를 포함한다. 임상에서의 전반적인 인상평가방법의 경우, 임상의는 기록물

(예, 학교 보고서)의 검토와 아울러 부모나 교사에게서 얻은 정보에 기초하여 아동의 전반적 기능 수준을 기술한다. 일반적으로 전체 점수는 아동의 기능에 대해 낮은 수준에서 높은 기능 수준에 이르는 연속성 중 한 지점에 점수를 매겨 판정하게 된다. 장애 평정척도방법 또한 임상의뿐만 아니라 부모 그리고/또는 교사에 의해 완성되고 구축될 수 있다. 하나의 전반적 장애 평정평가방법보다는 오히려 장애 평정척도방법이 ADHD가 학업 · 학교 수행 및 타인과의 상호작용을 포함한 다양한 영역에서 어느 정도 연관되었는지의 반응을 묻게 된다.

비록 이러한 장애와 기능에 대한 일반적인 측정평가방법에 적절한 신뢰도와 타당도가 있다 하더라도, 그러한 평가방법은 다양한 제한점이 있다. 첫째, 전반적 평가목록표는 대개 하나 이상의 주 정보원(예, 부모, 교사, 기록 정보)에게서 수집된 정보에 기초하여, 총괄적 판단을 내리는 임상의에게 의존한다. 이와 같이 상당한 주관성이 점수를 매기는 평가 과정에서 개입될 수 있다. 둘째, 장애의 전반적인 평정 평가 방법은 결함 영역 내 기능상에서 주요 차이점을 모호하게 할 수 있다. 예를 들어, 어떤 ADHD 아동은 사회적 관계 형성에 어려움을 보일지 모르나 학업적 영역에서는 그렇지 않을 수 있다(반대의 경우도 마찬가지다). 그러므로 하나의 채점 결과는 영역 간 기능의 잠재적 차이를 모두 대표할 수는 없다. 셋째, 일반적인 결함 목록표는 전체적인 것이기 때문에 제한의 유사성이 있을 수 있다. 즉, 이것은 기능의 각 영역 내 특정 하위 영역에 대한 직접적인 측정 평가는 불가하기 때문이다. 여러 차례 다양하게 설명하였듯이, 전반적인 결함평가방법은 분명 아동이 경험하고 있는 특정 사회적 그리고/또는 학업적 어려움이 무엇인지를 시사해 주고 있지는 않다. 예를 들어, 어떤 ADHD 아동은 구조화되지 않은 환경(예, 운동장 또는 놀이터)에서 또래와 상호작용하는 것을 어려워할지도 모르며, 이러한 어려움은 공격적인 행동을 통해 드러날지도 모른다. 또한 다른 아동의 경우에는 오히려 구조화된 환경(예, 교실)에서 특히 집단 규칙이 있는(협동이 요구되는) 환경에서 또래와의 상호작용에 대한 어려움을 나타낼지 모른다. 그러므로 포괄적인 평가 접근에는 학업적 · 사회적 기능을 평가하기 위한 특정한 측정평가방법을 포함해야 한다.

1) 학업적 기술 및 수행에 대한 평가

학업적 기술 및 수행은 직접적인 측정, 간접적인 측정 또는 이들의 조합을 활용하여 평가할 수 있다. 학업적 기술에 대한 직접적인 측정 평가에는 읽기, 수학, 기타 학업적 교과 영역에서 아동의 기술 수준을 평가하기 위하여 아동에게 검사를 시행하는 것을 포함한다. 전통적으로 우드콕-존슨 성취도 검사(Woodcock-Johnson III) 또는 웩슬러 개별 성취도 검사(the Wechsler Individual Achievement Test)(Wechsler, 1992)와 같은 규준참조 성취 검사가 이러한 목적에서 사용되어 왔다. 이러한 규준참조 검사는 심리측정학적인 특성에 맞춰 잘 고안되었고, 규준집단과 비교하여 학생 수행이 함의되도록 표준 점수를 제공하고 있다(전형적으로 학년 또는 연령에 근거함). 더 나아가 우드콕 존슨 성취도 검사와 웩슬러 개별 성취도 검사와 같은 검사는 수학, 읽기, 또는 기타 학업 교과 내 기술 영역과 관련된 특정 하위 평가척도를 포함하고 있다. 그러므로 검사 점수는 개별 아동이 기대 수준에서 기능하고 있는지를 결정하고, 특정 학업 영역에서의 강점, 약점을 묘사하기 위해 활용될 수 있다. 불행히도 규준참조 성취 검사는 교수 또는 중재에 대한 결정을 하는 데는 오히려 제한적이다. 왜냐하면 그것은 학년 수준을 반영하는 항목을 적게 포함하고 있을 뿐만 아니라 가르칠 교육과정과는 직접적인 연계가 없고, 또 시간에 따른 변화를 평가하기 위해 주기적으로 활용한다면(예, 치료 효과를 평가하는 것) 실행의 수고만 들일 우려가 있기 때문이다.

학업적 기술을 직접적으로 평가하기 위한 또 다른 방법은 교육과정중심 측정방법(curriculum based measurement: 이하 CBM)(Shinn, 1998)을 활용하는 것이다. CBM에는 직접적으로 학생을 위한 교육에서 적용되는 교육과정에 기초한 내용(items)을 활용하며, 읽기나 수학 기술을 1~5분 정도 간단히 검사하는 구조를 포함하고 있다. 또한 일반 수학 및 읽기 조사 항목(probes)을 활용한다(http://www.aimsweb.com). 그러므로 CBM의 자료는 교육과정 교재상 학생 배치에 관련한 정보(즉, 교사로 하여금 교수 자료를 학생 기술 수준에 맞추어 선택할 수 있도록 돕는 것)와 상대적인 강점 및 약점 영역뿐만 아니라 교수적 중재의 기능에 의해 초래된 시간 경과 후의 진전된 변화 에 대한 정보를 빠르고 효율적으로 제공한다. 대부분의 경우에 비용 및 시간 대비 효율성과 다양한 활용 가능성이 있는

CBM은 규준참조 검사를 넘어서서 선호되고 있다.

또 상시적인 결과물(products)은 학업적인 수행을 직접적으로 평가하기 위해 활용할 수 있다. 예를 들어, 교실에서 쓴 과제물은 어떤 학생의 반응정확도와 함께 그 과제를 어느 정도 완수했는지를 결정하기 위해 평가할 수 있다. 과제물의 완성 비율과 정확도는 특정 학생의 미달 수행 정도 또는 초과 수행 정도를 결정하기 위해, 학급의 평균이나 ADHD가 없는 급우와 비교하는 데 활용할 수 있다. 임상의는 또한 어떤 학생이 자신의 과제 결과물과 정확도에서 비일관성과 다양성을 보이는지 그 정도를 측정하기 위해, 시간 경과에 따라 수행 결과물을 평가할 수 있다. 흔히 ADHD 아동은 학교 과제에 대해 시간의 경과에 따라 다양한 수행을 나타낸다. 과제 완성률과 정확률 또한 약물요법을 포함한 치료의 효과를 평가하기 위하여 활용할 수 있다(Rapport & Denney, 2000).

학업적 기술 및 수행은 또한 간접적인 측정 평가를 활용할 수 있는데, 주로 교사의 평정평가에 의해서다. 학업적 수행 평정척도 방법(DuPaul, Rapport, & Perriello, 1991)은 교사가 읽기, 수학, 쓰기 및 기타 학업적 기술과 행동(예, 조직화 기술)에서 학생의 수행력을 알아보기 위해 시행할 수 있는 간단한 측정방법이다. 학업적 수행 평정척도방법은 진단적 평가 시, 결함의 초기 색인표의 하나로서 활용할 수 있거나 또는 하나의 처치 방편에 대한 진전도를 모니터하기 위한 간단한 평가방법으로 기여할 수 있다. 학업적인 영역에 대한 좀 더 포괄적인 교사 평정 도구는 학업적 능력 평가척도(the Academic Competence Evaluation Scale: ACES)인데, 그것에는 공부 기술, 동기, 약속 이행을 포함한 '학업을 가능케 하는 기술' 로 구성된 하위 검사와 함께 수학, 읽기, 그리고 비판적 사고 영역의 학업적 기술과 관련된 하위 검사를 포함하고 있다([그림 5-4] 참조). 규준참조 검사 도구는 급우와 비교하여 각 핵심 영역에서의 학생 상태에 대한 교사의 지각을 나타내는 것이다. 이러한 평가방법은 좀 더 간단한 학업적 수행 평정척도를 통해 진전도를 모니터링하는 수행방법보다는 긴 시행시간 때문에 덜 효율적일 수 있다.

2) 사회성 행동 및 또래 관계에 대한 평가

ADHD 아동 및 청소년의 '사회성 행동 및 또래와의 관계' 는 직접적 · 간접적 방법 모두를 사용하여 평가할 수 있다. 사회성 행동에 대한 직접적인 측정평가는 전형적으로 교실 또는 운동장(놀이터) 환경에서 또래와의 상호작용을 관찰하는 것을 포함한다. ADHD 사회성 관찰 평가척도(ADHD Social Observation Scale)(Gadow, Sprafkin, & Nolan, 1996)와 조기 선별 프로젝트 코딩 체계(the Early Screening Project coding system)(Walker, Severson, Feil, 1995)를 포함한 다양한 평가 코드가 이러한 목적으로 개발되었다. 대개 아동의 또래와의 상호작용을 간단히(15~20분) 관찰하는 방법은 언제 '친사회적 vs. 반사회적(예, 공격적인)' 행동이 발생하는지를 관찰 간격의 비율로 알아보도록 구성되어 있다. 사회성 행동의 직접적인 측정평가에 부가하여, 관찰방법에 대한 두 가지 장점을 추가해 볼 수 있는데, 그것은 맥락 내에서 또래와의 상호작용을 평가한다는 점(즉, 사회적 환경 내 사건에 반응하는 것)과 동일한 사회적 환경 내에서 상호작용하고 있는 ADHD가 없는 또래와 목표 아동(ADHD 아동)의 행동을 비교할 수 있는 점이다. 관찰평가방법의 주요 단점은 이러한 데이터를 수집하고 있는 시간 내로 한정된다는 것이다.

사회성 행동을 평가하기 위한 간접적인 평가방법에는 사회측정학적 목록표(sociometric indices)와 또래 평정방법과 마찬가지로 부모, 교사, 또 목표 대상 학생에 의해서 시행되는 사회성 기술 평정척도 방법이 포함된다. 사회성 기술 증진 평가척도(Social Skills Improvement Scale: 이하 SSIS)(Elliott & Gresham, 2008)와 워커 맥코넬 사회성 행동 평정척도(the Walker-McConnell Social Behavior Scale)(Walker & McConnell, 1988)를 포함하여 사회성 행동 평정척도 검사는 상업적으로 활용할 수 있도록 마련되어 있다. 규준참조 성취 평가방법의 경우와 마찬가지로, 이러한 평정 평가방법의 주된 장점은, 동일한 연령과 성별의 타 아동과 비교하여 목표 학생의 상태를 시사해 주는 점수를 제공하고 있다는 점이다. 더 나아가 평정척도는 가정 및 학교 환경 모두에서 사회성 행동에 대한 부모, 교사, 학생의 통찰을 통해 그 정보가 임상의에게 제공되고 있다. SSIS의 부가적 장점으로는 학교 및 교실 기반중재 모두를 포함한 좀 더 광의의 중재 체계와 직접적으로 결합된 평정척도 평가방법이라는 것이다. 사회측정학적 평가방법 및 또래 평정방법은 아동이 놀이 친구에 의해서 더 선호되는지 또는 선호되지 않는지에 관해 순위를 매겨 보게 하거나 급우의 사회성 행동을 평정하는 것을 포함하고 있다(Asher & Dodge, 1986). 일반적으로 사회측정학적 평가방법과 또래 평정 평가방법에 대한 연구 분야에서는 기밀 보장 및 부모의 동의 얻기에 대한 관심을 포함하고 있다.

4. 치료를 위한 어려움의 함의

ADHD 아동 및 청소년은 몇몇 핵심 영역에서 기능적 결함을 경험할지 모르는데, 이는 주로 학업적 성취와 또래 관계에서다. 특히 치료 계획 시 기능적인 결함을 고려하는 것은 중요하다. 왜냐하면 기능적 결함의 유형과 수준은 ADHD 아동의 가족을 통한 증후적 행동의 심각 정도를 파악할 수 있을뿐더러 각각의 서비스 활용 부분에 대해 예견하고 있기 때문이다(Sawyer et al., 2004). 비록 정신과적 약물(주로 자극성, 향정신제)이 이러한 장애의 주요 증후를 줄이는 데 흔히 효과적이기는 하나, 대체로 이러한 치료방법은 관련 결함에 대한 영향력이(특히 장기적인 효과 면에서) 매우 적다(예, Jensen et al., 2007). ADHD를 위한 다른 주요 처치—행동 수정 방법—는 기능적 결함, 특히 사회성 영역에 대해 좀 더 직접적으로 다루어 줄 수 있다. 그럼에도 불구하고 포괄적 처치의 접근(6장과 8장에서 좀 더 전체적으로 기술하고 있음)은 결함의 영역에 대해 직접적으로 목표화하는 중재를 포함시켜야 한다(예, 증후를 감소시켜 극복하기). 특정 전략은 학업적 기술 및 수행을 증진하며, 사회적 행동 및 또래와의 관계 형성을 향상하고, 권위 대상과의 좀 더 나은 상호작용을 촉진하도록 활용할 수 있다.

1) 학업적 기술 · 수행을 향상하기 위한 전략

ADHD 학생은 자주 학업적 성취 및 기본적인 읽기와 수학 기술의 발달에서 어려움을 겪는다(DuPaul & Stoner, 2003; Hinshaw, 1992). 그러므로 학업적인 결함을 직접적으로 다루는 중재가 필요하다. 비록 ADHD 학생을 위한 학업적 중재가 동일 인구 대상에 대한 행동 치료(treatment)에서만큼 광범위하게 연구되지는 않았으나, 최근의 연구는 학업적 교정 · 치료교육 전략(remediation strategies)에 대한 초보적 지지를 제공하고 있다. 단일 대상 설계 연구를 적용한 결과, 학업적 수행의 특정 영역을 향상하는 것으로서 컴퓨터 보조 교수(Clarfield & Stoner, 2005; Mautone, DuPaul, & Jitendra, 2005; Ota & DuPaul, 2002), 교실 또래 교수방법(DuPaul, Ervin, Hook, & McGoey, 1998), 가정중심 부모훈련하기(Hook & DuPaul, 1999), 숙제지원방법(Power, Karustis, & Habboushe, 2001), 쓰기 표현(작문)을 위한 자기조정 전략(Reid & Lienemann, 2006), 직접적인 노트정리방법(Evans, Pelham, & Grudberg, 1995)이 지지되고 있다. 이러한 전략은 8장에서 보다 자세히 논의하고 있다.

성취에 대한 긍정적인 영향을 떠나, 학업적 중재는 ADHD 학생을 위한 몇 가지 처치로서의 장점이 있다. 첫째, 대부분의 학업적인 교정 전략은 문제가 되는 주의력결핍(산만함) 또는 충동적 행동을 일으킬 수 있는 선행 조건(예, 교수 그리고/또는 과제의 제공)의 수정을 강조하고 있다. 그러므로 학업적 중재는 행동의 조정을 통하여 활성화되거나 예방되는 것으로 생각된다. 둘째, 문제 행동의 변화를 이끌 수 있다. 여러번 기술하였듯이, 학업적 수행에서의 증진은 행동 조정력의 향상을 이끌거나 그와 연관될 수 있다. 사실상 학업적 중재와 관련된행동 변화의 효과는 우발성 조정(우발 교수)과 같은 행동수정 전략에서 얻어진 효과와 매우 유사하다(DuPaul & Eckert, 1997). 그리하여 어떤 경우에는 학업적 중재가 학업적 기술을 증진하면서, 주의력결핍 행동을 감소시키는 두 가지 목적을 이루는 데 기여할 수 있다. 마지막으로, 이전부터 연구된 많은 학업적 전략에는 학급 교사(담임)에 대한 독점적인 의존을 넘어서 여러 중재자(예, 또래 친구, 부모, 컴퓨터)의 활용을 포함하고 있다. 다양한 중재자의 활용은 교사의 부담을 줄여 교실중심중재(처치)의 수용성과 융통성을 증진할 수 있다.

2) 사회성 행동과 또래와의 관계성을 개선시키기 위한 전략

ADHD 아동 및 청소년은 흔히 친구 사귀기와 유지하기를 포함한 또래와의 관계 형성에 어려움을 겪는다(Barkely, 2006; Weyandt, 2007). 앞서 논의하였듯이, 또래와의 관계 형성 문제는 기술의 결함보다는 오히려 수행의 결함에 기인한다. 불행히도 사회적 수행의 결함은 두 가지 이유로 기술 문제보다 개선시키기 어렵다. 첫째, 가장 최신의(활용 가능성이 좋은) 사회적 관계 형성 중재는 수행보다는 오히려 기술상의 결함에 목표를 두고 있다. 더욱이 사회적 수행 문제는 광범위한 환경(예, 교실, 운동장 · 놀이터, 이웃집)에 걸쳐 일어나기 때문에, 이러한 어려움을 다루는 중재는 환경을 아우르는 방식으로 다양한 개인에게 시행해야 한다.

사회성 지식 및 친사회성 행동의 습득을 목표로 하는 그룹 치료 형식('전통적인' 사회성 기술 훈련 방식)의 중재는, '실제' 환경 내에서는 개인 간의 기능적이고도 영속성 있는 변화를 이끌지 못하였다. 비록 훈련 기간 동안 대화 기술, 문제 해결력, 분노 조절 면에서 주목할 만한 유익을 얻었다 하더라도, 아동이 치료실을 벗어나 이러한 증진을 이어가기에는 어려움이 따른다(DuPaul & Eckert, 1994; Gresham, 2002).

전통적 사회성 기술 훈련에서 유지와 일반화의 미비는 방해적 행동장애(disruptive behavior disorders) 아동을 위한 사회적 관계 형성 중재가 좀 더 포괄적인 접근이 되어야 한다는 제안을 이끌게 되었다(사회적 기술 전략에 대한 탐구를 위해, Gresham, 2002를 참조하라). 예를 들어, 셰리든(Sheridan, 1995)은 학교 환경에서의 활용 목적으로 '다루기 힘든 아동을 위한 사회성 기술 프로그램(the Tough Kids Social Skills program)'을 개발하였고, 또한 셰리든과 동료들(1996)은 ADHD 학생에게 이러한 프로그램을 활용하도록 하기 위해 사전에 실험적 지원을 제공하였다. 이 프로그램은 소그룹, 교실 및 학교 범주를 포함한 사회성 기술 훈련에 대한 세 가지 수준을 포함하고 있다. 비록 세 가지 훈련 수준 모두 ADHD 학생에게 도움이 될 수 있을지라도, 이러한 장애가 있는 아동은 그들의 오래된 관계 형성에의 어려움을 중재하기 위해서 소그룹 훈련을 요구받기 쉽다.

상대적으로 ADHD 아동을 위한 사회적 관계 형성 중재 연구, 특히 학교 환경에서의 연구가 적게 이루어졌다. 사회성 기술 훈련에 대한 대부분의 과거 조사연구는 좁은 학교 환경에서의 연구 자료와 아울러 외래 환자의 임상실(클리닉) 환경에서 시행되었다. 이러한 임상실중심의 연구결과는 그 유효성을 기대하기에 석연치 않다(예, Antshel & Remer, 2003; Frankel, Myatt, & Cantwell, 1995; Pfiffner & McBurnett, 1977). 즉, 이러한 중재의 성과는 효과의 유지 및 일반화를 고려한 프로그램이 포함된 특정 전략을 활용할 때 향상을 보였다. 예를 들어, 효과의 일반화를 고무하기 위해서 ADHD가 없는 또래 친구를 관계 형성 중재의 모든 단계에 포함시킬 수 있다. 처음에는 또래가 일차적으로 '공동 치료사' 의 역할을 담당하며 역할놀이 활동에 참여하고, 목표 학생(치료 대상)에게 피드백을 제공할 수 있다. 다음으로는 또래가 치료 시간 중에 목표가 되고 있는 사회성 행동의 수행을 촉진하고 강화함으로써, 자연스러운 환경 내에서 사회성 기술에 대한 '튜터(교수자)' 로서 도움을 줄 수 있다. 커닝햄과 커닝햄(Cunningham & Cunningham, 2006)은 운동장 내 감독자로서 또래 활동을 포함한 '학생중재(student-mediated)의 갈등 해결 프로그램' 을 개발하였다. 커닝햄과 커닝햄은 또래중재의 갈등 해결방법이 학교 내 운동장(또는 놀이터) 폭력과 부정적 상호작용을 감소시켰다고 제시하였다.

3) 가족 구성원과 권위 대상과의 상호작용을 증진하기 위한 전략

ADHD 아동과 그들의 가족 구성원 간의 관계, 특히 부모와의 관계는 이러한 장애와 관련된 증후적 행동의 영향을 받을 수 있다. 특히 ADHD 아동이 있는 가족의 생활은 부모의 높은 스트레스 수준과 가족 구성원 사이의 잦고도 부정적이고 고압적인 상호작용으로 특징지을 수 있다(Johnston & Mash, 2001; Patterson et al., 1992). 더욱이 교실에서의 주의력결핍 행동과 충동적 행동, 그리고 불순종적 행동은 교사와 ADHD 학생 간의 관계를 긴장시킬 수 있다(DuPaul & Stoner, 2003). 가족의 어려움을 다루는 주요한 중재 접근방법은 아동의 불순종과 공격성을 줄이기 위한 전략적 방식의 '행동적 부모훈련' 의 활용이었다(좀 더 상세한 내용은 6장과 7장을 참조하라). 유사한 것으로, 학급의 담임은 긍정적 강화, 토큰 경제, 학생이 교칙에 순종하거나 학업적 요구에 주의를 기울이는 것을 향상할 수 있도록 하는 행동적 전략을 활용할 수 있다(좀 더 상세한 내용은 8장을 참조하라). 아동의 순종을 증진하고, 행동을 향상함으로써, ADHD 아동과 권위 대상(성인) 간의 상호작용이 현저하게 증가하였다. 더 나아가서는 부모와 교사의 스트레스 수준이 줄게 되었다(Barkely, 2006). ADHD 청소년의 경우, 가족 구성원 간의 상호작용의 질을 향상하기 위하여 문제 해결력과 의사소통 훈련을 투입할 수 있다(Robin & Foster, 1989). 사실상, 바클리(Barkely)와 동료들(1992)은, 문제 해결력과 의사소통 훈련은 특히 행동 계약 절차

방법과 결합하여 적용함으로써, 가정 내 부모 행동을 향상하였다고 보고하였다.

5. 결론

ADHD 아동 및 청소년은 흔히 임상적으로 유의한 기능 결함, 특히 학업적 성취 영역에서와 또래 및 권위 대상과의 관계 형성에서 어려움을 겪고 있다. 사실 DSM-IV-TR 준거는 최소 하나의 환경 내에서 장애와 연관된 증후를 요구한다. 학업적 수행의 영역에서 이러한 장애가 있는 개인은 일반적으로 평균적인 성취 점수보다 더 낮은 평균 점수를 획득하며, 평균적인 학업 유지율과 특수교육 서비스의 수용에서 더 높은 위험에 놓이게 되고, 유의한 수준의 학교 중퇴 위험에 처하게 될지 모른다(Barkley, 2006). 더욱이 ADHD 학생은 중등교육 이후의 교육을 지속하는 데 어려움을 겪기 쉽다. 즉, 대학과정 이수자의 경우 학위 과정에서 평균보다 더 높은 미완수의 위험에 놓이게 된다(Barkley, Murphy, & Fisher, 2008). 사회성 영역에서의 기능 또한 유사하게 영향을 받게 되는데, 그 점에서 ADHD 아동은 전형적인 발달을 보였던 정상아동보다 친구를 덜 사귀게 되고, 또래에게서 거부당하는 경험을 더 많이 하게 된다(McQuade & Hoza, 2008). 더 높은 빈도와 강도의 언어적 공격성, 신체적인 다툼, 그리고/또는 성인의 규칙과 지시에의 불순종이 또래, 친척, 부모, 교사와의 관계 형성을 방해하는 것과 관련된다

(Barkley, 2006).

아동이 이러한 어려움에 관련하여 유의한 수준의 위험에 놓여 있다면, 일차적인 치료 임상의와 교육자는 증후적인 행동에 초점을 맞춰 진행하는 평가 및 치료 전략을 실행하기 위해, 그리고 학업적 · 사회적 기능에 주의를 기울이기 위해 협력해야 한다. 그러므로 ADHD에 대한 포괄적인 평가에는 장애에 대한 일반적이고도 특정한 평가 내용 모두를 포함해야만 한다. 유사한 맥락에서, 이들에게 정신과 약물의 영향을 잘 받지 않는 기능적 결함이 있기 때문에 치료 프로그램에는 결함 영역을 직접적으로 다룰 수 있는 전략을 포함시켜야 한다. 하나의 중재 계획을 시행하였다면, 평가 자료는 그 치료가 증후적 행동에 향상을 가져왔는지를 알아보는 것뿐만 아니라, 학업적 · 사회적 기능에서 증진을 동반하고 있는지에 대해서도 주기적으로 수집해야 한다.

Abikoff, H. B., Jensen, P. S., Arnold, L. L. E., Hoza, B., Hechtman, L., Pollack, S., et al. (2002). Observed classroom behavior of children with ADHD: Relationship to gender and comorbidity. *Journal of Abnormal Child Psychology, 20*, 349–359.

American Psychiatric Association. (2000). *Diagnostic and statistical manual of mental disorders* (4th ed., Text rev.). Washington, DC: Author.

Antshel, K. M., & Remer, R. (2003). Social skills training in children with attention deficit hyperactivity disorder: A randomized-controlled clinical trial. *Journal of Clinical Child and Adolescent Psychology, 32*, 153-165.

Asher, S. R., & Dodge, K. A. (1986). Identifying children who are rejected by their peers. *Developmental Psychology, 22*, 444-449.

Barkley, R. A. (Ed.) (2006). *Attention-deficit/hyperactivity disorder: A handbook for diagnosis and treatment* (3rd ed.). New York: Guilford Press.

Barkley, R. A., DuPaul, G. J., & McMurray, M. B. (1990). A comprehensive evaluation of attention deficit disorder with and without hyperactivity as defined by research criteria. *Journal of Consulting and Clinical Psychology, 58*, 775-789.

Barkley, R. A., Guevremont, D. C., Anastopoulos, A. D., & Fletcher, K. E. (1992). A comparison of three family therapy programs for treating family conflicts in adolescents with attention-deficit hyperactivity disorder. *Journal of Consulting and Clinical Psychology, 60*, 450-462.

Barkley, R. A., Murphy, K. R., & Fischer, M. (2008). *ADHD in adults: What the science says*. New York: Guilford Press.

Bird, H. R., Canino, G., Rubio-Stipec, M., & Ribera, J. C. (1987). Further measures of the psychometric properties of the Children's Global Assessment Scale. *Archives of General Psychiatry, 44*, 821-824.

Bird, H. R., Shaffer, D., Fisher, P., Gould, M. S., Staghezza, B., Chen, J. Y., et al. (1993). The Columbia Impairment Scale (CIS): Pilot findings on a measure of global impairment for children and adolescents. *International Journal of Methods in Psychiatric Research, 3*, 167-176.

Booster, G. D., DuPaul, G. J., Eiraldi, R., & Power, T. J. (2009). *Functional impairments in children with ADHD: Unique effects of comorbid status and ADHD subtype*. Manuscript submitted for publication.

Brock, S. W., & Knapp, P. K. (1996). Reading comprehension abilities of children with attention-deficit/hyperactivity disorder. *Journal of Attention Disorders*, *1*, 173-186.

Clarfield, J., & Stoner, G. (2005). The effects of computerized reading instruction on the academic performance of students identified with ADHD. *School Psychology Review*, *34*, 246-254.

Cunningham, C. E., & Cunningham, L. J. (2006). Student-mediated conflict resolution programs. In R. A. Barkley (Ed.), *Attention-deficit hyperactivity disorder: A handbook for diagnosis and treatment* (3rd ed., pp. 590-607). New York: Guilford Press.

DiPerna, J. C., & Elliott, S. N. (2000). *Academic Competence Evaluation Scales*. San Antonio, TX: The Psychological Corporation.

Douglas, V. I. (1980). Higher mental processes in hyperactive children: Implications for training. In R. Knights & D. Bakker (Eds.), *Treatment of hyperactive and learning disordered children* (pp. 65-92). Baltimore: University Park Press.

DuPaul, G. J., & Eckert, T. L. (1994). The effects of social skills curricula: Now you see them, now you don't. *School Psychology Quarterly*, *9*, 113-132.

DuPaul, G. J., & Eckert, T. L. (1997). School-based interventions for children with attention-deficit/hyperactivity disorder: A meta-analysis. *School Psychology Review*, *26*, 5-27.

DuPaul, G. J., Ervin, R. A., Hook, C. L., & McGoey, K. E. (1998). Peer tutoring for children with attention deficit hyperactivity disorder: Effects on classroom behavior and academic performance. *Journal of Applied Behavior Analysis*, *31*, 579-592.

DuPaul, G. J., Jitendra, A. K., Volpe, R. J., Tresco, K. E., Lutz, J. G., Vile Junod, R. E., et al. (2006). Consultation-based academic interventions for children with ADHD: Effects on reading and mathematics achievement. *Journal of Abnormal Child Psychology, 34*, 633–646.

DuPaul, G. J., Rapport, M. D., & Perriello, L. M. (1991). Teacher ratings of scademic skills: The development of the Academic Performance Rating Scale. *School Psychology Review, 20*, 284–300.

DuPaul, G. J., & Stoner, G. (2003). *ADHD in the schools: Assessment and intervention strategies* (2nd ed.). New York: Guilford Press.

DuPaul, G. J., Volpe, R. J., Jitendra, A. K., Lutz, J. G., Lorah, K. S., & Gruber, R. (2004). Elementary school students with AD/HD: Predictors of academic achievement. *Journal of School Psychology, 42*, 285–301.

Elliott, S. N., & Gresham, F. M. (2008). *SSIS (Social Skills Improvement System) Rating Scales*. San Antonio, TX: Pearson.

Evans, S. W., Pelham, W., & Grudberg, M. V. (1995). The efficacy of note-taking to improve behavior and comprehension of adolescents with attention deficit hyperactivity disorder. *Exceptionality, 5*, 1–17.

Fabiano, G. A., Pelham, W. E., Jr., Waschbusch, D. L., Gnagy, E. M., Lahey, B. B., Chronis, A. M., et al. (2006). A practical measure of impairment: Psychometric properties of the Impairment Rating Scale in samples of children with attention deficit hyperactivity disorder and two school-based samples. *Journal of Clinical Child and Adolescent Psychology, 35*, 369–385.

Fergusson, D. M., & Horwood, L. J. (1995). Early disruptive behavior, IQ, and later school achievement and delinquent behavior. *Journal of Abnormal Child Psychology, 23*, 183–199.

Fischer, M., Barkley, R. A., Fletcher, K., & Smallish, L. (1990). The adolescent outcome of hyperactive children diagnosed by research criteria: II. Academic, attentional, and neuropsychological status. *Journal of Consulting and Clinical Psychology, 58*, 580–588.

Forness, S. R., & Kavale, K. A. (2001). ADHD and a return to the medical model of special education. *Education and Treatment of Children,*

24, 224–247.

Frankel, F., Myatt, R., & Cantwell, D. P. (1995). Training outpatient boys to conform with the social ecology of popular peers: Effects on parent and teacher ratings. *Journal of Clinical Child Psychology, 24*, 300–310.

Frazier, T. W., Youngstrom, E. A., Glutting, J. J., & Watkins, M. W. (2007). ADHD and achievement: Meta-analysis of the child, adolescent, and adult literatures and concomitant study with college students. *Journal of Learning Disabilities, 40*, 49–65.

Gadow, K. D., Sprafkin, J., & Nolan, E. E. (1996). *ADHD School Observation Code*. Stony Brook, NY: Checkmate Plus.

Gathje, R. A., Lewandowski, L. J., & Gordon, M. (2008). The role of impairment in the diagnosis of ADHD. *Journal of Attention Disorders, 11*, 529–537.

Gresham, F. M. (2002). Teaching social skills to high-risk children and youth: Preventive and remedial strategies. In M. R. Shinn, H. M. Walker, & G. Stoner (Eds.), *Interventions for academic and behavior problems* II: *Preventive and remedial approaches* (2nd ed., pp. 403–432). Washington, DC: National Association of School Psychologists.

Guy, W. (2000). Clinical Global Impression (CGI) scale. In A. J. Rush, M. B. First, & D. Blacker (Eds.), *Handbook of psychiatric measures*. Washington, DC: American Psychiatric Publishing.

Hinshaw, S. P. (1992). Academic underachievement, attention deficits, and aggression: Comorbidity and implications for intervention. *Journal of Consulting and Clinical Psychology, 60*, 893–903.

Hodges, K., Doucette-Gates, A., & Liao, Q. (1999). The relationship between the Child and Adolescent Functional Assessment Scale (CAFAS) and indicators of functioning. *Journal of Child and Family Studies, 8*, 109–122.

Hook, C. L., & DuPaul, G. J. (1999). Parent tutoring for students with attention deficit hyperactivity disorder: Effects on reading at home and school. *School Psychology Review, 28*, 60–75.

Hoza, B., Gerdes, A. C., Mrug, S., Hinshaw, S. P., Bukowski, W. M., Gold, J. A., et al. (2005). Peer-assessed outcomes in the Multimodal Treatment Study of Children with Attention Deficit Hyperactivity Disorder. *Journal of Clinical Child and Adolescent Psychology, 34*, 74–86.

Jensen, P. S., Arnold, E., Swanson, J. M., Vitiello, B., Abikoff, H. B., Greenhill, L. L. et al. (2007). 3-year follow-up of the NIMH MTA study. *Journal of the American Academy of Child and Adolescent Psychiatry, 46*, 989–1002.

Jitendra, A. K., DuPaul, G. J., Volpe, R. J., Tresco, K. E., Vile Junod, R. E., Lutz, J. G., et al. (2007). Consultation-based academic intervention for children with attention deficit hyperactivity disorder: School functioning outcomes. *School Psychology Review, 36*, 217–236.

Johnston, C., & Mash, E. J. (2001). Families of children with attention-deficit/hyperactivity disorder: Review and recommendations for future research. *Clinical Child and Family Psychology Review, 4*, 183–207.

Mannuzza, S., Gittelman-Klein, R., Bessler, A., Malloy, P., & LaPadula, M. (1993). Adult outcome of hyperactive boys: Educational achievement, occupational rank, and psychiatric status. *Archives of General Psychiatry, 50*, 565–576.

Mautone, J. A., DuPaul, G. J., & Jitendra, A. K. (2005). The effects of computer-assisted instruction on the mathematics performance and classroom behavior of children with attention-deficit/hyperactivity disorder. *Journal of Attention Disorders, 8*, 301–312.

McQuade, J. D., & Hoza, B. (2008). Peer problems in attention deficit hyperactivity disorder: Current status and future directions.

Developmental Disabilities Research Reviews, 14, 320–324.

Ota, K. R., DuPaul, G. J. (2002). Task engagement and mathematics performance in children with attention deficit hyperactivity disorder: Effects of supplemental computer instruction. *School Psychology Quarterly, 17*, 242–257.

Patterson, G. R., Reid, J. B., & Dishion, T. J. (1992). *Antisocial boys.* Eugene, OR: Castalia.

Pelham, W. E., Jr., Fabiano, G. A., & Massetti, G. M. (2005). Evidence-based assessment of attention deficit hyperactivity disorders in children and adolescents. *Journal of Clinical Child and Adolescent Psychology, 34*, 449–476.

Pfiffner, L. J., & McBurnett, K. (1997). Social skills training with parent generalization: Treatment effects for children with attention deficit disorder. *Journal of Consulting and Clinical Psychology, 65*, 749–757.

Power, T. J., Karustis, J. L., & Habboushe, D. F. (2001). *Homework success for children with ADHD: A family-school intervention program.* New York: Guilford Press.

Rapport, M. D., & Denney, C. B. (2000). Attention deficit hyperactivity disorder and methylphenidate: Assessment and prediction of clinical response. In L. L. Greenhill & B. B. Osman (Eds.), *Ritalin: Theory and practice* (2nd ed., pp. 45–70). Larchmont, NY: Mary An Liebert.

Rapport, M. D., Scanlan, S. W., & Denney, C. B. (1999). Attention-deficit/hyperactivity disorder and scholastic achievement: A model of dual developmental pathways. *Journal of Child Psychology and Psychiatry, 40*, 1169–1183.

Reid, R., & Lienemann, T. O. (2006). *Strategy instruction for students with learning disabilities: What works for special needs learners.* New York: Guilford.

Robin, A. L., & Foster, S. L. (1989). *Negotiating parent-adolescent conflict: A behavioral family systems approach.* New York:

Guilford Press.

Rowe, K. J., & Rowe, K. S. (1992). The relationship between inattentiveness in the classroom and reading achievement (Part B): An explanatory study. *Journal of the American Academy of Child and Adolescent Psychiatry, 31*, 357–368.

Sawyer, M. G., Rey, J. M., Arney, F. M., Whitham, J. N., Clark, J. J., & Baghurst, P. A. (2004). Use of health and school-based services in Australia by young people with attention-deficit/hyperactivity disorder. *Journal of the American Academy of Child and Adolescent Psychiatry, 43*, 1355–1363.

Schnoes, C., Reid, R., Wagner, M., & Marder, C. (2006). ADHD among students receiving special education services: A national survey. *Exceptional Children, 72*, 483–496.

Semrud-Clikeman, M., Biederman, J., Sprich-Buckminster, S., Lehman, B. K., Faraone, S. V., & Norman, D. (1992). Comorbidity between ADHD and learning disability: A review and report in a clinically referred sample. *Journal of the American Academy of Child and Adolescent Psychiatry, 31*, 439–448.

Shapiro, E. S. (2003). *Behavioral Observation of Students in Schools? BOSS* [Computer software]. San Antonio, TX: Psychological Corporation.

Sheridan, S. M. (1995). *The Tough Kid Social Skills book.* Longmont, CO: Sopris-West.

Sheridan, S. M., Dee, C. C., Morgan, J. C., McCormick, M. E., & Walker, D. (1996). A multimethod intervention for social skills deficits in children with ADHD and their parents. *School Psychology Review, 25*, 57–76.

Shinn, M. R. (Ed.) (1998). *Advanced applications of curriculum-based measurement.* New York: Guilford Press.

Silver, L. B. (1990). Attention deficit-hyperactivity disorder: Is it a learning disability or related disorder?. *Journal of Learning Disabilities, 23*, 394-397.

Stroes, A., Alberts, E., & Van der Meere, J. J. (2003). Boys with ADHD in social interaction with a nonfamiliar adult: An observational study. *Journal of the American Academy of Child and Adolescent Psychiatry, 42*, 295-302.

Vile Junod, R. E., DuPaul, G. J., Jitendra, A. K., Volpe, R. J., & Cleary, K. S. (2006). Classroom observations of students with and without ADHD: Differences across types of engagement. *Journal of School Psychology, 44*, 87-104.

Volpe, R. J., DuPaul, G. J., DiPerna, J. C., Jitendra, A. K., Lutz, J. G., Tresco, K. E., et al. (2006). Attention-deficit/hyperactivity disorder and scholastic achievement: A model of mediation via academic enablers. *School Psychology Review, 35*, 47-61.

Walker, H. M., & McConnell, S. R. (1988). *Walker-McConnell Scale of Social Competence and School Adjustment*. Austin, TX: PRO-ED.

Walker, H. M., Severson, H. H., & Feil, E. G. (1995). *Early Screening Project (ESP): A proven child find success*. Longmont, CO: Sopris West.

Wechsler, D. (1992). *Wechsler Individual Achievement Test manual*. San Antonio, TX: Psychological Corporation.

Weyandt, L. L. (2007). *An ADHD primer* (2nd ed.). Mahwah, NJ: Lawrence Erlbaum Associates.

Woodcock, R., McGrew, K., & Mather, N. (2003). *Woodcock-Johnson Tests of Achievement* (3rd ed.). Chicago: Riverside Publishing Company.

06 치료 전략

ADHD는 만성적 질환으로 가정, 학교, 지역사회 환경에 걸쳐 기능을 손상시키며, 치료는 환경에서 장기간 시행해야 하고, 증후와 손상 영역 모두에서 이루어져야 한다. ADHD를 위해 일반적으로 흔히 활용하고 있는 효과적인 중재에는 '향정신성 약물(기본적으로 자극성 약제: stimulants)'과 가정및 학교 환경에서 시행하는 '행동적 전략'이 포함된다. 이 장의 목적은 이러한 향정신성[1] 치료 및 심리사회적 치료(처치)에 대해 서술하고자 한다. 또한 우리는 ADHD를 위한, 실증적인 지지는 부족하지만 적극 권유되고 있는

1) 향정신성 의약품(인간의 중추신경계에 작용하는 약물)에 의한 치료로서, 이를 오용하거나 남용할 경우 인체에 심각한 위해(신체적 또는 정신적 의존성을 일으키는 등)가 인정되는 약물이나 이를 함유한 물질을 사용하는 치료를 의미한다.

기타의 치료를 간단히 확인해 보고자 한다.

1. 향정신성 약물

1) FDA-공인 약물

이러한 범주의 약물은 ADHD 개인을 위한 사용 용도로 미국 식품의약청(FDA)에서 승인하였다. FDA 승인의 의미란 증거 기반이 있는 최소한의 표준과 부합되었다는 것이다. 표준에는 다양한 연구센터에서 수행한 두 가지 연구가 포함되는데, 그것은 약물의 효과를 결정하기 위해 실제 약물 또는 위약이 제공된 기간 동안 무작위(표집) 원칙으로 설계한 것이다. 이러한 것은 무작위 통제 실험(randomized controlled trials)이라고 부른다. 약물이 지속적으로 유익하면서 부작용을 일으키지 않는지를 결정하기 위해 아동은 이후 최소 1년 동안 그 약물을 계속적으로 투약할 필요가 있다. 이러한 설계를 '개방 표찰 안정성 효과 연구(open label safety-efficacy study)'라고 부른다.

(1) 자극제 치료요법

자극제 요법은 ADHD가 뇌손상이라고 특징지어졌던 1950, 1960년대부터 ADHD 환자를 치료하는 데 사용한 주된 방법 중 하나였다. 사실 암페타민(amphetamine)이 행동장애의 치료제로 쓰인 것은 1937년까지 거슬러 올라간다. 행동장애 아동을 치료하던 병원에서 브래들리(Bradley, 1937)가 기뇌촬영(pneumoencephlogram)을 위해 요추천자(spinal taps) 시행 시 수반되는 두통 치료제로 벤제드린을 투여했는데, 그때 해당 아동의 행동이 상당히 개선되었음을 관찰하고 보고하였다.

브래들리의 보고서에도 불구하고 자극제가 본격적으로 임상에서 사용된 것은 10~20년이 지난 후였다. 처음에는 덱스트로암페타민(dextroamphetamine)을 사용했고 그 후에는 메틸페니데이트(methylphenidate)를 사용하였다. 이 두 치료제에 대해서 1970년대(Kavale, 1982)와 1980년대(Greenhill, Halperin, & Abikoff, 1999)에 광범위한 연구를 거쳤고, ADHD의 치료에서 이 둘은 계속 우선적인 약제로 쓰였다. 초기에 약제의 효력은 4~5시간밖에 되지 않았으므로 하루에 두 번에서 네 번까지 복용을 해야 했다. 한 번 복용해서 약효가 오래 지속되는 약물을 찾으려는 노력 덕분에, 초창기 왁스 메트릭스 메틸페니데이트 화합물(Ritalin SR)과 덱스트로엠페타민(Dexedrine Spansules)(Pelham et al., 1990)의 캡슐약제로까지 발전할 수 있었다. 그러나 초기의 장시간 작용하는 약제는 효과를 오래 지속시키는 데 제약이 있었다. 약효를 지속시키기 위해서는 처음 약이 들어갔을 때 즉각적인 혈류 유출과 즉각적이고 빠른 혈류 상승이 계속되어야 한다는 것을 고려하지 못했기 때문이다. 페몰린(pemoline)이나 삼환식 항우울제(tricyclic antidepressants) 등의 다른 대체 약물도 효능이 있다고 판명되었지만, 눈에 띄게 부작용을 초래하고 제시된 정량을 넘어서면 아주 심각한 부작용을 낳는 등 안전도도 떨어졌다.

덱스트로 암페타민, 혼합 암페타민염, 메틸페니데이트 등의 자극제 치료요법은 향정신성 약물요법으로 가장 많이 연구되었다. 수많은 연구가 이 치료요법에 대해서는 일관된 결과를 보여 주었다(King et al., 2006). 대부분의 연구학자는 초등학생을 대상으로 메틸페니데이트의 효과를 연구하였는데(Brown et al., 2005), 복용량을 적절하게 측정했던 대부분의 연구에서 거의 70%가 첫 번째 자극요법에 반응을 보였다. 반응을 보이지 않은 초등학생은 두 번째 약물을 똑같은 방법으로 체계적으로 복용했을 때, 총 80~90% 정도가 반응을 보였다(Jensen, Hinshaw, Swanson et al., 2001). 사춘기와 성인을 대상으로 한 연구는 훨씬 적지만, 반응을 보인 비율은 초등학생에서와 비슷했다(Spencer et al., 2005; Wolrich et al., 2005).

덱스트로암페타민은 3세 아동에게 사용하는 것이 허가되었고, 메틸페니데이트는 6세 이상의 아동에게만 사용하도록 허가되었는데, 이런 결정 자체가 과학적인 근거에 따른 명확한 차이 때문이라기보다는 치료요법 승인 과정 당시의 상황을 보여 주는 것이었다. FDA 승인하에 취학 전 아동을 대상으로 한 대부분의 연구에서는 메틸페니데이트를 실험하였다(Kollins & Greenhill, 2006). 가장 최근에 한 최대 규모의 연구는 다지역(multisite) 연구로서, 메틸페니데이트가 4~5세의 ADHD 아동에게 안전하고 효과적임을 알아내었다(Greenhill et al., 2006). 그렇지만 부작용은 좀 더 빈번하게 나타났다. 이에 연구자는 아동이 어릴수록 신진대사율이 낮기 때문에 복용량을 줄이고 다음 복용 시까지의 시간을 길게 할 것을 요구하였다. 나이가 그보다 많은 아동에게서 어느 정도의 성장억제 증후도 보였다. 아동의 잠정적인 성장 기대치와 가족의 키에 대한 우려는 치료를 언제 시작하기로 결정하느냐에 따라 아주 중요한 고려 대상이 되었으며, 계속 키(신장)를 관찰하는 것이 필수적이었다. 취학 전 아동의 진단을 확정짓는 것이 또한 좀 더 어려울 수도 있다. 중앙신경구조가 발달하는 초기단계에서 치료를 시작하는 것에 대한 이론학적 우려 때문에 다지역 연구(multisite study)에서는 신중한 접근을 하는 것이 바람직하다(Gleason et al., 2007). 처음에는 가족에게 14주 동안 행동 중점의 부모 교육 프로그램에 참여할 것을 요구하였고, 부모 교육 이후에도 행동에 별다른 개선을 보이지 않는 아동은 그때 가서야 약물요법을 실시하게 된다. 이 연구에 3분의 1의 가족이 등록하였고, 행동 개입치료를 실시한 결과 아동의 행동에서 충분한 개선을 보였다(Greenhill et al., 2006). 이후 몇몇 아동은 계속 약물치료를 필요로 했다. 하지만 행동치료는 약물치료의 시기를 늦추어, 위험성도 낮고 효과도 더 높은 나이에 약물치료를 시작할 수 있도록 하였다.

사춘기 청소년에 대한 연구에서도 나이 어린 아동의 결과와 비슷한 효과를 보인다. 아주 어린 아동에게서와 같이 사춘기 때에도 초기에 진단되지 않으면 어떤 면으로는 ADHD의 진단이 어렵다(Shaw et al., 2006). 또한 청소년기 학생은 약물치료요법을 받아들이기가 더 어려울 수 있으므로, 어떤 이들은 이러한 약물치료를 시작할 것인지 아닌지에 대한 토의를 해야 한다. 약물치료요법의 효과는 동일한 치료제와 복용량을 사용했을 때 사춘기 청소년에게서나 어린 아동에게서나 별다른 차이는 보이지 않는다. ADHD 청소년은 대체로 우울증, 불안장애, 조울증세, 중독성 물질 과용증세 등의 동반 증후를 가지는데, 이런 경우에 치료제의 선택은 이 동반 증후에 따라 달라지게 된다(McGough et al., 2005; Murphy, Barkley, & Bush, 2002).

앞서 기술한 대로, 알맞은 적정량을 사용했을 때(즉, 제일 낮은 복용량에서 부작용이 최소화될 수 있는 최적의 복용량까지 아주 조금씩 늘림) 대략 70%의 아동과 청소년이 처음 치료를 시작하면 어떤 자극제가 되었든 간에 반응을 보인다. 비록 첫 약물요법에 대한 효능이나 부작용에 대해서는 반응이 다양하지만, 각각의 개별적인 아동 반응을 예측하는 것은 가능하지 않다. 그러므로 메틸페니데이트 또는 암페타민으로 치료를 시작하는 것은 주로 가족과 그들 담당 의사의 개인적인 선호도에 달려 있다. 만약 처음 선택한 치료제가 효과가 없을 때는 다른 약물을 시도해 보는 것이 유용하다(즉, 메틸페니데이트를 복용한 후에 효과가 없으면 암페타민을, 아니면 암페타민 먼저 그리고 이후에 메틸페니데이트를 복용하기). 자극제에 대한 임상적인 반응은 심각한 행동장애와 같이 쉽게 알아볼 수 있는 특성이나 비중과는 관련이 없다. 그러므로 처음 최소 양으로 시작해서 최대의 효과를 내거나 부작용이 나타날 때까지 양을 늘려가는 식으로, 아동에게 맞는 적정량을 체계적으로 찾는 것이 가장 도움이 된다. 각 복용량마다 부모와 교사가 ADHD 증후에 대해 평가하는 것이 이상적이고, 이 평가는 해당 아동이 치료제를 복용하지 않았을 때의 행동과 비교해야 한다. 최대치의 복용량을 사용했지만 주요 증후에 대해서는 별다른 개선을 보이지 않았을 때는 같은 방법으로 다른 대체 자극제를 사용해 보는 것이 유용하다. 이러한 방식 중에, 전체 80~90%의 아동이 여러 자극제 중에서 하나에 반응을 보인다(Wigal et al., 1999).

자극제 약물치료는 부주의, 과민성과 충동성 같은 핵심적인 ADHD 증세를 줄여 준다. 또한 인지능력이나 학습적인 기술에서는 별다른 개선을 보이지 않았지만, 학습 생산성에서는 개선을 보였다. 더 나아가 어떤 아동에게서는 반항적이고 공격적이고 충동적이고 태만한 행동에 대해서도 증후의 완화를 보였다. 해당 아동의 주요 증후에 치료제가 어떤 영향을 끼치는지를 측정하여 약물요법을 평가하는 것이 도움이 된다. 이런 증후는 치료제에 대한 반응으로 현저한 변화를 보일 수 있고, ADHD 아동에게 주요 장애의 원인이 되기도 한다.

자극제 약물요법의 주요 증후를 이야기할 때 단기적인 효능에 대한 근거는 꽤나 명확하지만 장기간의 효능에 대해서는 확실치 않다(Ingram, Hechtman, & Morgenstern, 1999). 국립정신과학회의 ADHD의 다중처치요법에 대한 연구에서 나온 결과는 신중하고 체계적인 방법으로 처방했을 때, 열네 달 동안 강력한 효과를 보았다고 지지하고 있다(Jensen, Hinshaw, Swanson, et al., 2001). 하지만 해당 아동이 같은 수준의 집중적이고 체계적인 관리를 받지 못한 이후의 7년간을 추적 연구하자(Molina et al., 2009), 어떤 아동의 경우 더 이상 약물치료요법을 행하고 있지 않았다. 계속 치료를 했던 몇몇 아동은 꾸준하게 증후가 개선되었고, 또한 치료를 중단했을 때에도 증후가 호전되었다. 몇몇은 계속 치료했음에도 불구하고 초기에 보였던 호전 양상은 지속되지 않았다. 취학 전 아동 및 청소년기 아동에 대한 장기간의 연구는 아직 부족하다.

이러한 세 개의 치료제인 덱스트로 암페타민, 메틸페니데이트, 혼합 암페타민염(덱스트로암페타민과 유사한 효과가 있는데, 덱스트로암페타민 약효 75%와 레보암페타민 약효 25%의 효과가 있음)은 효과, 부작용, 안전성의 유형에서 유사도를 보인다. 치료제의 전달구조에 의존하는 혈장 곡선(plasma curve)[2)]이나 작용 시간에서는 차이를 보인다. 또한 메틸페니데이트는 발작역치[3)]를 더 낮추지만 덱스트로암페타민과 혼합 암페타민염은 발작역치를 낮추지 않는다. 그럼에도 이 세 치료제 모두 재발작 증세를 일으키지 않고 발작장애와 ADHD 아동에게 발작장애를 적절하게 잘 관리하는 치료제로 쓰여 왔다. 심지어는 불안장애나 기분장애와 같은 다른 동반장애가 있는 ADHD 아동에겐 자극제 요법, 즉 ADHD 약물치료를 제일 먼저 실행하는 것이 대체적으로 선호되었는데, 이것은 ADHD에 따른 스트레스가 낮아지면 다른 동반 증후도 상당한 호조를 보이기 때문이다. 그렇지만 불안장애나 기분장애가 큰 비중을 차지하는 경우에는 자극제 약물요법보다는 다른 약물치료제나 행동교정요법을 먼저 시행하는 경우도 있다.

2) '혈장(plasma)' 은 혈액 속의 유형 성분을 부유시키는 액체인데, 단백질(가장 양이 많음)을 비롯하여 다양한 유기물이나 무기물(대부분의 무기질은 이온 상태로 혈장 속에 녹아 있다. 이들은 신체 내의 생명 현상에 불가결한 화학반응에 관계하는 것이 많음)을 녹인다. 이온 물질의 혈장 속 농도는 신장에 의해 엄중히 관리되고 있고, 이들의 농도를 나타내는 혈장 농도 곡선이 있다.

3) 약물 중독 환자의 발작(예, 경련 등) 한계선 또는 수치를 말한다.

자극제 요법에 대해서는 적지 않은 오해가 있다. 치료요법의 효과는 모순적이지 않다. 즉, ADHD가 있는 개개인이 자극제로 치료를 받을 때 침착해지고 집중력이 좋아지는 이유는 치료제가 근본적인 ADHD의 주요 증후를 개선해 주기 때문이다. 자극제 치료제(stimulant medication)는 도파민과 노르에피네피린 작용제 혹은 강화제로서, 이런 신경전달물질의 재섭취를 막아서 전두엽 피질과 뇌의 미상핵 부분에서 그 물질의 우선적 사용을 가능하게끔 해 준다. 일반적으로 병리생리학적인 쪽에서 보는 ADHD의 발생 이유는 뇌의 전두엽 피질과 미상핵 부분에서 도파민과 노르에피네피린이 상대적으로 부족해서 일어난다고 받아들이기 때문이다. 두 번째로 약물요법에서의 반응이 ADHD의 진단 테스트로 사용될 수는 없다. 왜냐하면 자극제는 여러 부분에서 활동 수행성(performance)을 증진하므로 ADHD가 없는 개인도 자극제를 복용했을 때 활동 수행성의 개선을 보일 수 있다. 정반대로 자극제에 어떤 반응도 보이지 않는 개인이 있다고 해서 ADHD라는 진단에서 배제할 수는 없는데, 소수의 ADHD 환자는 이 치료제에 대해서 반응을 하지 않기 때문이다. ADHD 아동, 청소년, 성인은 대개 자극제 요법을 그다지 선호하지 않고, 보통은 남용하지 않는다. 자극제를 남용하는 사람의 경우에는 주로 그들이 추구하는 환각 증세를 느끼게 하기 위해서 코로 흡입하거나 주사를 놓는다. 약물남용자는 대체로 ADHD를 치료하는 데 쓰이는 복용량보다 10배에서 100배까지의 양을 필요로 한다(Volkow & Swanson, 2003).

〈표 6-1〉은 자극제 약물요법의 여러 다양한 형태를 보여 준다.

표 6-1 미국 식품의약청이 승인한 치료제

	상품명	시작량	최대치 복용량	일일 횟수	공급법
자극제[4]					
혼합 암페타민염	아데랄(Adderall)	2.5~5mg/일	40mg/일	2~3회/일	5mg, 7.5mg, 10mg, 12.5mg, 15mg, 20mg, 30mg 정
	아데랄(XR Adderall XR)	10mg/일	40mg/일	1회/일	5mg, 10mg, 15mg, 20mg, 25mg, 30mg 캡슐
덱스트로암페타민	덱세드린/덱스트로스타트 (Dexedrine Dextrostart)	2.5mg/일	40mg/일	2~3회/일	5mg(덱스트로스타스만), 10mg 정
	덱세드린 스파슐스 (Dexedrine spasules)	5mg/일	40mg/일	1회/일	5mg, 10mg, 15mg 캡슐
리스덱스암페타민	바이반스 (Vyvanse)	30mg/일	70mg/일	1회/일	30mg, 40mg, 50mg, 60mg, 70mg 캡슐
메틸페니데이트	메틸린(Methylin)	5mg/일	60mg/일	2~3회/일	5mg, 10mg, 20mg 정
	리탈린(Ritalin)	5mg/일	60mg/일	2~3회/일	5mg, 10mg, 20mg 정
	리탈린 SR(Ritalin SR)	20mg/일	60mg/일	1~2회/일	20mg 캡슐

4) 모두 성분명이다.

	상품명	시작량	최대치 복용량	일일 횟수	공급법
	리탈린 LA (Ritalin LA)	20mg/일	60mg/일	1회/일	20mg, 30mg, 40mg 캡슐
	메타데이트 CD (Metadate CD)	20mg/일	60mg/일	1회/일	10mg, 20mg, 30mg, 40mg, 50mg, 60mg 캡슐
	콘체르타 (Concerta)	18mg/일	72mg/일	1회/일	18mg, 36mg, 54mg 캡슐
	데이트라나 (Daytrana)	10mg/일	30mg/일	9시간 동안	10mg, 15mg, 20mg, 30mg 붙이는 패치
덱스메틸페니데이트	포칼린(Focalin)	2.5mg/일	30~40mg/일	2회/일	2.5mg, 5mg, 10mg 정
	포칼린 XR(Focalin XR)	5mg/일	30~40mg/일	1회/일	5mg, 10mg, 15mg, 20mg 캡슐
선택적 노르에피네피린 재흡수 억제제					
아토모세틴	스트라테라 (Strattera)	0.5mg/kg/일	1.4mg/kg/일	1~2회/일	10mg, 18mg, 25mg, 40mg, 60mg, 80mg, 100mg 캡슐
알파 2A 아드레날린 촉진제					
구아파신	인투니브(Intuniv)	1mg/일	4mg/일	1회/일	1mg, 2mg, 3mg, 4mg 정

① 메틸페니데이트(Methylphenidate): 메틸페니데이트는 라세믹 화합물로 메틸페니데이트의 좌선성(레보: levo) 및 우선성(덱스트로: dextro) 이성질체를 모두 포함한다. 좌선성 이성질체는 신진대사가 빠르게 활성화되며 본질적으로 비활성의 성질이 있다. 단기간 작용하는 메틸페니데이트는 2~3시간의 반감기[5]가 있고, 약 4시간 동안 약효가 지속된다. 지난 수년간 메틸페니데이트 투여를 가능하게 하는 수많은 전달 시스템(물질)이 개발되었다. 새로운 전달 시스템은 치료제의 약효 시간을 늘리는 데 도움을 준다. 약효 시간을 늘리는 이유는 치료에 필요한 복용 횟수를 줄이고 특히 학교에서 약을 복용해야 하는 일을 피하기 위해서다. 가장 오래된 화합물은 지속성(sustained-release) 메틸페니데이트다. 이 전달 시스템에서 약효의 연장은 처음 기대치보다 낮았다. 대체적으로 약 5시간 지속되었다. 새롭게 개선된 시스템은 약의 방출을 즉각적으로 하거나 늦추는 기포의 혼합물을 사용하는 마이크로비드(Microbead) 기술을 사용하여(중간-지속성 메틸페니데이트: intermediate-release methyphenidate) 8시간의 지속력, 즉 기존 메틸페니데이트의 하루에 두 번 복용하는 것과 같은 효과를 보였다. 이 치료제는 주로 즉각적으로 작용하는 것과 지속적으로 작용하는 기포의 비율에 따라 여러 가지로 나뉜다. 비율이 50:50인 것은 리탈린(Ritalin) LA이고, 30:70인 것은 메타데이트(Metadate) CD다. 그러므로 좀 더 즉각적인 반응이 필요한 아동에게는 리탈린(Ritalin) LA를 썼을 때 반응이

5) 물질이나 원자 수가 1/2로 감소하는 데 소요되는 시간이다.

좋고, 오후에 반응을 필요로 하는 아동에게는 메타데이트 CD가 좀 더 반응이 좋다. 효과가 지속적인 덱스메틸페니데이트(포칼린 XR: Forcalin XR)는 즉효성과 지속성을 50:50으로 하는 혼합물이지만 어떤 경우에는 약효가 12시간이나 유지될 정도로 약효 지속력을 보인다. 삼투압 펌프를 이용하는 물질인 확장성 오로스 메틸페니데이트인 콘세르타(extended-release OROS methylphenidate: Concerta)는 10~12시간으로 가장 긴 약효 지속력을 보이고 있다. 이 캡슐은 위장 내에서 녹지 않기 때문에 처방을 하기 전에 아동의 위장관에 어떤 수축근이 있거나 위장관이 좁아져 있지 않은지를 확인하는 것이 중요하다. 피부에 부착하는 형태의 메틸페니데이트, 데이트라나(Daytrana)도 약효가 12시간까지 지속된다. 지속 시간은 아동에 따라서 개별적으로 달라질 수도 있는데, 12시간 지속되는 약물의 경우 추천하고 있는 9시간보다 미리 부착한 것을 떼 내어 봄으로써 아동의 요구조건에 맞춰 지속 시간을 알아낼 수 있다. 이 모든 치료제의 실제적인 지속력은 해당 아동별로 모두 다르다는 것을 유념하는 것이 중요하다(Greenhill et al., 1999).

메틸페니데이트의 가장 흔한 부작용으로는 식욕부진과 수면방해, 두통 등을 들 수 있다. 식욕부진은 종종 몇 개월 후에는 감소되기도 한다. 만약 해당 아동의 몸무게에까지 영향이 미친다면, 고칼로리 음식을 먹는 것이 부작용을 줄이는 데 도움이 될 수 있다. 해당 아동의 수면과 두통의 정도가 과거에 비해 현재 어떻게 달라졌는지 측정하는 것이 중요한데, 수면상의 문제는 치료와는 별도로 ADHD 아동에게 흔하게 나타나는 문제이기 때문이다. 해당 아동이 치료제에 너무 민감하거나 너무 과한 양을 복용했을 때에는 정신과적인 증후나 과잉집중하는 등의 증세를 나타낼 수 있는데, 이런 부작용은 때때로 복용량을 줄임으로써 완화되기도 한다. 과잉집중 증후는 대체적으로 치료받는 아동이 무관심해지는 증세가 뚜렷이 나타나는데, 부모는 이러한 증후를 "좀비같이 보인다."라고 표현하기도 한다. 메틸페니데이트는 또한 틱(tics)이나 만성 틱 장애와 뚜렛증후군[6] 등과 같은 것에 영향을 미칠 수 있다. 그렇지만 이런 영향은 때때로 이 치료제 때문인지 판단을 내리기가 어려운데, 그것은 틱이나 틱 장애의 일반적인 과정을 보면 좀 심했다가 잦아들었다가 하기 때문이다. 틱이 있는 아동이 메틸페니데이트를 필요로 하는 경우에 대략 1/3은 틱 증세가 심해지고, 1/3은 틱 증세가 완화되고, 1/3은 아무 별다른 차이가 없다고 보고되었다(Tourette's Syndrome Study Group, 2002).

개별 아동마다 자극제 요법에 대한 반응이 각양각색으로 다양하기 때문에 아동의 신체 크기에 따른 복용량은 다른 치료제에서처럼 깊은 상관관계를 보이지 않는다. 가장 적절한 과정으로는, 처음에 제일 낮은 양인 메틸페니데이트 5mg으로 시작하여(5세 이전에는 메틸페니데이트 2.5mg) 점차적으로 양을 늘려 최소한의 부작용을 보이는 최적의 양으로까지 진행하게 되는데, 최대치로는 하루에 60mg을 넘어서는 안 된다(즉효성 약제의 경우에는 20mg이 최대치다). 즉효성 메틸페니데이트 약제는 해당 아동의 증후 완화와 가족

6) 목의 연축이나 성대 경련 따위의 불수의 운동을 되풀이하는 질환

의 요구에 따라 하루에 두세 번까지 사용 가능하다. 지속적으로 방출하는 약제의 경우, 주로 하루에 한 번 투여하기 때문에 해당 아동과 가족 모두에게 복용이 용이하다. 그러나 좀 더 긴 지속력이 요구되는 경우, 8시간의 지속력이 있는 치료제는 하루 중 투약 효과 지속 시간 외의 나머지 시간을 위해서 추가적으로 즉효성 약제의 복용이 필요하다. 이렇듯 오후의 지속력이 낮은 자극제를 복용하게 할 치료 계획은 지속성 약제가 수면장애를 더욱 심화시켰을 때 사용할 수 있다. 어떤 아동의 경우에는 8시간의 지속력이 있는 치료제만을 요한다. 예를 들어, 집중력이 부족한 유형의 경우 주로 학교에서 문제가 있으므로, 아침과 오후 시간에 약을 먹거나 혹은 8시간의 지속력이 있는 약을 하루에 한 번 복용한다. 반면에 주요 증후가 결합된 유형의 경우에는 하루에 세 번 약을 먹거나 12시간 지속되는 약을 먹는데, 그 이유는 아동의 학교나 집 모두에서 문제가 있기 때문이다.

새로운 지속성 약제(extended release)의 경우, 모두 어느 정도는 즉효성의 성분이 있다. 오로스 메틸페니데이트인 콘세르타(extended-release OROS methylphenidate: Concerta)의 경우, 10mg씩 하루 세 번 복용하는 메틸페니데이트에 해당하는 양에 즉효성의 8mg(이중 70%에 해당하는 지속성 약효의 6mg이 복용되는 셈임)을 더해서 36mg이다. 리탈린(Ritalin) LA나 덱스메틸페니데이트(Forcalin XR)는 즉효성과 지속성의 비율이 50 : 50이기 때문에 20mg의 캡슐은 10mg의 즉시 효과가 있는 양을 복용해야 하며, 10mg씩 매일 두 번 복용하는 것과 같다. 30 : 70의 비율인 메타데이트(Metadate) CD는 6mg

즉효성의 약효가 있다.

정기적인 일반 혈액검사를 시행하는 것은 메틸페니데이트 처방에서 기본적인 지침이지만, 그러한 혈액검사가 필요한 것인지는 연구되지 않았고, 어떠한 특정 실험실 평가(검사)도 요구되지 않는다. 메틸페니데이트의 혈중 농도와 행동 변화는 상관관계가 없기 때문에 임상적으로는 잘 활용하지 않는다. 미국 심장협회에서는 최근 심장 병력이 있는지를 확인하는 것과 심전도(EKG) 검사를 하는 것을 권고하였다. 아주 흔치 않은 경우이긴 하지만, 시판 후 부작용 조사에서 급사로 사망하는 경우가 발견되었기 때문이다. 그러나 자극제 치료를 받지 않은 아동과 치료받은 아동의 급성 심장사 비율이 서로 비슷하기 때문에, 일반적으로 자극제 요법으로 치료했던 사람이 보통의 일반인보다 어떤 위험요인이 증가했다는 주장은 확실치 않다. 급성 심장사의 경우는 매우 곤혹스러운 일이지만 그런 경우는 아주 드물다. 그러므로 심전도 검사의 비용 및 어려움, 위양(false positives)[7]의 효과 측면은 미국 소아과학회나 미국 아동 및 청소년 정신과학회에서 심장학회의 권고를 지지하지 않는 이유다. 하지만 급성 심장사, 심근경색증의 조기 발병, 선천적인 심장병에 대한 가족력을 살펴보는 것은 중요한데, 확실한 부정맥 및 조기 죽상동맥경화증이나 비대심근병과 기타 심장병의 위험요인을 증가시킬 수 있는 가능성을 제시해 주기 때문이다. 고혈

7) 선별평가에서 부정확한 판단(심층평가에 대한 잘못된 의뢰 결정)이 내려진 경우의 하나로서 아동이 더 심층적인 평가로 의뢰되는 것이다(특수교육이 불필요한 대상인데 잘못 의뢰된 경우임).

압, 심장병, 가슴 통증, 가슴 두근거림, 호흡곤란, 실신, 운동 중 현기증 등의 가족력은 살펴보아야 하며, 또한 심장검사 및 혈압, 심박수는 검사해야 한다. 비정상적인 소견에 대해서는 전체적으로 검사해 봐야 하며, 이런 비정상적인 검사 소견이 있는 아동의 경우에는 어느 자극제가 되었든 치료를 시작하기 전에 소아 심장전문의의 자문을 받는 것을 고려해야 한다.

② 암페타민(Amphetamines): 암페타민의 효과나 부작용은 거의 메틸페니데이트와 유사하다. 단기간 작용하는 덱스트로암페타민의 경우, 반감기가 3~4시간이고 약효 지속 시간은 약 5시간 정도다. 메틸페니데이트과 같이 가장 흔한 부작용으로는 식욕부진, 수면장애와 두통을 들 수 있다. 메틸페니데이트와 암페타민의 부작용의 측면에서 주요 부분의 내용은 동일하고 몇 가지 아주 작은 차이가 있을 뿐이다. 덱스트로암페타민의 경우, 식욕부진을 더 강화하되, 발작의 역치(seizure threshold)를 더 낮추지는 않는다. 식욕부진은 몇 개월 후에 종종 감소되기도 하지만 해당 아동의 몸무게에 영향을 끼친다면 고칼로리 음식이 도움이 될 수 있다. 해당 아동의 수면과 두통의 정도가 과거에 비해 현재 어떻게 달라졌는지 측정하는 것은 중요하다. 앞서 말했던 대로, 수면상의 문제는 약물치료와는 별도로 ADHD 아동에게 흔히 나타나는 문제다. 메틸페니데이트를 복용할 경우와 마찬가지로 해당 아동이 치료제에 너무 민감하게 되었거나 너무 과한 양을 복용했을 때에는 정신과적 증후나 과잉집중하는 등의 증후를 나타낼 수 있다. 이런 부작용은 때

때로 복용량을 줄임으로써 완화되기도 한다. 메틸페니데이트가 틱(tics) 증후에 어느 정도 영향을 끼치는지 알아내는 것과 마찬가지로 암페타민에서도 어렵기는 마찬가지다.

메틸페니데이트처럼 개별 아동마다 자극제 요법에 대한 반응이 각양각색으로 다양하기 때문에 아동의 신체 사이즈에 따른 복용량은 다른 치료제에서처럼 그다지 높은 상관관계를 보이지는 않는다. 가장 적절한 과정으로는, 처음에 제일 낮은 양으로 시작하여(5mg 또는 5세 이전에는 2.5mg) 점차적으로 양을 늘려서 최소한의 부작용을 보이는 최적의 양으로까지 진행하게 되며, 최대치로는 하루에 40mg을 넘어서는 안 된다. 덱스트로암페타민의 경우, 해당 아동의 증후 완화와 가족의 선택에 따라 하루에 두세 번까지 사용 가능하다. 덱스트로암페타민은 메틸페니데이트보다 약간 더 지속력이 길다. 메틸페니데이트처럼 실험실 내에서의 검사는 필요치 않고 혈중 농도 검사도 임상에서 적용하지 않는다. 심전도를 검사하는 문제에 대한 논의는 동일하다(Greenhill et al., 1999).

③ 혼합 암페타민염(Mixed Amphetamine Salts): 혼합 암페타민염(Adderall)은 75%의 덱스트로암페타민과 25%의 레보 암페타민의 혼합물이다. 아데랄(Adderall)은 메틸페니데이트보다 약효가 오래가는데, 덱스트로암페타민과는 비교하여 평가된 적이 없어서 치료나 부작용에 어떤 차이가 있는지 알려져 있지 않다. 50%의 즉효성 약제와 50%의 지연성 약제로 이루어진 지속 기포기술(extended bead technology)을 사용하는 지속성 약제 아데랄 XR(extended-release formulation Adderall XR)은 좀 더 길고 좀 더 효과적인 작용을 한다. 대체적으로 10~12시간 정도의 약효를 보이는 것으로 추정된다(Faraone, 2007).

④ 리스덱스암페타민(Lisdexamfetamine): 리스덱스암페타민 바이반스(Vyvanse)는 전구약물로서 필수아미노산인 라이신을 분자로 쪼개며, 적혈구 안에서 펩티다제의 작용에 의해 혈류(bloodstream) 내에서 덱스트로암페타민으로 바뀌게 된다. 전구약물로 섭취되어야 암페타민처럼 활성화된다. 이런 특성 때문에 코로 흡입하거나 주사로 놓는 등의 기분전환 용도로 쓰이거나 남용할 가능성이 낮다. 그러나 어떤 면으로는 다른 자극제 치료약물처럼 그 사용에서 유사한 제한점이 있다(분류 유형 II: Class II). 이 약물의 대사과정은 약효 지속력이 10~12시간 정도로 길어서 하루에 한 번만 복용하면 된다. 최근의 연구에 따르면 복용한 후 13시간째에서도 약효가 나타났다고 보고되었다(Najib, 2009).

(2) 비자극제 치료요법

ADHD 아동 중에는 어떤 자극제에도 반응하지 않는 경우, 심각한 부작용이 나타나는 경우, 부작용을 견딜 수 없는 경우가 있어서 자극제를 쓰지 않는 대체요법을 찾으려는 관심이 높아져 왔다. 이외에도 CLASS II의 제한을 받지 않는 치료제를 찾기 위해서, 또 약물 중독자인 ADHD에게 적용하기 위해서, 가족 중에 약물남용자가 있어서, 자극제를 약물로 남용할 수 있는 우려가 있어서 ADHD

의 치료를 위한 대체요법을 찾으려고 노력을 들여 왔다.

① 아토모세틴(Atomoxetine: Strattera): 아토모세틴은 선택적 노르에피네피린 재흡수 억제제로 그 효능은 30개가 넘는 무작위 대조연구에 근거하고 있으며, ADHD 아동, 청소년 성인을 치료하는 목적으로 FDA가 승인하고 있다. 아토모세틴의 반감기는 4~19시간이다. 대체적으로 하루에 한 번 복용하도록 처방되지만 하루에 두 번 나눠 먹도록 할 수도 있다. 대표적인 부작용으로는 식욕부진, 위장장애(gastrointestinal upset), 졸음 등이 있다. 드물게 간독성(hepatotoxicity)이 일어날 수 있고, 초기 연구에 참여한 아동을 재정신분석한 결과, 자살 시도는 없었지만 자살충동을 증가시킨다고 하는 아주 드문 보고가 있다. 이 보고로 FDA는 자살충동의 문제점에 대해서 감찰하라는 경고를 보냈다. 아토모세틴은 사이토크롬(cytochrome P450, 2D6)을 통해 체내에서 신진대사화된다. 대부분의 아동은 신진대사율이 매우 빠르지만 어떤 아동은 느리다. 신진대사가 느려지는 요인을 판별할 임상적 관련성은 아직 모호한 채로 남아 있다.

아토모세틴은 남용할 가능성이 없으므로 분류 유형 II(CLASS II)의 치료제가 아니다. 아토모세틴은 자극제 요법을 사용할 때처럼 행동 차이가 급격하게 나타나지는 않기 때문에, 특히 아토모세틴 이전에 자극제 요법을 썼던 해당 아동과 가족은 그 개선 정도를 알아차리지 못할 수도 있다. 이런 느린 변화 때문에 적정 기간 동안 면담 평가나 치료제의 효과를 평가하는 평가표 작성을 통해서 주요 증후를 모니터하는 것이 아주 중요하다. 왜냐하면 이런 변화는 아주 미묘하게 나타날 수 있기 때문이다. 대조군 실험에서는 효과가 낮 시간 동안만으로 기록되어 있지만, 10시간 이상 계속된다는 의견도 있다(Vaughan, Fegert, & Kratochvil, 2009).

② 알파 아드레날린 제제(Alpha-Aldrenergic Agents): 새롭게 승인된 다른 치료제로는 알파 2 작용제의 지속성 약제인 구안파신(Intuniv)이 있다. 이것이 승인되기 이전에 알파 아드레날린 치료제로 ADHD 환자를 치료하는 데 쓰인 것은 클로니딘(Catapres)과 구안파신(Tenex)이다. 이 치료제는 혈압강하제로 승인되었으나 더불어 알파 노르아드레날린 촉진제로 중추신경계에 영향을 미친다. 최근까지 FDA는 이 제제를 승인하지 않았는데, 그 이유는 효능의 증거가 제한된 데다가 제약회사가 승인을 받는 데 별로 신경을 쓰지 않았기 때문이다. 지속성 약제인 구안파신의 최근 승인은 두 개의 대규모 다지역 무작위 대조군 연구(Biederman, Melmed, Patel, McBurnett, Konow et al., 2008; Sallee et al., 2009)와 두 개의 장기간 안전성 및 유효성 개방 표지 실험을 근거로 해서 받았다(Biederman, Melmed, Patel, McBurnett, Donahue et al., 2008; Sallee, Lyne, Wigal, & Donahue, 2009). ADHD와 틱 장애가 있는 아동에 대해서는 조금 더 작은 규모의 연구가 있었다(Scahill et al., 2001). 구안파신은 반감기가 24~36시간이므로 자극제보다 그 작용에서 느린 반응을 보인다. 권장되고 있는 구안파신의 일일 복용량은 1~4mg이다. 구안파신의 부작용으로는 진정작용, 피로감, 식욕부진, 입안건조증 및 저혈

압이 있다. 구안파신의 진정작용은 클로니딘(clonidine)의 진정작용[8]보다는 덜하다. 구안파신의 사용을 중단하려 할 때, 반동에 따른 혈압 상승의 가능성을 줄여 주기 위해서 3~7일마다 1mg보다 더 적은 양으로 줄여 나가는 것이 권장된다.

2) ADHD 치료를 위해 사용되어 온 FDA 비승인 치료요법

이 부분에 소개하는 약물요법은 ADHD 개인에게 사용하여 왔으나 FDA에서는 승인하지 않은 치료요법이다. 이 치료제는 효능을 증명할 만한 충분한 근거가 없고 부작용이 좀 더 심하거나 안전성이 매우 떨어진다. 자극제인 아토모세틴과 지속성 구안파신이 먼저 적용되어 효과적이지 않다고 판명되거나 심각한 부작용이 일어나지 않는다고 판정되는 경우를 제외하고는, 이들의 사용은 허락되지 않는다. 좀 더 좋은 효과성이 입증된 행동중재방법 또한 이러한 부차적인 약물요법을 고려하기 전에 시도해야 한다.

(1) 알파 아드레날린 제제(Alpha-Aldrenergic Agents)

ADHD 아동을 치료하는 데 쓰인 즉효성 알파 아드레날린 치료제는 클로니딘(Catapres)과 구안파신(Tenex)이다. 이들은 항고혈압제로 승인되었으나 또한 알파 노르아드레날린 촉진제로 중추신경

8) 중추 신경에 작용하여 지각 신경 · 운동 신경의 이상 흥분을 눌러 진정시키는 효과를 내는 것을 말한다.

계에 영향을 미친다. 그러나 ADHD 아동을 치료하는 데 그 효능성의 근거가 두 가지 연구로 제한된다. 좀 더 최근에는 지속성 구안파신에 대한 부차적인 연구가 완료되어 FDA의 승인을 받았으며 앞서 기술되었다. 알파 아드레날린 치료제는 반감기가 24~36시간이므로 자극제보다 그 작용이 느리다. 평균 일일 복용량은 하루에 0.5~4mg이다. 그 부작용으로는 진정작용(클로니딘에서는 좀 더), 피로감, 식욕부진, 입안건조 및 저혈압이 있다. 클로니딘과 메틸페니데이트의 조합으로 치료했던 아동 중에서 몇몇이 급사로 사망하는 경우가 있었다. 그렇지만 그 죽음이 치료제 때문이라는 것은 확인되지 않았다. 약 사용을 중단할 때 치료제를 서서히 끊는 것이 중요하고 치료제를 사용하는 동안에 혈압을 자세히 모니터링하는 것 또한 중요하다. 대체로 클로니딘은 ADHD 개인이 흔히 겪게 되는 수면장애를 치료하고자 할 때 사용한다(Palumbo et al., 2008; Posey & McDougle, 2007).

(2) 삼환식 항우울제(Tricyclic Antidepressants)

ADHD를 치료했던 삼환식 항우울제로는 이미프라민(imipramine: Tofranil), 데시프라민(desipramine: Norpramin), 노트립틸린(nortriptyline: Pamelor) 등이 있다. 이들의 작용기제는 세로토닌과 노르에피네피린의 재흡수를 억제하는 것이지만 동시에 항콜린 효과[9)]

9) 항콜린성 작용으로서 구강건조, 시야장애, 변비 등 자율신경계 및 심혈관계 부작용을 일으키는 것을 말한다.

도 있다.

ADHD 증후에 대한 효능은 약 20개의 무작위 대조군 실험 연구에서 좋은 결과가 나왔다. 삼환식 항우울제는 장시간 작용하며 치료효과를 보기까지 며칠이 걸린다. 반감기 평균은 28~36시간이고 평균 일일 복용량은 25~150mg(1~5mg/kg)이다. 삼환식 항우울제의 경미한 부작용으로는 진정작용, 입안건조와 식욕부진과 같은 항콜린 효과가 있고 가장 주목할 만한 부작용으로는 심부정맥이 있다. 안전성이 낮기 때문에 대부분의 부정맥 사례의 경우에는 과다복용량과 관련이 있기는 하지만, 적어도 데시프라민의 경우에는 치료 중인 시점에서 급성 심장사가 일어날 수 있다. 항우울제를 처방할 때는 적정치의 복용량에 이르기까지 복용량을 바꿀 때마다 심전도를 모니터링하는 것도 중요하다. 혈중 농도 또한 150~250mg/ml 사이가 되도록 그 수준을 유지하는지 계속 확인해야 한다(Banaschewski, Roessner, Dittmann, Santosh, & Rothenberger, 2004).

(3) 부프로피온(Bupropion)

부프로피온(Bupropion: Wellbutrin)은 어떤 기제로 어떻게 작용하는지 확실치 않은 항우울 치료제다. 이는 약한 도파민 작용제(agonist)이고 신체 내 노르에피네피린을 감소시킨다. 그러나 이 두 작용이 어떤 임상적인 결과를 낳는지 설명할 수는 없다. ADHD 아동을 치료하는 것에 대한 효능은 하나의 다지역 연구로 증명되었는데, 위약(placebo: 속임 약물)보다는 효능이 현저하게 좋지만 자극제만큼 강력하지는 않다는 결과가 나왔다. 부프로피온의 반감기는 8~24시간이므로 하루에 두 번이나 세 번 복용하는 것으로 처방이 된다. 부작용으로는 불안, 경련 역치의 감소, 식욕부진, 불면증, 그리고 현기증 및 구토증세가 있다. 부프로피온으로 ADHD 아동을 치료할 때 적절한 복용량으로는 하루에 두 번이나 세 번씩 50~75mg을 복용하는 것이다. 이 약물요법은 실험실에서의 모니터링을 요구하지 않는다(Conners et al., 1996).

(4) 모다피닐(Modafinil)

모다피닐(Modafinil: Provigil)은 성인에게 발작성 수면 같은 수면 이상증세를 치료하는 데 승인된 각성 촉진제다. 최근 ADHD 아동을 대상으로 모다피닐에 대한 세 가지 연구가 있었다. 이는 총 638명의 아동 중 모다피닐을 사용한 아동이 플라시보군(위약 투여 집단군)과 비교했을 때 유의한 개선을 보였다. 그러나 FDA는 이 약제에 대해서 승인을 하지 않았는데, 이 연구에서 두 명의 아동이 발진과 잠재적으로 심각한 약물 반응이 있는 스티븐 존슨 신드롬(Stevens-Johnson syndrome)[10]을 보였기 때문이다. 모다피닐의 반감기는 성인의 경우 15시간이다. ADHD 아동을 대상으로 한 3개의 대조군

10) 몇몇 피부병이 악화된 형태로 피부의 박탈을 초래하는 전신성의 질환이다. 화상의 치료법과 거의 유사한 방법으로 치료한다. 고열, 두통, 권태감, 목과 입안의 통증, 관절통 등이 주된 증상이며, 대부분은 얼굴, 손, 발 등에 수도성·출혈성 발진, 폐렴, 위장관에 이상이 생기고, 장기의 손상과 실명을 초래할 수도 있다.

연구 중 두 개의 연구에서 30kg 이하의 아동은 340mg, 30kg 이상의 아동은 425mg의 양을 사용했다. 세 번째 연구는 여러 개의 적정량을 사용했는데 평균치는 361mg이었다.

이 복용량은 1, 3, 8, 15, 22일의 시일을 두고 85mg씩 늘리면서 적정량을 투약했다. 가장 흔한 부작용으로는 불면증, 두통, 식욕부진이다(Biederman & Pliszka, 2008).

3) 약물요법 관리

어떤 특정한 치료제에 대한 반응은 개인에 따라 매우 특유한 것이기 때문에 아동별로 가장 효과적인 약과 복용량을 정하기 위해 체계적인 과정을 거치는 것이 중요하다. 또한 가족에게 해당 아동을 위한 최적의 치료법이 무엇인지 알아내는 데는 한 달에서 두 달 정도까지 시간이 걸린다는 것을 미리 알려 주어 대비시키는 것도 중요하다. 메틸페니데이트와 암페타민은 성질이 비슷하기 때문에 어떤 약으로 먼저 시작할 것인지에 대해선 해당 아동, 가족, 담당 의사의 개인적 선호도에 달려 있다. 제일 적은 양으로 시작하는 것이 가장 좋으므로 취학 전 아동에겐 메틸페니데이트 2.5mg에 해당하는 양을 사용하고, 그 외의 아동과 성인에겐 5mg을 사용한다. 아니면 암페타민 화합물을 아동과 성인 모두에게 2.5mg씩 하루에 두세 번 사용한다. 복용량은 매 3~7일마다 복용 시 2.5mg이나 5mg씩 늘리는데, 암페타민의 경우엔 최대 40mg, 메틸페니데이트의 경우엔 60mg까지 늘릴 수 있다. 만약 처음 선택한 자극제(메틸페니데이트 혹은 암페타민)를 최대치까지 사용했는데도 아무 개선의 양상을 보이지 않거나 심각한 부작용이 나타나는 경우에는 나머지 다른 쪽의 자극제를 시도해 보는 것이 좋다.

치료받는 아동의 자극제에 대한 초기 반응을 확인하는 최고의 방법은, 진단할 때 사용하는 18가지 주요 증후를 모니터링하는 것이다. 밴더빌트 평가척도(Vanderbilt Rating Scales)(Wolraich, Feurer, Hannah, Pinnock, & Baumgaertel, 1998)나 ADHD 평가척도 IV(DuPaul, Power, Anastopoulos, & Reid, 1998)와 같은 『정신장애의 진단 및 통계 지침서 4판(Diagnostic and Statistical Manual of Mental Disorders, Fourth Edition: DSM-IV)』(American Psychiatric Association, 1994)의 준거(criteria)에 근거한 평가척도는 부모와 교사에게서 정보를 얻을 수 있다. 많은 아동의 경우, 주요 증후의 횟수와 심각성을 0~3으로 보았을 때, 50~70% 정도로 낮추는 것이 가능하지만 담당 의사는 적어도 25~35% 정도로 낮출 수 있도록 애써야 한다. 만약 가능하다면 주요 증후에 대한 관찰보고는 하나 이상의 정보원에게서 얻는 것이 이상적이다. 아동의 경우 정보의 출처는 주로 부모나 교사가 되는데, 해당 아동은 자신의 증세에 대해서 정확한 보고를 하지 못하기 때문이다. 그렇지만 청소년의 경우에는 나이가 어린 아동의 경우에서와 마찬가지로 정확한 보고는 할 수 없어도 일반적으로 치료의 효과와 부작용의 자기평가 정도는 제공한다는 점에서 낫다고 할 수 있다(Kramer et al., 2004; Romano, Tremblay, Vitaro, Zoccolillo, & Pagani, 2001; Smith, Pelhamm, Gnagy, Molina, & Evans, 2000).

복용량을 적정화(titration)하고자 할 때, 전화, 팩스, 이메일이나 컴퓨터 데이터 시스템을 통해서도 모니터링할 수 있다. 장기간 모니터링할 경우, 초기 6개월 동안은 한 달에 한 번 정도 방문하는 것이 도움이 된다. 키, 몸무게, 혈압 등의 측정뿐만 아니라 해당 아동과 가족에게 미치는 유익한 효과와 부작용에 대해서 좀 더 자세하게 확인해 보는 것이 좋다. 이러한 방문 또한 주요 증후에서의 변화가 치료 목적에서 정의한 바대로 기능을 개선하고 있는 것이라면, 도달 목표를 재검토하는 좋은 계기가 될 수 있다. 뒤이어 증후 개선이 안정적이라면 진행 중인 방문 관리의 횟수도 해당 아동의 필요에 따라 더 줄일 수 있다.

자극제를 사용하여 하루에 약물의 효과 범위를 몇 시간으로 할 것인지는 해당 가족과 상의가 필요한 중요한 일이다. 특히 가족이 최소한의 자극제 사용을 선호하는 경우에, 숙제가 많지 않은 주의력결핍 유형의 ADHD 아동은 주말과 여름방학을 빼고 약효 시간을 하루 8시간으로 정할 수도 있다. 대신 혼합 유형의 아동은 12시간 약효를 필요로 할 가능성이 높아 일주일 내내 치료제를 복용해야 한다. 청소년의 경우에는 약물치료의 적용 범위를 몇 시간으로 할 것인가 하는 만큼 치료 시기를 고려하는 것도 필요하다. 대학생의 경우, 좀 더 혼란스럽고 변화가 많기 때문에 적용 범위를 넓게 정하는 것이 어렵다. 대학생은 공부할 때나 시험 볼 때 혹은 보고서를 쓸 때 같이, 특정한 때에 즉효성 약물을 사용할 수 있도록 부탁하기도 한다. 또한 청소년에게는 처방받은 치료제의 오용을 막기 위해서 경고해 줘야 한다. 만약 그런 오용 과정에 연루된다면, 그러한 청소년은 심각한 법적 위험에 빠질 수 있기 때문이다.

아토모세틴도 복용량의 적정화 과정이 필요하지만, 그 효과가 아주 빠르지 않기 때문에 다른 자극 치료제의 경우와는 다르다. 2~4개월에 걸쳐서 아주 점진적으로 변화가 일어나기 때문에 그 변화를 알아채기 어려울 수도 있다. 부모와 교사가 주요 증후에 대해서 평가척도를 사용하는 것이 그러한 변화를 객관화하는 데 도움이 된다. 지속성 구안파신도 그 효능이 느려서 눈에 띄게 변화가 나타나지는 않는다.

많은 아동이 몇 년이 지나면 치료제 사용을 중단한다. 그중 많은 수가 ADHD의 주요(핵심) 증후를 보상해 줄 수 있는 능력의 개선을 보이기도 하고 또 치료제 없이 잘 생활하기도 하지만, 많은 수가 지속적인 치료를 통해 그러한 혜택을 지속한다. 누가 치료제 요법을 계속 적용할 것인가 하는 것은 해당 아동과 그 부모가 아동의 상태에 대해 얼마나 알고 있는지, 치료의 결과로 얼마만큼 효과를 보고 있다고 느끼는지, 부작용이 얼마나 심각한지, 치료제를 어떻게 복용했는지에 달려 있다.

2. 심리사회학적 치료

가장 효과적인 심리사회적 치료는 가정 및 학교 환경에서 부모와 교사가 시행하는 행동수정 전략을 포함한다(Pelham & Fabiano, 2008 참조). 특히 증후 관련 행동과 연관 장애에서 긍정적 강화와 가벼운 벌의 사용은 상당히 큰 효과(효과 크기, 0.80 이상)를 보여 왔다(Fabiano et al., 2009). 부가적으로, 사회성 행동 및 또래와의 관계 형성을 증진하는 데 초점을 두고 있는 집단 및 개별 중재는 적용 현장에서 일관성 있게 시행되었을 때 효과적이었다(Pelham & Fabiano, 2008).

1) 가정기반의 행동치료

ADHD의 발전에는 생물학적(유전적) 요소와 환경적인 요소 간의 복합적인 상호작용이 포함된다(Nigg, 2006). 그러므로 가족 환경은 확실히 유전적인 발생과 함께 불순종, 분노 조절 및 공격성 같은 변화하고 있는 행동의 유지에 영향을 미친다. 많은 연구는 이와 같은 어려움을 개선하는 데 단기간 이상의 부모 대상 행동 훈련의 효과를 보고하였다(Pelham & Fabiano, 2008 참조). 부모훈련에는 부모에게 문제행동을 줄이고 가족의 상호작용을 증진하기 위한 행동수정 기법을 직접 교수하는 것이 포함된다. 특히 부모는 문제행동을 확인하고, 객관적인 용어로 이것을 기술하고, 가장 기본적인 교육적 사정 정보를 수집하고, 다양한 방법으로 행동을 예견하고 또 적절한 전략을 실행하도록 훈련받는다. ADHD 및 관련 충동성 행동장애 아동을 위해 고안한 부모훈련 프로그램이 다양하게 출간되고 있다(Barkley, 1987; Cunningham, Bremner, & Secord-Gilbert, 1998; Webster-Stratton, 1996). 비록 부모훈련 계획안(프로토콜)은 특정 요소(예, 토큰 강화 및 벌의 활용)를 중시하는 것과는 다른데, 모든 효과적인 훈련 프로그램에는 일반적으로 존재하는 여러 개의 원리와 절차가 기초가 되고 있다.

첫째, 모든 부모훈련 프로그램의 중요한 요소는 실증적으로 지지받고 있는 행동 전략에 대한 활용상의 체계적인 교수다. 이러한 전략은 목표행동에 대한 직접적인 변화와 아울러 선행사건 및 후속결과의 행동수정을 포함한다. 선행사건 또는 '유인제(trigger)'는 목표행동 전에 일어난 환경적 상황(사건)이며, 반면 후속결과 또는 '반응'은 목표행동이 일어나고 난 후의 환경적 사건이다. 예방적인 전략(preventive strategies)이란 부모가 행동이 일어나기 이전에 선행사건을 바꾸는 것을 포함한다. 예를 들어, 만약 아동이 갑자기 어떤 활동을 하다가 다른 활동으로 바꾸라는 요청(예, 장난감을 치우라거나 저녁식사 테이블로 오라고 하는 것)에 불같이 성질을 부린다면, 그때의 예방적인 전략에는 부모가 활동의 변경 전에 한두 번 정도 예고해 주는 것이 포함된다. 교수적 전략(instructive strategies)이란 아동이 목표를 완수할 수 있도록 다양하고도 좀 더 적절한 방식의 방법을 제공하는 것이다. 예를 들어, 만일 아동이 장시간의 숙제를 하면서 좌절하거나(욕구불만에 차거나) 주의가 흐트러졌다면, 아동에게 숙제를 하는 동안 몇 번 정도 휴식을 요청할 수 있도록 가르칠 수 있다. 휴식을 요청하는 것은 일시적으로 욕구불만을 피하게 하기 위한 좀 더 적절한 방법이다.

후속결과중심 전략(consequence-based strategies)은 목표행동을 변화시키기 위해서 후속결과를 수정하는 것이 포함된다. 후속결과중심 전략에는 목표행동을 증가시키기 위하여 고안된 긍정적 강화

(예, 부모의 칭찬, 토큰 강화)가 포함된다. 다른 방법으로, 특정 행동을 감소시키기 위해 고안한 전략에는 벌(예, 긍정적 강화와 구별되는 타임아웃, 반응대가)이 포함된다. 프로그램을 훈련받고 있는 모든 부모가 벌보다는 상대적으로 긍정적 강화를 더 많이 사용할 것을 강조한다. 더욱이 효과적인 가정중심 행동수정 계획은 세 가지 구성요소(예방적인, 교수적인, 또 후속결과중심의) 모두를 포함한다. 사실상 세 가지 구성을 모두 포함하고 있을 때는 좀 더 시간과 비용면에서 효과적인데, 왜냐하면 후속결과에 대한 필요가 줄어들기 때문이다(아마도 예방적 · 교수적 접근 방법에 대한 효과에서 기인된 것으로 추정됨).

둘째, 모든 부모훈련 프로그램의 중요한 특징은 연장된 기간 동안 행동수정 원리에 순차적으로 노출시키는 것이다. 이러한 정보에 대한 위계적이고도 간격을 둔 제공은 부모가 훈련 프로그램의 근본적 이유와 각 절차의 특징을 이해할 수 있도록 불완전한 이해의 여지(odds)를 향상하게 된다. 또한 치료 회기 사이에 설명한 전략을 실행해 볼 기회를 얻을 수 있을 것이다. 대개 부모 교육은 두 달 이상 8회기 동안 또는 일주일 혹은 이주일에 한 번씩 치료 회기가 제공된다. 부모는 발달상의 맥락에서 ADHD 및 관련 행동장애에 대하여 처음으로 안내받는다. 그런 다음 선행사건중심의 예방적인 전략이 적용되고, 이후 교수적 전략과 후속결과중심의 접근이 이어진다. 긍정적 강화 기법은 벌보다 먼저 소개되는데, 왜냐하면 전자인 긍정적 강화 기법의 적용이 후자인 벌의 필요를 감소시키거나 배제시킬 수 있기 때문이다. 마지막으로, 1회기 또는 2회기에는 부모에게 한 차례 치료가 종결되는 시점에, 그들이 자신의 문제를 해결하기 위해 활용할 수 있는 전략을 제공하는 것에 치중하게 된다. 또한 많은 부모훈련 프로그램은 부모가 효과적으로 기법을 활용할 수 있도록 돕기 위해, 이후 어느 한 시점에서 실시할 한 차례 이상의 보조 치료 회기를 포함하게 된다. 〈표 6-2〉는 전형적인 부모훈련 프로그램에서 적용하고 있는 주제의 예시를 제공하고 있다.

셋째, 부모훈련 프로그램의 중요한 특징은 부모가 행동 전략을 시행하는 방법에 대하여 특정 교수를 제공받아야 한다는 것과 실행 결과에 기초하여 치료사에게서 피드백을 받아야 한다는 것이다. 비록 프로그램이 강의식 교수, 집단 토론, 안내된 실행 간의 상대적인 균형에 대한 입장이 다르다고 할지라도, 모든 효과적인 프

표 6-2 주제(topics)에 따른 부모훈련 순서의 실례

회기	주제
1	ADHD 및 관련 장애에 대해 개괄하기
2	바뀌어 가고 있는 행동과 관련된 일반적 기능 및 행동 원리에 대해 개괄하기
3	예방 전략 활용하기(예, 효과적인 코멘트)
4	교수적 전략 활용하기(예, 행동을 바꾸기 위해 직접적으로 교수하기)
5	아동 행동에 주의 기울이기(후속결과기반 전략)
6	토큰 강화 체계 실행하기(후속결과기반 전략)
7	긍정적 강화 및 반응 대가로 타임아웃 방법 활용하기(후속결과기반 전략)
8	공공장소(예, 식당, 슈퍼마켓)에서 행동 관리하기
9	미래의 문제행동 예견하기
10	보조 회기 하기(9회기 이후 두 달간)

로그램은 부모에게 훈련 회기 내에서 시행할 중재 방법에 대한 특정 단계의 교수를 제공한다. 치료사는 숙제(예, 설명된 기법의 시행 연습)를 한 회기마다 부여하고, 그 다음 회기에 숙제를 점검하면서 부모가 올바르게 시행하고 있는 것을 강화하게 되고, 필요한 변화에 대한 안내도 제공하게 된다. 이러한 구체화와 피드백의 병용은 전략의 정확한 수행 및 정해진 시간 외의 지속적인 활용을 고무하는 데 중요하다.

넷째, 효과적인 부모훈련 프로그램의 중요한 특징은 내용을 제공하는 방법에 대한 융통성이다. 특히 이러한 프로그램은 개별적으로 또는 집단 형태로 제공할 수 있다. 개별적인 형태는 특정 가족의 요구를 훈련 내용에 수정하여 넣을 수 있다는 장점이 있다. 반면에 집단 형태는 가족에게 또래친구의 지원을 제공하는 장점이 있다. 개별 형태 또는 집단 형태의 훈련을 받느냐에 대한 결정은 자원의 활용성, 특정 가족의 요구도, 치료사의 선호도에 기초한다. 중요한 점은, 훈련의 효과가 개별 대 집단 제공이라는 형태 때문에 다르게 나타나지는 않는다는 것이다.

행동수정 방법에서 부모훈련은 대체로 학령 전과 초등학교 연령의 아동 요구도에 기초하게 된다. ADHD 청소년을 대상으로 이러한 접근법에 관련한 연구는 거의 이루어지지 않았다. Robin (2006)은 ADHD 청소년의 가족과 함께 작업하기 위한 바이오 행동학적 가족 체계 접근법(biobehavioral-family system approach)을 제안하였다. 이러한 치료 프로그램은 좀 더 어린 아동을 대상으로 장애에 대한 교육을 제공하거나 가정에서 지속적인 행동적 절차를 실행하는 것과 같은 효과적인 요소를 포함한다. 이러한 접근법은 전형적인 부모훈련 내용과는 다르다.

- 부모만이 아닌 청소년(그리고 전 가족)이 참여하게 된다.
- 토큰 강화보다는 좀 더 매력적인 것을 활용한다(예, 행동 계약하기).
- 명확성과 지속성을 증진하기 위하여 가족 의사소통 패턴을 수정한다.
- 가족에게는 진행하고 있는 기초적 과정에 활용할 수 있는 문제해결 기술을 교수한다.

가족에게는 또한 약물에 대한 정보를 제공하며(필요하다면), 특히 학업적 수행을 향상할 수 있게 마련된 과제를 부여한다. 이러한 치료 프로그램은 직관력을 형성해 주며 또 실증적으로 증명된 요소를 포함한다. 하지만 이러한 프로그램의 효과성은 그 프로그램이 널리 활용되기 전에 확립할 필요가 있다.

2) 학교기반의 행동치료

학교에서 행동적 중재의 시행은 가정 환경에 대해 논의했던 내용과 유사하며, 예방적 또는 사전행동적, 교수적, 후속결과중심 또는 반응적 전략을 포함한다. 8장에서 논의했듯이, 교사, 또래, 부모, 컴퓨터, ADHD 학생 스스로에 의해 중재될 수 있다. 그러므로 균형 있고 효과적인 학교기반의 치료 계획은 2명 이상의 중재자(예, 교사만이 아님)가 시행하는 사전행동적, 반응적 전략 모두를 포함시킬 것이다. 특정 학교기반중재에 대한 좀 더 자세한 설명은 8장에 있다. 통제된 많은 연구에서 적절한 행동의 증가, 충동적인 행동의 감소, 또 어떤 경우에는 학업 및 사회성 기능을 증진하는 데 학교기반 행동적 전략의 효과성을 논증하고 있다(DuPaul & Eckert, 1977; Fabiano et al., 2009).

3) 행동학적 또래중재

전형적으로 ADHD 아동 및 청소년은 또래와 상호작용하는 데 유의한 어려움을 나타내거나 친구를 사귀고 유지하는 데 어려움을 겪을지 모른다. 이러한 사회적 상호작용의 어려움을 다루기 위한 전통적인 접근 방법은 추정되는 특정 사회성 기술(예, 눈 맞춤 하기, 차례 기다리기)을 가르치는 것이었고, 아동의 행동 레퍼토리(목록)에서 빠졌다. 집단 치료회기는 보통 치료실 또는 교실이나 이웃집에서 분리된 어떤 특정 장소에서 이루어지며, 기본적으로 주당 60~90분 정도 걸린다. 이러한 사회성 훈련 접근은 크게 성공적이지는 않은데, 왜냐하면 훈련으로 학습한 어떤 기술은 치료 외의 상황에서는 일반화되지 않는 경향이 있기 때문이다(Gresham, 2002; Pelham & Fabiano, 2008).

또래와의 관계 형성을 증진하기 위한 좀 더 실용적인 접근은, 모든 환경에 걸쳐 적절한 적용을 촉진하고 일반화를 강화함으로써 아동의 행동 레퍼토리 내에서 이미 사용 중인 기술을 더 활용할 수 있도록 고무시키는 치료 전략을 포함하는, 행동학적 또래중재법(behavioral peer intervention)이다(Pelham & Fabiano, 2008). 그러므로 기술의 결함에서 기인된 아동의 또래와의 관계 형성 문제를 살펴보는 것보다는, 오히려 행동적인 수행상에서의 어려움에 초점을 두는 것이 좀 더 적절하다(Barkley, 2006). 여러 차례 언급하였듯이, 아동은 언제 특정 행동을 수행해야 할지와 하지 말아야 할지를 배울 필요가 있다. 이것은 관심 있는 목표행동과 시간 및 장소에서 분리한 집단 훈련 시간에 배타적으로 시행하는 것보다는, 오히려 상황(환경) 내에서 치료중재를 제공함으로써 시행할 수 있다.

행동학적 또래중재의 효과는 ADHD 아동 및 청소년을 위한 하계 치료 프로그램(Summer treatment programs: STP) 내용 중에서 가장 우세한 증거를 보여 왔다(Pelham & Fabiano, 2008). STP는 아동이 매일 계획되어 있는 '우발 사건 관리중재 프로그램'을 시행하는 5~8주간의 '여름(하계) 캠프'에 참여하는 것을 포함한다. STP의 행동학적 또래중재방법의 구성요소에는 놀이시간 중 적절한 사회성 행동을 촉진하면서, 강력한 강화 행동 절차와 결합된 간단한 사회성 기술훈련 시간이 포함된다. 특히, 성인 촉진자는 적절한 집단 놀이를 지도하며(촉진하며), 아동이 보여 준 행동에 기초한 강화(예, 토큰 강화 또는 점수 주기) 및 벌(예, 긍정적 강화와는 다른 타임아웃)을 시도하도록 알려 준다. 부가적으로 부모는 일일 보고 카드 시스템 내용에 사회성 있는 행동을 통해 얻게 된 가정기반의 보상을 기록하게 된다(일일 보고 카드 시스템에 대한 좀 더 상세한 내용은

8장 참조). 팀원 간의 결속감과 운동 기술 또한 포괄적인 행동학적 또래중재 프로그램의 일부로서 교수된다. 이러한 프로그램의 효과는 주로 STP의 내용에 대한 상당히 잘 통제된 연구를 통해 증명되었다(예, Chronis et al., 2004). 이러한 접근은 전통적인 사회성 훈련보다 훨씬 많은 시간과 강력한 자원이 제공되며, 학교 환경 내에서 행동학적 또래중재방법의 효과성과 실행 가능성을 입증해 줄 미래의 연구가 중요하다.

4) 기타 심리사회학적 치료

다양한 비행동적 심리학적 치료, 즉 인지치료, 놀이치료, 전통적인 '이야기' 치료 또는 심리치료 및 가족치료가 ADHD를 위한 중재로서 제안되어 왔다(검토를 위해 Barkley, 2006을 참조하라). 불행히도 이러한 접근법은 실증적인 지지를 거의 받지 못한다. 이러한 접근에 대한 효과성 부족은 그것이 ADHD 메커니즘을 직접적으로 목표로 하고 있지 않다는 점에서 놀라운 일이 아니다. 여러 차례 언급했듯이, ADHD는 심리적 외상, 내부의 정신적 갈등, 정상적이지 않은 인지능력, 또는 역기능적인 가족 상호작용에 의해 기인된 것이 아니다(Nigg, 2006). 더욱이 이러한 심리사회적 치료는 '수행(performance)의 초점'과는 동떨어진 것이다(Glodstein & Glodstein, 1998). 수행의 초점은 관심 있는 행동이 일어나는 환경과 타이밍이다. ADHD가 환경과 대응하여 손상되고 지체된 점이 있음을 제시해야 하고(Barkley, 1997), 그런 다음 치료는 가능한 한, 수행의 초점(강조점)과 비근하게 시행하는 것이 중요하다. 만일 관심 있는 목표행동이 매일 오전 9시에서 9시 45분까지의 수학 시간에 일어나는 방해행동(disruptive behavior)이라면, 중재가 오후 또는 다른 방에서 전달되는 것보다 수행이 일어나는 이러한 장소와 시간에 맞추어 제공되었을 때, 성공의 기회를 좀 더 얻을 수 있다. 그러므로 오늘날 ADHD에 효과적인 심리사회적인 접근은 가정과 학교 환경 각각에서 부모와 교사가 시행해야 하고, 행동적인 측면에 기초해야 한다.

3. 통합중재

ADHD 증후를 치료하기 위한 두 개의 가장 효과적인 처치는 가정 및 학교 상황에서 시행하고 있는 심리자극성 약물요법과 행동적 중재다. 이러한 두 가지 양태의 상대적인 효과에 대해 비교해 온 실험연구는 일반적으로 자극성 약물요법이 가장 효과적임을 나타내었고, 행동적 중재는 이상행동 및 공격성행동을 줄이고, 사회적·학업적 기능을 증진하는 데 자극성 약물요법보다 효과가 더 높거나 같다고 제시하고 있다(Brown et al., 2008). 넓은 의미에서, 다양한 어려움을 다루기에는 하나의 치료 양식으로는 충분치 않기에, 이러한 상대적인 효과성을 살펴보는 '경마(horce race)' 식 접근은 비생산적인 것이었다. 많은 실험연구에서 통합된 중재의 유익함을 보고하고 있다는 사실이 더 큰 의미를 시사하고 있다. 사실상

이 분야에서 좀 더 일반적으로 합치된 의견은, 자극성 약물요법과 행동적 중재의 통합이 많은 ADHD 아동 및 청소년을 위해 가장 적절하다는 것이다(예, 미국 소아과학회, 2001).

통합중재는 몇 가지 잠재적인 이점이 있다. 첫째, 비록 사례가 일관적이지는 않다고 할지라도, 어떤 연구는 하나의 단독 처치로 적용되었을 때보다는 자극성 약물과 행동적 중재의 통합이 더 나은 성과를 초래한다고 본다. 이러한 우수한 성과는 특히 공존장애가 있거나 또는 인종적·사회경제적으로 배경이 불리한 아동에게서 더 우세하게 나타난다(Arnold, 2003; Jensen, Hinshaw, Kraemer, 2001). 둘째, 통합 처치의 계획안(protocol)은 좀 더 시간 및 장소에 구애받지 않고 다루기 쉽다. ADHD는 유비쿼터스식(동시에 도처에서 보이는)으로 기능에 영향을 일으키는 만성적인 장애로서, 이것은 치료에서 중요한 역할을 한다. 셋째, 치료(처치)를 통합시키는 것이 각 중재마다 더 적은 적용량을 사용토록 할 수 있다. 예를 들어, 파비아노(Fabiano)와 그 동료들(2007)은 더 낮은 강도의 교실 행동중재와 더 낮은 투여량의 메틸페니데이트 약물요법의 통합이 하나의 처치 단독으로 강도 높게 적용하였을 때만큼 또는 더 높은 수준으로, 방해적인 행동과 학업적인 행동 산출에 효과를 초래했음을 발견하였다. 넷째, 만일 각 치료(처치)마다의 더 약한 적용은 이러한 처치가 결합하였을 때 가능할 수 있는데, 적용 이후에도 해로운 부작용의 가능성이 줄어들어 부모와 교사가 전체적인 처치 계획을 좀 더 마음에 들어할 수 있다.

실증적인 지지가 없는 치료 전략

ADHD는 특별한 치료법이 알려지지 않은 만성적인 상태이며, 이러한 상태를 위한 많은 치료가 수년간 제안되어 왔다. 게다가 실증적으로 증명된 두 개의 주요한 접근(즉, 정신자극제 약물요법과 행동수정법)은 제한점이 있으며, 부모와 교사는 때때로 해로운 부작용이 없다고 소문난 약물 외의 것이나 또는 행동수정 방법만큼의 시간과 노력을 들이지 않는 대안적인 처치법을 활용하는 것에 대해 고민하게 된다. 수년간 제안되어 온 대안적인 처치의 실례로는 식단에서 인공착색료와 설탕을 제거하는 것, 세인트 존 맥아즙 사용 또는 기타 식물 치료, EEG(뇌파)를 통한 생체피드백을 포함한다(Ingersoll & Goldstein, 1993). 비록 EEG 생체 피드백이 일부 통제된 실증적 지지를 수용하기 시작했다 할지라도(예, Gevensleben et al., 2009), 이러한 대안적인 치료 접근은 연구되지 않았거나 혹은 통제되지 않거나 불충분하게 통제된 연구의 내용으로 실험되어 왔다.

11장에서 논의하듯이, 어떤 제안된 치료에 대한 지지의견을 평가해 볼 때 고려해야 할 논쟁거리는 많다. 첫째, 치료는 내적인 타당도가 조정된 많은 실증적 연구에 의하여 지지되어야 한다. 이상적으로는 둘 이상의 연구 팀이 독립적으로 치료(처치)를 연구해야 할 것이다. 둘째, 치료에 대한 정보는 동료가 살핀 체계적인 문헌 보고나 높게 평가받은 전문가의 조직과 같은 신뢰할 만한 정보원(source)에서 기인된 것이어야 한다. 임상적 경험에 근거한 구두진술은 관련된 인물의 신임도가 아무리 강력한 것일지라도 믿을만한 정보원으로서는 적합하지 않다. 셋째, 우리는 ADHD를 위한 치료로서 제시되거나 또는 병인 및 실재에서 상당한 차이가 있는 다양한 장애(예, 자폐, ADHD, 정신분열증)에 효과적이라고 권장된 어떠한 치료방법에도 신중해야 한다. 넷째, ADHD에 실용적인 대안적 처치가 되기 위해서는, 최소한 ADHD를 위한 향정신성 약물요법과 행동중재 적용에서 나타난 만큼의 강력한 효과가 입증되어야 한다. 만약 그렇지 않다면, 성공이 쉽지 않은 개인에게 가장 효과적인 처치를 중단할 이유가 없다.

4. 결 론

ADHD를 위한 가장 효과적인 치료는 향정신성 약물 복용(주로 자극성)이며, 행동적인 전략은 가정 및 학교 환경에 걸쳐 시행하였다. ADHD 증후를 감소시키는 데 가장 효과적인 중재는 자극성 약물(stimulant medication)이라는 것이 실험 문헌을 통해 명확해지고 있다. 사실 약물로 야기된 ADHD에서의 변화에 대한 일반적인 효과는 상당하며, 0.80 표준편차 단위(units)를 초과한다(Conners, 2002). 약물 복용이 임상적으로 증후적 행동을 유의미하게 감소시켰을지라도, 학업적 성취와 또래관계의 향상으로까지 전이되지는 않는다(MTA 협력 그룹, 1999, 2004). 행동적 중재 또한 ADHD 증후를 유의하게 감소시킨다(하지만 효과의 크기는 일반적으로 자극성 약물보다는 더 작다). 기능적 결함에 대한 행동적 전략의 영향은 좀 더 알려져 왔는데, 특히 심한 정도(moderate)의 사회적 · 학업적 영역에서 효과가 있는 것으로 알려졌다(Fabiano et al., 2009).

유용한 문헌에 기초하여, 가정 및 학교에서 행동적 중재를 모든 ADHD 아동 및 청소년에게 적용해 볼 것을 강력히 권장한다. 이러한 치료(처치)방법은 관련 부작용이 매우 적으며, 사회적 · 학업적 기능에서와 마찬가지로 증후적 행동 모두에 영향을 줄 수 있다. 약물은 또한 장애가 있는 대부분의 아동을 위해 고려되어야만 하는데, 특히 증후가 중등도에서 중도의 경우이거나 이전의 심리사회적 치료(처치)가 성공적이지 못하였을 때 그러하다. 더욱이 자극성 약물치료와 행동적 전략의 병행이 각 치료의 효과에 서로 영향을 미치면서 많은 장애 아동을 위해 최선이라는 증거가 늘어나고 있다. 사실상 자극성 약물과 행동적 기법의 병행은 단독으로 시행하는 것보다 오히려 결합시켜 제공했을 때 각각의 치료 양을 더 적게 할 수 있을 뿐만 아니라 시너지 효과가 날 수도 있다(Fabiano et al., 2007). 그러므로 치료(처치)의 결합은 증후를 줄이고 기능을 증진할 뿐만 아니라, 더 적은 부작용 발생, 적은 복용량의 적용과 같은 것에 기인한 소비자의 높은 수용 가능성을 불러올 수 있다.

American Academy of Pediatrics, Subcommittee on Attention-Deficit/Hyperactivity Disorder and Committee on Quality Improvement. (2001). Clinical practice guideline: Treatment of the school-aged child with attention-deficit/hyperactivity disorder. *Pediatrics, 108*, 1033-1044.

American Psychiatric Association. (1994). *Diagnostic and statistical manual of mental disorders* (4th ed.). Washington, DC: Author.

Arnold, E., Elliott, M., Sachs, L., Kraemer, H. C., Abikoff, H. B., Conners, C. K., et al. (2003). Effects of ethnicity on treatment attendance, stimulant response/dose, and 14-month outcome in ADHD. *Journal of Consulting and Clinical Psychology, 71*, 713-727.

Banaschewski, T., Roessner, V., Dittmann, R. W., Santosh, P. J., & Rothenberger, A. (2004). Non-stimulant medications in the treatment of ADHD. *European Child and Adolescent Psychiatry, 13*(Suppl. 1), 102-116.

Barkley, R. A. (1987). *Defiant children: A clinician's manual for parent training*. New York: Guilford Press.

Barkley, R. A. (1997). *ADHD and the nature of self-control*. New York: Guilford Press.

Barkley, R. A. (Ed.) (2006). *Attention-deficit/hyperactivity disorder: A handbook for diagnosis and treatment* (3rd ed.). New York: Guilford Press.

Biederman, J., Melmed, R. D., Patel, A., McBurnett, K., Donahue, J., & Lyne, A. (2008). Long-term, open-label extension study of guanfacine extended release in children and adolescents with ADHD. *CNS Spectrums, 13*(12), 1047-1055.

Biederman, J., Melmed, R. D., Patel, A., McBurnett, K., Konow, J., Lyne, A., et al. (2008). A randomized, double-blind, placebo-controlled study of guanfacine extended release in children and adolescents with attention-deficit/hyperactivity disorder. *Pediatrics, 121*, e73-e84.

Biederman, J., & Pliszka, S. R. (2008). Modafinil improves symptoms of attention-deficit/hyperactivity disorder across subtypes in children and adolescents. *Journal of Pediatrics, 152*, 394-399.

Bradley, C. (1937). The behavior of children receiving benzedrine. *American Journal of Psychiatry, 94*, 577-585.

Brown, R., Amler, R. W., Freeman, W. S., Perrin, J. M., Stein, M. T., Feldman, H. M., et al. (2005). Treatment of attention-deficit/hyperactivity disorder: Overview of the evidence. *Pediatrics, 115*, e749-e756.

Brown, R. T., Antonuccio, D., DuPaul, G. J., Fristad, M., King, C. A., Leslie, L. K., et al. (2008). *Childhood mental health disorders: Evidence base and contextual factors for psychosocial, psychopharmacological, and combined interventions*. Washington, DC: American Psychological Association.

Chronis, A. M., Fabiano, G. A., Gnagy, E. M., Onyango, A. N., Pelham, W. E., Williams, A., et al. (2004). An evaluation of the Summer Treatment Program for children with attention-deficit/hyperactivity disorder using a treatment withdrawal design. *Behavior Therapy, 35*, 561-585.

Conners, C. K. (2002). Forty years of methylphenidate treatment in attention-deficit/hyperactivity disorder. *Journal of Attention Disorders, 6*, 17-30.

Conners, C., Casat, C., Gualtieri, C. T., Weller, E., Reader, M., Reiss, A., et al. (1996). Bupropion hydrochloride in attention deficit disorder with hyperactivity. *Journal of the American Academy of Child and*

Adolescent Psychiatry, 35, 1314–1321.

Cunningham, C. E., Bremner, R. B., & Secord-Gilbert, M. (1998). *COPE, the Community Parent Education Program: A school based family systems oriented workshop for parents of children with disruptive behavior disorders (Leader's manual).* Hamilton, Ontario, Canada: COPE Works.

DuPaul, G. J., Power, T. J., Anastopoulos, A. D., & Reid, R. (1998). *ADHD Rating Scale* Ⅳ*: Checklist, norms, and clinical interpretation.* New York: Guilford Press.

DuPaul, G. J., & Eckert, T. L. (1997). The effects of school-based interventions for attention deficit hyperactivity disorder: A meta-analysis. *School Psychology Review, 26*, 5–27.

Fabiano, G. A., Pelham, W. E., Jr., Coles, E. K., Gnagy, E. M., Chronis-Tuscano, A., & O'Connor, B. C. (2009). Meta-analysis of behavioral treatments for attention-deficit/hyperactivity disorder. *Clinical Psychology Review, 29*, 129–140.

Fabiano, G. A., Pelham, W. E., Jr., Gnagy, E. M., Burrows-MacLean, L, Coles, E. K., Chacko, A., et al. (2007). The single and combined effects of multiple intensities of behavior modification and methylphenidate for children with attention deficit hyperactivity disorder in a classroom setting. *School Psychology Review, 36*, 195–216.

Faraone, S. (2007). Stimulant therapy in the management of ADHD: Mixed amphetamine salts (extended release). *Expert Opinion on Pharmacotherapy, 8*, 2127–2134.

Gevensleben, H., Holl, B., Albrecht, B., Vogel, C., Schlamp, D., Kratz, O., et al. (2009). Is neurofeedback an efficacious treatment for ADHD? A randomized controlled clinical trial. *Journal of Child Psychology and Psychiatry, 50*, 780–789.

Gleason, M. M., Egger, H. L., Emslie, G. J., Greenhill, L. L., Kowatch, R. A.,

Lieberman, A. F., et al. (2007). Psychopharmacological treatment for very young children: Contexts and guidelines. *Journal of the American Academy of Child and Adolescent Psychiatry, 46,* 1532-1572.

Goldstein, S., & Goldstein, M. (1998). *Managing attention deficit hyperactivity disorder in children: A guide for practitioners* (2nd ed.). New York: Wiley.

Greenhill, L. L., Halperin, J. M., & Abikoff, H. B. (1999). Stimulant medications. *Journal of the American Academy of Adolescent Psychiatry, 38,* 503-512.

Greenhill, L., Kollins, S., Abikoff, H., McCracken, J., Riddle, M., Swanson, J., et al. (2006). Efficacy and safety of immediate-release methylphenidate treatment for preschoolers with ADHD. *Journal of the American Academy of Child and Adolescent Psychiatry, 45,* 1284-1293.

Gresham, F. M. (2002). Teaching social skills to high-risk children and youth: Preventive and remedial strategies. In M. R. Shinn, H. M. Walker & G. Stoner (Eds.), *Interventions for academic and behavior problems:* II. *Preventive and remedial approaches* (2nd ed., pp. 403-432). Washington, DC: National Association of School Psychologists.

Ingersoll, B., & Goldstein, S. (1993). *Attention deficit disorder and learning disabilities: Realities, myths, and controversial treatments.* New York: Doubleday.

Ingram, S., Hechtman, L., & Morgenstern, G. (1999). Outcome issues in ADHD: Adolescent and adult long-term outcome. *Mental Retardation and Developmental Disabilities Research Reviews, 5,* 243-250.

Jensen, P. S., Hinshaw, S. P., Kraemer, H. C., Lenora, N., Newcorn, J. H., Abikoff, H. B., et al. (2001). ADHD comorbidity findings from the

MTA study: Comparing comorbid subgroups. *Journal of the American Academy of Child and Adolescent Psychiatry, 40*, 147–158.

Jensen, P. S., Hinshaw, S. P., Swanson, J. M., Greenhill, L. L., Conners, C. K., Arnold, L. E., et al. (2001). Findings from the NIMH multimodal treatment study of ADHD (MTA): Implications and applications for primary care providers. *Journal of Developmental and Behavioral Pediatrics, 22*, 60–73.

Kavale, K. (1982). The efficacy of stimulant drug treatment for hyperactivity: A meta-analysis. *Journal of Learning Disabilities, 15*, 280–289.

King, S., Griffin, S., Hodges, Z., Weatherly, H., Asseburg, C., Richardson, G., et al. (2006). A systematic review and economic model of the effectiveness and cost-effectiveness of methylphenidate, dexamfetamine and atomoxetine for the treatment of attention deficit hyperactivity disorder in children and adolescents. *Health Technology Assessment (Winchester, England), 10*, iii–iv, xiii–146.

Kollins, S. H., & Greenhill, L. L. (2006). Evidence base for the use of stimulant medication in preschool children with ADHD. *Infant and Young Children, 19*, 132–141.

Kramer, T. L., Phillips, S. D., Hargis, M. B., Miller, T. L., Burns, B. J., & Robbins, J. M. (2004). Disagreement between parent and adolescent reports of functional impairment. *Journal of Child Psychology and Psychiatry, 45*, 248–259.

McGough, J., Smalley, S. L., McCracken, J. T., Yang, M., Del' Homme, M., Lynn, D. E., et al. (2005). Psychiatric comorbidity in adult attention deficit hyperactivity disorder: Findings from multiplex families. *American Journal of Psychiatry, 162*, 1621–1627.

Molina, B., Hinshaw, S. P., Swanson, J. M., Arnold, L. E., Vitiello, B., Jensen, P. S., et al. (2009). The MTA at 8 years: Prospective follow-up of children treated for combined type ADHD in the multisite study. *Journal of the American Academy of Child and Adolescent Psychiatry, 48*, 484–500.

MTA Cooperative Group. (1999). A 14-month randomized clinical trial of treatment strategies for attention-deficit/hyperactivity disorder. *Archives of General Psychiatry, 56*, 1073–1086.

MTA Cooperative Group. (2004). National Institute of Mental Health multimodal treatment study of ADHD follow-up: 24-month outcomes of treatment strategies for attention-deficit/hyperactivity disorder. *Pediatrics, 113*, 754–761.

Murphy, K., Barkley, R. A., Bush, T. (2002). Young adults with attention deficit hyperactivity disorder: Subtype differences in comorbidity, educational and clinical history. *Journal of Nervous and Mental Disease, 190*, 147–157.

Najib, J. (2009). The efficacy and safety profile of lisdexamfetamine dimesylate, a prodrug of d-amphetamine, for the treatment of attention-deficit/hyperactivity disorder in children and adults. *Clinical Therapeutics, 31*, 142–176.

Nigg, J. T. (2006). *What causes ADHD?*. New York: Guilford Press.

Palumbo, D., Sallee, F. R., Pelham, W. E., Jr., Bukstein, O. G., Daviss, W. B., & McDermott, M. P. (2008). Clonidine for attention-deficit/hyperactivity disorder: I. Efficacy and tolerability outcomes. *Journal of the American Academy of Child and Adolescent Psychiatry, 47*, 180–188.

Pelham, W. E., Jr., & Fabiano, G. A. (2008). Evidence-based psychosocial treatments for attention-deficit/hyperactivity disorder. *Journal of Clinical Child and Adolescent Psychology, 37*, 184–214.

Pelham, W., Greenslade, K. E., Vodde-Hamilton, M., Murphy, D. A., Greenstein, J. J., Gnagy, E. M., et al. (1990). Relative efficacy of long-acting stimulants on children with attention deficit hyperactivity disorder: A comparison of standard methylphenidate, sustained-release methylphenidate, sustained release dextroamphetamine, and pemoline. *Pediatrics, 86*, 226–236.

Posey, D., & McDougle, C. J. (2007). Guanfacine and guanfacine extended release: Treatment for ADHD and related disorders. *CNS Drug Reviews, 13*, 465–474.

Robin, A. L. (2006). Training families with adolescents with ADHD. In R. A. Barkley (Ed.), *Attention-deficit/hyperactivity disorder: A handbook for diagnosis and treatment* (3rd ed., pp. 499–546). New York: Guilford Press.

Romano, E., Tremblay, R. E., Vitaro, F., Zoccolillo, M., & Pagani, L. (2001). Prevalence of psychiatric diagnoses and the role of perceived impairment: Findings from and adolescent community sample. *Journal of Child Psychology and Psychiatry, 42*, 451–462.

Sallee, F. R., Lyne, A., Wigal, T., & Donahue, J. (2009). Long-term safety and efficacy of guanfacine extended release in children and adolescents with attention-deficit/hyperactivity disorder. *Journal of Child and Adolescent Psychopharmacology, 19*(3), 215–226.

Sallee, F. R., Mcgough, J., Wigal, T., Donahue, J., Lyne, A., & Biederman, J. (2009). Guanfacine extended release in children and adolescents with attention deficit hyperactivity disorder: A placebo-controlled trial. *Journal of the American Academy of Child and Adolescent Psychiatry, 48*, 155–165.

Scahill, L., Chappell, P. B., Kim, Y. S., Schultz, R. T., Katsovich, L., Shepherd, E., et al. (2001). A placebo-controlled study of guanfacine in the treatment of children with tic disorders and attention deficit hyperactivity disorder. *American Journal of Psychiatry, 158*(7), 1067–1074.

Shaw, P., Greenstein, D., Lerch, J., Clasen, L., Lenroot, R., Gogtay, N., et al. (2006). Intellectual ability and cortical development in children and adolescents. *Nature, 440*, 676–679.

Smith, B., Pelham, W. E., Jr., Gnagy, E., Molina, B., & Evans, S. (2000). The reliability, validity, and unique contributions of self-report by adolescents receiving treatment for attention-deficit/hyperactivity disorder. *Journal of Consulting and Clinical Psychology, 68*, 489-499.

Spencer, T., Biederman, J., Wilens, T., Doyle, R., Surman, C., Prince, J., et al. (2005). A large, double blind, randomized clinical trial of methylphenidate in the treatment of adults with attention deficit/hyperactivity disorder. *Biological Psychiatry, 57*, 456-463.

Swanson, J. M., Gupta, S., Guinta, D., Flynn, D., Agler, D., Lerner, M., et al. (1999). Acute tolerance to methylphenidate in the treatment of attention deficit hyperactivity disorder in children. *Clinical Pharmacology and Therapeutics, 66*, 295-305.

Tourette's Syndrome Study Group. (2002). Treatment of ADHD in children with tics: A randomized controlled trial. *Neurology, 58*, 527-536.

Vaughan, B., Fegert, J., & Kratochvil, C. J. (2009). Update on atomoxetine in the treatment of attention-deficit/hyperactivity disorder. *Expert Opinion on Pharmacotherapy, 10*, 669-676.

Volkow, N. D., & Swanson, J. M. (2003). Variables that affect the clinical use and abuse of methylphenidate in the treatment of ADHD. *American Journal of Psychiatry, 160*, 1909-1918.

Webster-Stratton, C. (1996). *The Parents and Children Series: A comprehensive course divided into four programs*. Seattle, WA: Author.

Wigal, T., Swanson, J. M., Regino, R., Lerner, M. A., Soliman, I., Steinhoff, K., et al. (1999). Stimulant medications for the treatment of ADHD: Efficacy and limitations. *Mental Retardation and Developmental Disabilities Research Reviews, 5*, 215-224.

Wolraich, M. L., Wibbelsman, C. J., Brown, T. E., Evans, S. W., Gotlieb, E. M., Knight, J. R., et al. (2005). Attention deficit hyperactivity disorder in adolescents: A review of the diagnosis, treatment and clinical implications. *Pediatrics*, *115*, 1734-1746.

Wolraich, M. L., Feurer, I., Hannah, J. N., Pinnock, T. Y., & Baumgaertel, A. (1998). Obtaining systematic teacher report of disruptive behavior disorders utilizing DSM-IV. *Journal of Abnormal Child Psychology*, *26*, 141-152.

07
가족의 역할

가족요인은 장애를 유발하고 지속시킬 수 있기 때문에 가족의 기능은 ADHD를 이해하는 데 매우 중요하다. 첫째, ADHD는 가족 내에서 발생하는 경향이 있는 데다가, 많은 유전인자가 원인에 포함된다는 명백한 증거가 있다(Nigg, 2006). 사실 떨어져서 자란 쌍둥이의 연구결과, ADHD 증후에서 부모와 관련된 유전 가능성 평가가 높게 나왔다(80% 이상). ADHD와 몇 가지 추측 유전인자와의 유의한 관련성이, 유전자가 원인으로 작용한다는 가설을 지지하고 있다(Gizer, Ficks, & Waldman, 2009).

비록 생물학적 요인이 ADHD를 설명하는 데 중요한 역할을 한다고 해도, 특히 함께 발생하는 반사회적 행동의 발달과 관련해서 가족 상호작용과 관련된 환경적 사건은 어떤 다양성을 설명할 수 있다. 예를 들어, 반사회적 행동의 발생에 대한 패터슨 이론(Patterson, Reid, & Dishion, 1992)에 따르면, 반사회적 행동은 유아기 · 학령기 전에 가정에서 시작된다. 구체적으로 말하면, 아동은 혐오행동(울기, 반항)이 부모의 지시를 없앤다는 것을 배운다. 반복되는 시행 결과, 아동은 기분이 안 좋거나 혼란스러운 상황을 통제하는 방법으로 혐오행동을 사용하는 것을 배운다(Dishion, Patterson, & Kavanagh, 1992). 아동이 성장함에 따라 이런 강제과정은 빈도와 심각성에서 강도가 세지고, 오래도록 지속되고, 여러 상황에서 보편화되어, 결국 부모와 또래에게서 거부당하게 된다(Reid & Eddy, 1997). 강제하는 과정에서 근본적인 중요한 변화는 한계를 설정하고 아동의 행동을 모니터링하는 부모의 기술과 효율성이다(Dishion et al., 1992). ADHD는 파괴적인 가족 관리와 밀접하게 연관되어 있고, 만성적인 반사회적 행동을 유발시킬 부모와 자녀 간 강제과정의 가능성을 증가시킨다(Dishion & Patterson, 1997).

다음에 ADHD 행동은 전형적인 가족의 상호작용을 상당히 파괴할 가능성이 있다. 많은 연구결과에 따르면, ADHD 아동은 사회적 지지와 삶의 질에서 더 낮은 수준일 뿐만 아니라 평균 수준보다 더 많이 부모—특히 엄마의—의 스트레스와 관련되어 있다. ADHD 아동의 양육과 관련된 스트레스는 행동을 관리하는 부모의 능력에 영향을 줄 뿐만 아니라 결혼생활과 형제관계에도 영향을 준다(Barkley, 2006). 더욱이 ADHD 자녀를 둔 부모는 우울이나 불안장애의 위험이 평균보다 더 높다(Chronis et al., 2003). 그래서 ADHD 사람의 가족생활은 종종 혼란스럽고, 조직화되어 있지 않기에 갈등이 따른다. 결혼생활의 불화는 이혼에 이른다는 점에서, 부모가 이혼한 ADHD 아동은 더 심각한 증후를 보이며, 더 많은 외현화 및 내재화 문제행동을 보이고, 더 빈약한 사회적 기능을 한다는 증거가 있다(Heckel, Clarke, Barry, Selikowitz, & McCarthy, 2009).

가족의 생활과 ADHD의 중요한 상호 영향을 고려하여, 이 장의 목적은 장애의 판별과 중재에서의 가족 역할을 논의하는 것이다. 첫째, 가족이 가정과 학교 전반에서 ADHD 진단과 중재의 중심에 참여하도록 이론적 근거를 제공한다. 둘째, 부모와 의료지원 전문가 사이의 명확하고 일관성 있는 의사소통을 강조하면서 의학적 중재에서 가족 중심의 접근을 기술한다. 셋째, ADHD 아동에게 적절한 교육 서비스를 제공하고 옹호하는 가족의 역할을 기술한다(한 번 더 부모-학교 간 협력과 의사소통을 강조한다). 넷째, 가족이 ADHD를 바라보고 중재하는 방법에서 문화와 민족의 역할을 고려한다.

1. 진단과 중재에서 가족의 역할에 대한 이론적 지침

가족은 ADHD 진단과 중재에서 중심 역할을 하고 있다. 진단평가에 관하여 ADHD를 명확하게 판별할 객관적인 테스트나 의학적인 절차가 없다. 그래서 진단은 아동 행동의 관찰에 의존하여 최근이나 과거의 증후에 대한 부모와 교사의 보고에 근거한다(3, 4장 선별과 진단 참조). 부모는 몇 가지 이유로 진단평가에서 이상적인 위치에 있다. 첫째, 가정과 지역사회에서 ADHD 징후가 되는 행동을 관찰할 기회가 있다. 둘째, 오래전부터 관찰한 입장에서 행동을 보고할 수 있는데, 이것은 DSM-IV-TR에서 진단 시 어릴 때부터의 (7세 이전) 명백한 증후를 요구하는 것을 고려한다면 중요하다. 셋째, 자녀의 의료, 발달, 가족, 교육에 관한 정보를 제공할 수 있다. 이런 배경 정보는 발달적 맥락에서 ADHD 증후를 바라보고, 증후가 이전의 의학적 상태나 가족의 영향에 의한 것인가 아닌가를 결정하는 데 중요하다. 넷째, 판별을 위한 중재를 시도하기 전에 어떤 전략을 실행했고 성공적이지 않았던 것은 무엇인가에 대해 알려 줄 수 있다. 이 과정에서 가능성 있는 중재의 방향과 가정기반의 중재를 실행하기 위한 가족 전체의 동기에 관해 중요한 정보를 모을 수 있다.

물론 진단평가에서 가족의 정보 제공에는 몇 가지의 제한점이 있다. 가장 중요한 제한점은, 부모는 학교에서 아동의 행동을 관찰하지 않기 때문에 학교환경에서의 교육적 · 사회적 기능에 관한 신뢰할 만한 정보를 제공하지 못할지도 모른다. 더욱이 아동에 대해서 그들의 이전 기억에 의존하다 보면, 부모는 아동의 발달에 관해 충분한 지식과 다양한 나이 수준에 맞는 적절한 행동 기대를 하지 않을지도 모른다. 장애로 판별된 아동이 외동아들이나 외동딸인 경우, 또는 첫째인 경우 특히 경험과 지식이 부족할 확률이 있다. 그래서 신뢰롭고 타당한 진단평가를 수행하기 위해서 부모가 제공하는 정보는 교사의 보고나 다른 자료로 보충해야만 한다.

부모와 가족 전체는 ADHD 중재팀에 필수적인 구성원이다. 부모를 중재에 포함할 필요에 대해 많은 타당한 이유가 있지만, 가장 중요한 몇 가지 이유는 다음과 같다. 6장에서 논의했듯이, 한 가지의 단일한 방법은 ADHD 중재에 충분하지도 않고 치료도 안 된다. 따라서 가장 효과적인 중재는 '수행 시점'에 적용하는 것이다(즉, 관심 있는 행동이 발생한 시간과 상황)(Goldstein & Goldstein, 1998). 그래서 약물치료와 함께 '수행 시점'에 실행한 심리사회적 중재가 최선이다. 그것 때문에 부모와 교사에게 필요한 것은 치료사의 역할을 담당하는 것이다. 더욱이 부모가 자녀와 상호작용하는 방식은 학교에서 자녀의 또래관계 특징을 결정할 수 있다. 예를 들어, 헌트, 호자와 펠햄(Hurt, Hoza, & Pelham, 2007)에 따르면 부모가 온화할수록 또래 수용도가 높고, 사회적 기능이 더 우수하다.

또한 ADHD 증후는 가족의 기능에 상당한 영향을 끼친다. 우선 이전에 기술했던 강제 과정을 통해서 부모와 아동 간 강제 과정의 기본적인 중요한 변화를 가져오는 것은 한계를 설정하고 아동의 행동을 모니터링하는 부모의 기술과 효율성이다(Dishion et al., 1992). ADHD 증후는 파괴적인 가족 관리 방식과 상당히 연관되어 있고, 부모-자녀 간 강제 과정의 가능성을 증가시킨다(Dishion & Patterson, 1997). 이 강제 과정 변화의 열쇠는 부모와 자녀 간 강제 과정(반면 부수적으로 긍정적인 교환은 증가시키기)의 빈도를 줄이는 것을 포함하여 부모의 훈육 방식을 바꾸는 것이다. 그리고 부모가 자녀의 반사회적 행동(예, 신체적인 공격)과 사고에 따른 상해를 예방하기 위해 자녀를 지속적으로 감독하여야 한다. 따라서 부모교육은 ADHD 아동의 중재 계획에 중요한 요소다.

ADHD 자녀에 대한 가족의 관리와 대처 방식은 중재결과를 결정하는 데 중요한 역할을 한다. 질적 연구결과, ADHD와 관련된 네 가지의 가족관리 유형[혼돈형, 통제형, 생존형, 회복형(〈표 7-1〉참조)]을 알아냈다(Kendall & Shelton, 2003). 가족관리 유형에 대한 이 모델은 낮은 기능을 하는 혼돈형 가족(즉, 높은 수준의 스트레스와 장애가 있음)과, 가장 높은 기능을 하는 회복형 가족(즉, 적절한 대처 전략을 사용함)으로 되어 있어 위계적이다. 비록 가족관리 모델을 전개시키는 연구가 초기 단계에 있지만, 콜론(Conlon)과 동료들(2008)에 따르면 ADHD 아동이 있는 가족에게서 이러한 가족관리 유형이 확인되고 있고, 중재는 많은 가족이 더 높은 기능을 하

표 7-1 가족의 ADHD 아동 관리 유형

가족관리 유형	정 의
혼돈형	이 유형은 장애와 스트레스가 특징으로, 가족은 외부의 지원을 최소로 받는다. 아동의 요구에 대한 일반적인 반응이 결핍되어 있고 매우 완고한 관리 전략을 사용한다.
통제형	이 유형은 아동의 ADHD 증후에 집중되어 있는 것이 특징으로, 부적절한 행동이 무시되고, 강화되고, 실행된다. 가족은 아동의 장애 때문에 지쳐 있고, 힘이 없고, 희망이 없다.
생존형	부모는 아동의 ADHD 증후가 아닌 가족생활의 다른 면에 집중하고 사회적 지원과 정신건강 중재로 도움을 받는다. 부모는 다양한 효과적인 관리 전략을 사용하고 자녀의 장애와 자신의 경험을 분리하여 생각할 수 있다.
회복형	부모는 통제에 적절한 대처 전략을 사용하여 아동의 ADHD 증후에 대해 긍정적인 에너지를 표출한다.

는 관리 유형으로 이동하는 데 도움을 준다.

가족-학교 간 협력은 교육적 성취에 중요한 일반적인 요소다(Christenson, Rounds, & Franklin, 1992). 이러한 협력은 행동 증후로 학업적 · 사회적 기능이 심각하게 손상된 ADHD 아동에게 더욱 필요하다. ADHD 학생은 오랜 시간이 걸리는 과제를 끝내는 데 자주 어려움을 겪는다(DuPaul & Stoner, 2003). 따라서 부모는 과제의 어려움을 해결할 수 있는 중재를 실행할 뿐만 아니라, 자녀의 학업적 · 사회적 수행 향상을 지원하기 위해 교사와 다른 학교 관계자와 직접적으로 일할 수 있는 이상적인 위치에 있다. ADHD 증후가 만성적이고 학령기 전체에 보이는 경향이 있다는 것을 고려하면, 부모는 학년마다 담임교사에게 자녀의 요구를 대변하면서 학교중재팀의 필수적인 구성원으로 일할 수 있다.

ADHD를 이해하고 판별하고 중재하는 데 가족의 기능이 중요하고 복잡한 영향을 준다는 점에서, ADHD 중재를 계획하고 성과를 측정할 때 다양한 부모와 가족요인(예, 부모자녀 관계의 질, 부부의 상호작용, 일반적인 가족 관계)을 고려해야 한다(Cunningham, 2007). 이런 요인은 가족-학교 간 협력을 조장하는 것뿐만 아니라, 의료적 관리를 위해 가족-학교 간 협력의 개발을 위해서도 중요하다. 세 시스템(가정, 학교, 병원) 사이의 긍정적인 상호작용과 일관성 있는 의사소통은 ADHD의 성공적인 선별과 중재의 관건이다.

2. 가족중심의 의학적 중재

ADHD의 의학적 중재에는 적어도 네 가지의 목표가 있다. 일관성 있는 의사소통과 가족의 참여는 이러한 목표를 성취하기 위해 중요하다.

- ADHD와 관련 장애에 대한, 믿을 만하고 타당한 평가 실행
- (필요한 경우 향정신성 약물 사용과 함께) 가장 효과적인 중재
- 공존장애 가능성이 있는 아동 관찰(예, 적대적 반항성장애와 학습장애)
- 사고에 따른 상해와 중독의 위험을 감소시키기 위한 가정의 안전성 검사

부모는 ADHD의 전반적인 평가에서 매우 중요한 역할을 한다(평가와 진단의 자세한 내용은 4장 참조). 구체적으로 부모는 '판별된 아동의 발달, 의학, 가족의 역사'에 관한 중요한 정보를 제공한다. 게다가 부모에게는 아동의 일생 전반에 걸쳐 ADHD와 관련된 문제와 장애를 관찰할 기회가 있다. 현재와 과거의 증후를 근거로, 임상의는 증후가 시작된 연령과 6개월 이상 문제의 지속성을 고려하여 DSM-IV-TR의 기준에 맞는지를 결정한다. 그래서 믿을 수 있고 타당한 진단을 위해 부모는 진단 인터뷰와 행동평정척도 작성에 협력해야 한다.

만일 아동이 ADHD가 있는 것으로 판정되면, 의사는 가족과 함께 약물치료의 가능성을 의논한다. 부모에게는 약물치료의 장단점뿐만 아니라 약물 선택에 관해서 정확하고 최신의 정보를 제공해야 한다. 부모는 약품의 필요에 대해 솔직한 의견을 말하고, 결정에 도움이 될 수 있는 어떤 질문이라도 해야 한다. 약물 사용이 결정되면, 부모는 특정 약품이 ADHD 증후를 감소시키고 가정의 기능을 강화시킨 정도를 기록에 남기기 위하여 행동 상황에 대한 정보와 행동평정을 제공해야 한다(부모는 약물에 대한 어떤 부작용을 관찰하기에 가장 좋은 위치에 있다). 특히 식욕감소와 불면증, 예를 들어 약물복용 전과 후의 부작용을 평정해야 한다. 마지막으로, 부모는 약물 평가에 대한 교사 평정을 수집하는 것이 용이하므로 의사와 학교 사이에서 연계를 담당할 수도 있다.

향정신성 약물치료가 중재 계획의 부분인가 아닌가에 상관없이 임상의는 부모가 행동조절훈련을 받도록 해야 한다(6장 참조). 이전에 논의했듯이, 가족의 상호작용 유형과(예, 강제 과정) 부모 훈육의 실제는 반사회적·공격적 행동발달 여부에 중요한 역할을 한다. 부모에게는 반사회적 행동의 위험에 대해 충분한 정보와 부모교육 참여에 대해 확실한 이유를 제공해야 한다. 반사회적 행동의 위험은, 부모 중 한 명이나 두 명 모두 ADHD인 가족 또는 이 장애의 기능 때문에 지속적으로 명백하게 가정의 일상과 규칙에서 어려움을 겪는 가족에게 특히 두드러진다. 의료지원 전문가는 자기 업무의 한 부분으로 행동관리 부모훈련을 제공하거나 이와 같은 장애가 있는 사람에게 행동치료를 실시하는 커뮤니티(예, 아동임상

심리학자)를 제안해야 한다. 부모는 행동중재를 실행하는 것이 쉽지 않을 것이라는 사실에 대비할 필요가 있다. 그러나 이런 기술은 자녀의 장기간의 발달과, 특히 더 문제가 될 만한 행동의 위험을 감소시킨다는 면에서 중요하다(Pelham & Fabiano, 2008).

앞 장에서 주목했듯이, ADHD 아동은 파괴적 행동장애(즉, 적대적 반항장애와 품행장애), 학습장애, 기분과 불안장애와 같은 공존장애가 발생할 위험이 평균보다 더 높다. 그래서 임상의는 정기적으로 공존장애를 입증하는 증거를 찾기 위해 아동을 관찰해야만 한다. 부모는 아동이 어떤 새로운 행동이나 학습의 문제를 보이자마자 보고해야 한다. 만일 공존장애의 발생 가능성이 많다면 부모에게 인터뷰와 행동평정척도를 통한 진단 정보를 요구할 것이다.

ADHD 아동은 충동성과 주의력결핍이 자주 일어나기 때문에 전형적으로 발달하는 아동보다 우발적인 상해와 중독에 취약하다(Lahey et al., 2004). 유사한 이유로, ADHD 청소년과 청년은 자동차 사고 위험이 평균보다 높다(Barkley, 2006). 그래서 부모는 ADHD 때문에 발생할 신체적 위험을 경계하고 가정환경의 안전을 위한 검사를 실시해야만 한다. 예를 들어, 중독 가능성이 있는 모든 액체(예, 세제, 살충제)는 아동이 닿지 않는 장소에 보관하고, 전원 콘센트는 불의의 감전사를 예방하기 위해 덮어 두어야 한다. 상해 예방프로그램(AAP, 1999)은 안전 전략에 관하여 가족에서 특히 유용하다. 청소년의 부모는 ADHD와 관련하여 운전의 위험에 관하여 교육받아야 한다(Barkley, 2004). 부모에게는 자녀가 운전면허 취득을 늦추도록 상의할 것을 권고했다.

3. 가족-학교 간 협력

교육의 성과를 극대화하기 위해 부모는 다양한 방법으로 아동의 학교생활에 필수적으로 참여해야 한다. 부모의 가장 중요한 역할에는 자녀의 권리에 대한 옹호자로서의 지원, 교육적 수정 및 특수교육서비스의 요구를 결정하는 평가에 참여, 학교 기반과 가족-학교 간 중재의 일부분으로 학교 관계자와의 협력과 의사소통, 오랜 시간이 요구되는 학업과제 완성에 대한 지원을 포함한다. 임상의는 부모가 이런 다양한 역할을 하도록, 특히 학교에 대해 부정적인 경험이 있는 가족 그리고 아동의 학교생활에 부모 참여의 필요성을 인식하지 못하는 가족을 지원해야만 한다.

부모가 자녀의 교육을 지원할 때 가장 중요한 역할은 1973년에 제정된 「재활법」(PL 93-112) 제504조와 2004년에 제정된 「장애인교육법」(IDEA, PL 108-446)에 따라 권리와 수정에 대한 옹호자가 되는 것이다. 「재활법」 제504조는 공립학교(그리고 연방 자금을 받는 모든 기관)에서 장애 상태와 상관없이 아동에게 적절한 교육을 제공하도록 위임한 연방시민권 규정이다. IDEA는 서비스를 받을 자격이 있는 학생에게 특수교육을 제공하도록 위임된 연방법규다. 효과적인 옹호자가 되기 위해, 부모는 연방과 주의 지침에 따라 자신의 권리와 자녀의 권리를 알아야 한다. 임상의는 효과적인 옹호를 지원할 수 있는 정보를 얻을 수 있도록 부모를 도와주어야만 한다. 어떤 경우 부모는 학교 회의에, 특히 가족-학교의 관계가 논쟁적일 때 가족과 함께할 전문적인 대변인이 필요할지도 모른다.

IDEA 판별과정에서 부모에게 아동의 발달사, 가정에서의 행동, 사회적 관계에 관해 정보를 제공하도록 요청한다. 그래서 학교기반의 평가에서 부모의 역할은 인터뷰와 행동평정척도 작성에 솔직하고 활발하게 참여하는 것이다. 평가가 적합하게 실행됐을 때 부모는 평가팀의 중요한 구성원이 되고, 아동의 병력과 가정에서의 행동에 대한 전문가로서 그들의 지위와 관련하여 존경과 존중을 받아야 한다. 일단 평가 자료가 수집되면, 부모는 또한 특수교육 서비스의 필요 유무에 대한 결정과 특수교육이 제공되는지에 상관없이 학교기반중재 계획을 공식화하는 데 적극적으로 참여해야 한다. 또다시 부모는 서비스의 필요 여부와 제공된 서비스의 특징(즉, 종류, 빈도, 강도)에 대해 불일치가 발생하면, 자녀의 옹호자로서 역할을 담당해야 할 수도 있다.

학교기반중재에서 가장 중요한 초점은 ADHD 관련 행동을 감소시키고, 학업적 · 사회적 기능을 강화시키는 것이다(8장 참조). 보통은 학교기반의 전략에 정기적으로 구조화된 가족-학교 간 의사소통을 보완하는 것이 유용하다. 가족-학교 간 의사소통의 가장 보편적인 예는, 학생이 학교에서의 목표를 달성하면 가정에서 강화를 받는 일일 통신문(daily report card)의 활용이다(8장 참조). 구조화된 가족-학교 의사소통 프로그램을 운영하기 위해서 처음부터 부모가 참여해야만 한다. 즉, 부모는 아동을 동기화시키도록 가정기반의 강화자가 되어야 할 뿐만 아니라 현실적인 교실 수행수준(예, 교실 규칙 따르기, 과제 완성하기, 다른 아이들과 어울리기)을 확인하기 위해 교사와 협력해야 한다. 일단 일일 통신문을 시작하면 부모와 교사는 진보를 평가하여 일일 통신문을 수정하기 위해 정기적으로 만나게 된다. 이 강화 기반의 시스템을 부모가 지속적으로 실행하는 것은 어려울 수 있다. 그래서 임상의는 일일 통신문의 구성과 계속적인 수정에 부모의 의견이 포함되도록 하여 부모가 실행할 수 있는 가능성을 증가시켜야 한다. 특히 중요한 것은, 가정기반의 강화는 학교 수행에 근거해서 아동에게 제공해야 한다는 것을 부모가 인식하는 것이다. 달리 말하자면, 부모는 일일 통신문이 효과적이기 위해서 규칙적으로 '계약'의 측면을 수행할 필요가 있다.

주의력 지속의 문제와 충동 조절의 어려움을 고려하면, ADHD 아동 및 청소년이 오랜 시간이 필요한 학업과제를 완성하는 데 어려움이 따른다(Power, Karustis, & Habboushe, 2001). 과제 완성의 어려움은 '주의력결핍 과제 회피형' '부실한 결과물에 따른 과제 규칙 비준수형' 이렇게 두 가지 광대역의 범주로 나눌 수 있다(Power, Werba, Watkins, Angelucci, & Eiraldi, 2006). ADHD 학생은 두 가지 영역 모두에서 문제를 보인다. 그래서 중재를 할 때 두 가지 모두 목표가 될 필요가 있다. ADHD 아동을 위한 몇 가지의 과제중재 프로그램이 개발되었으며, 모두 중재의 중요한 파트너로 부모를 포함시켰다(Meyer & Kelley, 2007; Power et al., 2001). 이런 프로그램은 아동이 과제를 완성하도록 조용하고 지정된 장소 제공하기, 시작하기 전에 아동과 과제 검토하기, 완성된 것을 검사하고 어떤 경우에는 학교에 제출하도록 잘 챙겼는지 부모가 확인하기를 포함한다. 적어도 처음에는 이런 활동이 부모의 시간을 많이 빼앗는다. 그러나 부모는 이미 자녀의 과제를 완성하기 위해 과도하게 많은 시간을 보내고 있다는 것을 인식해야 한다(예, 반복적으로 상기시키기, 또는 완성하지 못한 것을 벌하기). 더구나 구조화된 프로그램을 따르면 과제 완성도가 상당히 증가하고, 그에 따라 학업수행능력이 더 향상될 수 있다(Meyer & Kelley, 2007).

4. 가족 참여에서의 문화적 영향

많은 장애 관련 연구에서 그렇듯이, ADHD에 대한 대부분의 연구는 백인 중류계층을 대상으로 실행되었다. 더 다양한 참여자를 포함시키려는 최근의 노력은 ADHD의 인식에 대한 차이, 판별률, 서비스 이용, 중재 반응에서의 차이를 설명할 때 민족, 인종, 문화, 사회경제적 상태의 중요성을 강조하고 있다. 결과적으로 최근 10여 년 동안의 연구는 더 많은 아프리카계 미국인 가족을 포함하고 있다. 따라서 여러 많은 인종집단과 문화적 요인이 연구되어야 한다. 비록 문화의 영향을 조사하는 더 많은 경험적 연구가 필요할지라도, 임상의는 신뢰, 요구, 다양한 배경이 있는 가족의 맥락에 민감한 평가를 수행하고, 중재 계획을 고안해야 한다.

민족집단마다 'ADHD를 인식하는 방법'과 '생물학적 근거가 있는 정신건강장애로 받아들일 것인가 혹은 아동 마음대로 하는 나쁜 행동으로 받아들일 것인가에 대한 관점'에서 각각 차이가 있을 것이다. 예를 들어, ADHD가 신경생물학적 근거가 있는 의학적 장애라는 가정은 유럽계 미국 가족과 비교해서 아프리카계 미국 가족에서는 덜 두드러진다(Carpenter-Song, 2009). 민족집단에서의 ADHD에 대한 관점의 불일치는, 부분적으로 유럽계 미국인 부모보다 아프리카계 미국인 부모가 ADHD에 관해 덜 인식하는 것에서 드러나는 것처럼 지식의 차이로 설명될지도 모른다(McLeod, Fettes, Jensen, Pescosolido, & Martin, 2007). 그래서 임상의가 ADHD는 적극적인 중재가 필요한 '실제' 장애라는 증거를 포함하여 ADHD에 대한 정확한(최근의 명확한) 정보를 제공하는 것이 중요하다.

ADHD의 인식에 대한 민족적 차이는(이 장애의 선별과 진단에 일반적으로 사용하는) 행동평정척도의 응답에 영향을 주는 것으로 나타났다. 사실 ADHD에 대한 부모평정은 유럽계 미국인 아동과 비교하여 아프리카계 미국인 아동이 더 높다(DuPaul, Power, Anastopoulos, & Reid, 1998). 힐메이어(Hillemeier)와 동료들(2007)은, 아프리카계 미국인 아동의 부모는 아동의 ADHD를 똑같은 병리학 수준이 있는 유럽계 미국인 아동의 부모와 다르게 인식할 수 있다는 것을 밝혀냈다. 보다 구체적으로 보면, 구조화된 정신의학적 면담에서 증후에 대해 질문했을 때 심지어 기본적인 아동의 증후가 유사할지라도, 두 인종집단의 부모는 다르게 반응할지 모른다. 그래서 선별도구는 유사한 증후가 보일지라도, 인종집단마다 다른 결과를 도출할 수 있기 때문에 다양한 도구로 부모평정을 보완하는 것이 필요하다. 아프리카계 미국 아동의 ADHD 과다선별 가능성 때문에 부모 선별자료는 주의해서 해석해야 한다. 궁극적으로 평정척도 개발자는 인종적 차이를 설명하기 위하여 현재 성과 연령집단으로 분리된 기준을 제공하는 것과 같이, 아프리카계 미국인 아동에 대해서는 분리된 기준을 제공할 필요가 있다.

ADHD의 인식과 보고에 따르면, 인종 차이는 서비스 이용과 관련된 다른 차원으로까지 확장될 수 있다. 예를 들어, 아동의 '문제행동'과 '중재가 필요한 행동'에 대해 상담하고 '중재 실행방법은 무엇인가.'와 같은 것을 고려할 때, 아프리카계 미국인 아동과 유럽계 미국인 아동의 부모는 아동의 장애에 대하여 서로 관점이 다른 것으로 나타났다(Bussing, Koro-Ljungberg, Gary, Mason, & Garvan, 2005). ADHD가 정신장애로 진단될 만한 것이라기보다는 단순히 나쁜 행동으로 여겨진다면 인종적으로 배경이 다른 부모는 의료, 교육, 정신건강 전문가의 상담을 고려하기 전에 가족, 성직자, 다른 지역사회 구성원에게 도움을 요청할 것이다. 가족이(의학적 관심이 필요한 장애로) ADHD를 바라보는 정도는 중재를 결정하는 데 가장 큰 역할을 한다(McLeod et al., 2007). 그래서 임상의는 중재에 부적합하게 접근할지도 모르는 고정관념과 잘못된 믿음을 언급하면서, ADHD 증후의 관찰과 보고에서 발생할 가능성이 있는 문화적 차이에 민감할 필요가 있다.

중재 서비스 이용은 인종, 사회경제적 위치, 혹은 언어 차이에 따라서도 다르다는 증거가 많이 있다. 문화집단은 중재 선택과 서비스의 강도를 설명하는 데 다른 요인(예, 보험 상태, 지리적 위치)에 관심이 있는 것으로 나타났다(Radigan, Lannon, Roohan, & Gesten, 2005). 당연히 건강보험이 없는 아동은 ADHD 중재과정의 모든 단계에서 이어지는 중재 내내 초기 선별부터 더 낮은 수준의 지원을 받는다(Stevens, Harman, & Kelleher, 2005). 문화집단 또한 영향을 주는데, 히스패닉과 아프리카계 미국 아동은 부모의 보고에 의해서 ADHD로 진단받는 것이 쉽지 않고 아프리카계 미국 아동은 향정신성약물을 처방받는 것이 쉽지 않다. 사실 ADHD 때문에 자극제를 받는 아동 중에 성, IQ, 다른 요인이 모두 같은 경우에도 아프리카계 미국 아동은 유럽계 미국 아동보다 더 적은 양의 약물을 처방받는 경향이 있다(Lipkin, Cozen, Thompson, & Mostofsky, 2005). ADHD가 있는 아프리카계 미국 아동은 장애가 있는 유럽계 미국 아동보다 특수교육 서비스를 덜 받는 것처럼, 중재의 유형과 강도에서 인종의 차이는 학교 프로그램으로까지 확장될 수도 있다(Mandell, Davis, Bevans, & Guevara, 2008).

민족과 인종집단은 다양한 요인 때문에 ADHD 서비스 이용이 다르다. 이미 언급했듯이, 장애의 지식에 대한 중요한 차이, 사회경제적 위치, 건강보험의 접근성, 특히 의약품 수령에 따라 확실히 영향을 받는다. 인종차별의 가능성은 특히, 특수교육 적격성 결정이 명백히 불공평한 경우에는 무시될 수 없다. 사실 소수민족 가족은 의료지원과 교육 시스템을 불신하기 때문에 아마 치료실이나 학교의 실천가보다는 평소에 신뢰하는 지역사회 구성원에게 도움을 요청할 것이다. 그래서 임상의는 장애에 대한 정확한 정보를 제공할 필요가 있을 뿐만 아니라, 서비스에 회의적일 수 있는 가족과 신뢰와 라포 형성을 위한 시간을 보내야 한다.

비록 많이 연구되지는 못했지만, 문화집단 간에 중재 성과의 실제적인 차이가 있을지도 모른다. 예를 들어, ADHD가 있는 아프리카계 미국 청소년은 메칠페니데이트가 처방됐을 때, ADHD가 있는 유럽계 미국 청소년이 보이는 것 이상으로 심장수축과 심장확장 혈압이 상당히 상승했다(Brown & Sexson, 1989). 게다가 비록 자극제에 의한 행동반응이 민족 간에 다르게 나타나지 않았을지라도(행동장애 치료에서의 향정신성약물의 요구에 대한 회의주의 때문인지 몰라도) 민족적으로 어떤 가족은 약물치료만 하기보다는 다양한 방식의 중재를 선호한다. 'ADHD에 대한 다중중재 연구(Multimodal Treatment Study of children with ADHD: MTA)'에서 아놀드(Arnold)와 동료들(2003)은, 소수민족 가족은 약물치료만 하기보다는 심리사회적인 중재와 정신자극제 중재를 같이 제공했을 때, 함께 협력했고 상당한 도움이 되었다는 것을 알아냈다. 중요한 것은, 다중중재의 상대적인 장점은 어머니 교육, 한부모 상태, 생활보조 지원의 기능으로는 나타나지 않았다. 이 결과에 근거하여 MTA 연구자는 소수민족 아동, 특히 아동이 한 가지나 그 이상의 공존장애가 있을 경우, 약물치료와 행동중재의 결합을 권고하였다.

문화의 다양성은 중재의 성과뿐만 아니라 중재에 대한 가족의 인식에 영향을 줄 수도 있기 때문에, 임상의는 문화적으로 다양한 가족과 일하기 위한 전문성을 개발해야 한다. 이 점에서 도움이 될 만한 두 가지 전략으로 과학적 사고방식과 다이나믹사이징(dynamic sizing)이 있다(Tannenbaum, Counts-Allan, Jakobsons, & Repper, 2007).

'과학적 사고방식'은 다양한 배경이 있는 가족에 대해 가설을 수집하고 실험하는 것을 포함한다. 예를 들어, 평가할 때 ADHD 증후에 대한 부모와 교사 평정 간에 생기는 차이는, 행동 증후의 인식과 해석 측면에서 문화적 차이가 있기 때문이라고 가정할 수 있다. 이 가정을 실험하기 위해서 임상의는 각 항목의 응답 뒤에 숨어 있는 그들의 생각을 확인하기 위해서 부모, 교사와 각 평정척도 항목에 대해 토론할 수 있다.

'다이나믹사이징'은 아동의 행동을 이해하기 위해서 가족 문화에 대한 지식을 적절하게 적용할 시기를 아는 것을 포함한다. 예를 들어, 때때로 행동중재에서 아프리카계 미국인 가족과 부모훈련을 실시할 때, 임상의는 신체적인 처벌을 포함하는 권위적인 훈육방식이 더 빈번하게 사용될 가능성을 포함하여 양육 방식에서의 문화적 차이를 이해할 필요가 있다(예, Pinderhughes, Dodge, Bates, Petit, & Zelli, 2000). 만일 이러한 가정이 그 가족에게서 사실로 나타나면, 긍정적인 강화의 장점과 비교하여 신체적인 처벌의 제한점에 대해 주의 깊게 비판적으로 토론을 지속해야 한다.

중재 계획의 일부로 부모훈련을 고려할 때 발생할 수 있는 문화적 차이는 특히 중요하다. 대부분의 부모훈련 프로그램은 유럽계 미국인 중산층의 관점에서 생각한 가설을 사용하여 개발되었다. 그 가설은 민족적 · 언어적 · 사회경제적으로 다양한 가정과 관련성이 적을지도 모른다. 이미 언급했듯이, 문화는 선호하는 훈육 실제에 따라 다를 것이다. 또 다른 중요한 문제는 부모훈련을 실시할 때 어머니 이외의 가족 구성원을 포함하는 것이다. 어떤 문화에서는 아버지나 다른 가족 구성원이 회의에 참석하고, 수용할 만한 중재를 찾아내고 제안된 양육 전략을 실행하는 것이 특히 중요할 것이다. 부모훈련 전략의 수정은 아버지와 다른 가족 구성원이 모두 참여하기 위해 필수적일 수도 있다. 예를 들어, 파비아노(Fabiano)와 동료들(2009)은, ADHD 아동을 둔 아버지가 전형적인 부모훈련 접근방법보다 스포츠 기술 지도를 구성요소로 포함한 부모훈련 프로그램에 대한 참여율과 만족도가 더 높았다는 것을 알아냈다.

또한 ADHD 아동의 판별과 중재에 가족 상황이 미치는 영향을 고려하는 것이 중요하다. 몇몇 연구에서는 입양된 아동과 청소년이 그렇지 않은 아동과 청소년보다 ADHD에 더 쉽게 노출된다는 것을 지적했다. 예를 들어, 지멜(Simmel)과 동료들(2001)은 입양된 아동의 20% 이상이 심각한 ADHD 증후를 보인다는 것을 알아냈다. 그 출현율은 일반적인 아동보다 약 4배 이상 높았다. 입양 전 학대와 방임에 노출되거나 태아기에 약물 노출 경험이 있는 아동, 성장한 후에 입양되거나 입양 전 여러 탁아시설을 옮겨 다닌 아동은 ADHD와 파괴적인 행동장애가 나타날 위험이 가장 높다. 위탁가정 거주 영향에 대한 연구에 따르면, 정신장애는 일반적으로 위탁가정 아동에게서 나타날 확률이 더 높고(dosReis, Zito, Safer, & Soeken, 2001), 위탁가정의 아동은 한 개나 그 이상의 공존정신장애에 노출되기 쉽다(dosReis, Owens, Puccia, & Leaf, 2004). 위탁가정 아동에게서 가장 많이 나타나는 장애는 ADHD, 우울증, 발달장애다(dosReis et al., 2001). ADHD와 공존장애의 출현율이 증가함에 따라 위탁가정 아동은 보다 쉽게 정신병리학적인 치료를 받고

(dosReis et al., 2004), 일반 아동보다 정신건강 서비스에 더 많이 의뢰된다(dosReis et al., 2001).

ADHD와 관련 정신장애가 입양 아동과 위탁가정 아동에게서 비교적 더 많이 발생한다는 점에서, 임상의는 이 아동을 대상으로 이 장애의 증후에 대해 더 많이 주의를 기울여야 하고, 더 집중적인 다중중재 접근을 실행할 필요가 있다. 구체적으로 위탁가정이나 입양 가정의 아동에 대한 ADHD 선별은 어린 시기에 정기적으로 실시해야 한다. 더욱이 가능한 한 공존장애의 선별, 특히 다른 파괴적 행동장애, 우울장애의 선별을 포함해야 한다. 여러 가지 원인이 파괴적 가족생활과 공존정신장애를 일으키는 것이 명백하기 때문에, 많은 사례에서 약물치료와 집중적인 행동수정을 포함하는 결합된 중재 접근을 고려할 필요가 있다. 위탁가정 아동이나 입양 아동이 표준화된 ADHD 중재에 다소 덜 반응한다고 제시된 증거는 없다. 그러나 위탁가정에 따라 부모 훈육이 일관되지 않을 가능성이 있기 때문에 일반적인 ADHD 아동보다 더 집중적이고 결합된 접근이 필요하다.

5. 결론

비록 신경생물학적 요인이 다양한 ADHD 증후의 많은 부분을 설명할 수 있을지라도, 동시에 발생하는 파괴적 행동장애의 위험이 미치는 영향뿐만 아니라 가족의 상호작용과 부모의 훈육 실제는 증후의 심각성을 결정하는 데 중요한 역할을 한다. 그래서 부모는 선별, 진단, 의학적 중재, 교육 프로그램, 심리사회적 중재에 필수적으로 참여하여 ADHD 중재에서 매우 중요한 역할을 담당하고 있다. 의료지원 전문가와 교육 전문가는 모든 중재 결정을 내릴 때 부모에게 정보제공 기회를 제공하는 한편, 부모를 자녀의 발달과 가정행동에 관한 전문가로서 존중해야만 한다. 결국 부모는 중요한 수행의 순간에 중재를 제공할 수 있는 가장 좋은 위치에 있을 것이고, 따라서 자녀의 일차적인 치료자가 된다. 부모가 자녀를 도와줄 가장 좋은 위치에 있기 때문에, 임상의는 장애와 중재에 관해서 최근의 정확한 자료에 근거한 정보를 가족에게 제공할 필요가 있다. 더욱이 평가와 중재는 개별 가정의 배경과 상황에 민감할 필요가 있고, 특히 이런 요인은 장애의 인식과 지식에 영향을 줄 것이다. 궁극적으로 부모는 자녀의 발달 전반에 걸쳐 자녀의 ADHD 중재에 충분한 지식이 있는 파트너로 대우받아야 한다.

American Academy of Pediatrics. (1999). *TIPP? The injury prevention program*. Elk Grove Village, IL: Author.

American Psychiatric Association. (2000). *Diagnostic and statistical manual of mental disorders* (4th ed., Text rev.). Washington, DC: Author.

Arnold, L. E., Elliott, M., Sachs, L., Kraemer, H. C., Abikoff, H. B., Conners,

C. K., et al. (2003). Effects of ethnicity on treatment attendance, stimulant response/dose, and 14-month outcome in ADHD. *Journal of Consulting and Clinical Psychology, 71*, 713-727.

Barkley, R. (2004). Driving impairments in teens and adults with attention-deficit/hyperactivity disorder. *Psychiatric Clinics of North America, 27*, 233-260.

Barkley, R. A. (Ed.) (2006). *Attention-deficit/hyperactivity disorder: A handbook for diagnosis and treatment* (3rd ed.). New York: Guilford Press.

Brown, R. T., & Sexson, S. B. (1989). Effects of methylphenidate on cardiovascular responses in attention deficit hyperactivity disordered adolescents. *Journal of Adolescent Health Care, 10*, 179-183.

Bussing, R., Koro-Ljungberg, M. E., Gary, F., Mason, D. M., & Garvan, C. W. (2005). Exploring help-seeking for ADHD symptoms: A mixed-methods approach. *Harvard Review of Psychiatry, 13*, 85-101.

Carpenter-Song, E. (2009). Caught in the psychiatric net: Meanings and experiences of ADHD, pediatric bipolar disorder and mental health treatment among a diverse group of families in the United States. *Culture, Medicine, and Society, 33*, 61-85.

Christenson, S. L., Rounds, T., & Franklin, M. J. (1992). Home-school collaboration: Effects, issues, and opportunities. In S. L. Christenson & J. C. Conoley (Eds.), *Home-school collaboration: Enhancing children's academic and social competence*. Silver Spring, MD: National Association of School Psychologists.

Chronis, A. M., Lahey, B. B., Pelham, W. E., Jr., Kipp, H. I., Baumann, B. L., & Lee, S. S. (2003). Psychopathology and substance abuse in parents of young children with attention-deficit/hyperactivity disorder. *Journal of the American Academy of Child and Adolescent Psychiatry, 42*, 1424-1432.

Conlon, K. E., Strassle, C. G., Vinh, D., & Trout, G. (2008). Family management styles and ADHD: Utility and treatment implications. *Journal of Family Nursing, 14*, 181–200.

Cunningham, C. E. (2007). A family-centered approach to planning and measuring the outcome of interventions for children with attention-deficit/hyperactivity disorder. *Journal of Pediatric Psychology, 32*, 676–694.

Dishion, T. J., & Patterson, G. R. (1997). The timing and severity of antisocial behavior: Three hypotheses within an ecological framework. In D. M. Stoff, J. Breiling & J. D. Maser (Eds.), *Handbook of antisocial behavior* (pp. 205–217). New York: Wiley.

Dishion, T. J., Patterson, G. R., & Kavanagh, K. A. (1992). An experimental test of the coercion model: Linking theory, measurement, and intervention. In J. McCord & R. E. Tremblay (Eds.), *Preventing antisocial behavior: Interventions from birth through adolescence* (pp. 253–282). New York: Guilford Press.

dosReis, S., Owens, P. L., Puccia, K. B., & Leaf, P. J. (2004). Multimodal treatment for ADHD among youths in three Medicaid subgroups; Disabled, foster care, and low income. *Psychiatric Services, 55*, 1041–1048.

dosReis, S., Zito, J. M., Safer, D. J., & Soeken, K. L. (2001). Mental health services for youths in foster care and disabled youths. *American Journal of Public Health, 91*, 1094–1099.

DuPaul, G. J., McGoey, K. E., Eckert, T. L., & VanBrakle, J. (2001). Preschool children with attention-deficit/hyperactivity disorder: Impairments in behavioral, social, and school functioning. *Journal of the American Academy of Child and Adolescent Psychiatry, 40*, 508–515.

DuPaul, G. J., Power, T. J., Anastopoulos, A. D., & Reid, R. (1998). *ADHD Rating Scale-Ⅳ: Checklist, norms, and clinical interpretation.* New York: Guilford Press.

DuPaul, G. J., & Stoner, G. (2003). *ADHD in the schools: Assessment and intervention strategies* (2nd ed.). New York: Guilford Press.

Fabiano, G. A., Chacko, A., Pelham, W. E., Jr., Robb, J., Walker, K. S., Wymbs, F., et al. (2009). A comparison of behavioral parent training programs for fathers of children with attention-deficit/hyperactivity disorder. *Behavior Therapy, 40*, 190-204.

Gizer, I. R., Ficks, C., & Waldman, I. D. (2009). Candidate gene studies of ADHD: A meta-analytic review. *Human Genetics, 126*, 51-90.

Goldstein, S., & Goldstein, M. (1998). *Managing attention deficit hyperactivity disorder in children: A guide for practitioners* (2nd ed.). New York: Wiley.

Heckel, L., Clarke, A., Barry, R., Selikowitz, M., & McCarthy, R. (2009). The relationship between divorce and the psychological well-being of children with ADHD: Differences in age, gender, and subtype. *Emotional and Behavioural Difficulties, 14*, 49-68.

Hillemeier, M. M., Foster, E. M., Heinrichs, B., Heier, B., & Conduct Problems Prevention Research Group. (2007). Racial differences in parental reports of attention-deficit/hyperactivity disorder behaviors. *Journal of Developmental and Behavioral Pediatrics, 28*, 353-361.

Hurt, E. A., Hoza, B., & Pelham, W. E., Jr. (2007). Parenting, family loneliness, and peer functioning in boys with attention-deficit/hyperactivity disorder. *Journal of Abnormal Child Psychology, 35*, 543-555.

Individuals with Disabilities Education Act (IDEA) of 2000, PL 108-446, 20 U.S.C. §§ 1400 *et seq.*

Jensen, P. S. (2004). *Making the system work for your child with ADHD.* New York: Guilford Press.

Kendall, J., & Shelton, K. (2003). A typology of management styles in families with children with ADHD. *Journal of Family Nursing, 9*, 257-280.

lahey, B. B., Pelham, W. E., Loney, J., Kipp, H., Ehrhardt, A., Lee, S. S., et al. (2004). Three-year predictive validity of *DSM-IV* attention deficit hyperactivity disorder in children diagnosed at 4–6 years of age. *American Journal of Psychiatry, 161*, 2014–2020.

Lange, G., Sheerin, D., Carr, A., Barton, V., Mulligan, A., Belton, M., et al. (2005). Family factors associated with attention deficit hyperactivity disorder and emotional disorders in children. *Journal of Family Therapy, 27*, 76–96.

Lipkin, P. H., Cozen, M. A., Thompson, R. E., & Mostofsky, S. H. (2005). Stimulant dosage and age, race, and insurance type in a sample of children with attention-deficit/hyperactivity disorder. *Journal of Child and Adolescent Psychopharmacology, 15*, 240–248.

Mandell, D. S., Davis, J. K., Bevans, K., & Guevara, J. P. (2008). Ethnic disparities in special education labeling among children with attention-deficit/hyperactivity disorder. *Journal of Emotional and Behavioral Disorders, 16*, 42–51.

McLeod, J. D., Fettes, D. L., Jensen, P. S., Pescosolido, B. A., & Martin, J. K. (2007). Public knowledge, beliefs, and treatment preferences concerning attention-deficit hyperactivity disorder. *Psychiatric Services, 58*, 626–631.

Meyer, K., & Kelley, M. L. (2007). Improving homework in adolescents with attention-deficit/hyperactivity disorder: Self vs. parent monitoring of homework behavior and study skills. *Child and Family Behavior Therapy, 29*, 25–42.

Nigg, J. T. (2006). *What causes ADHD?*. New York: Guilford Press.

Patterson, G. R., Reid, J. B., & Dishion, T. J. (1992). *Antisocial boys.* Eugene, OR: Castalia.

Pelham, W. E., Jr., & Fabiano, G. A. (2008). Evidence-based psychosocial treatments for attention-deficit/hyperactivity disorder. *Journal of Clinical Child and Adolescent Psychology, 37*, 184–214.

Pinderhughes, E. E., Dodge, K. A., Bates, J. E., Petit, G. S., & Zelli, A. (2000). Discipline responses: Influences of parents' socioeconomic status, ethnicity, beliefs about parenting, stress, and cognitive-emotional processes. *Journal of Family Psychology, 14*, 380–400.

Power, T. J., Karustis, J. L., & Habboushe, D. F. (2001). *Homework success for children with ADHD: A family-school intervention program.* New York: Guilford Press.

Power, T. J., Werba, B. E., Watkins, M. W., Angelucci, J. G., & Eiraldi, R. B. (2006). Patterns of parent-reported homework problems among ADHD-referred and non-referred children. *School Psychology Quarterly, 21*, 13–33.

Radigan, M., Lannon, P., Roohan, P., & Gesten, F. (2005). Medication patterns for attention-deficit/hyperactivity disorder and comorbid psychiatric conditions in a low-income population. *Journal of Child and Adolescent Psychopharmacology, 15*, 44–56.

Rehabilitation Act of 1973, PL 93–112, 29 U.S.C. §§ 701 *et seq.*

Reid, J. B., & Eddy, J. M. (1997). The prevention of antisoical behavior: Some considerations in the search for effective interventions. In D. M. Stoff, J. Breiling & J. D. Maser (Eds.), *Handbook of antisocial behavior* (pp. 343–356). New York: Wiley.

Simmel, C., Brooks, D., Barth, R. P., & Hinshaw, S. P. (2001). Externalizing symptomatology among adoptive youth: Prevalence and preadoption risk factors. *Journal of Abnormal Child Psychology, 29*, 57–69.

Stevens, J., Harman, J. S., & Kelleher, K. J. (2005). Race/ethnicity and insurance status as factors associated with ADHD treatment patterns. *Journal of Child and Adolescent Psychopharmacology, 15*, 88–96.

Tannenbaum, K. R., Counts-Allan, C., Jakobsons, L. J., & Repper, K. K. (2007). The assessment, diagnosis, and treatment of psychiatric disorders in children and families from diverse backgrounds. In J. D. Buckner, Y. Castro, J. M. Hoim-Denoma & T. E. Joiner, Jr. (Eds.), *Mental health care for people of diverse backgrounds* (pp. 81–100). Abingdon, UK: Radcliffe Publishing.

08 학교에서의 절차와 중재

최적의 ADHD 중재에는 전반적인 환경과 시간에 적용될 다중중재를 포함한다. 다중중재 프로토콜의 중요한 구성요소는 ADHD 증후와 그에 따른 수많은 기능 결핍의 문제를 다루는 학교기반의 중재다(5장 참조). 대부분의 ADHD 학생은 일반 교실에 배치되어 있고, 특수교육 서비스를 받고 있지 못하기 때문에 이것은 특히 중요하다(Reid, Maag, Vasa, & Wright, 1994). 이 장의 목적은 학교기반 중재의 근본이 되는 중요한 개념을 기술하고, 행동과 학업에서의 문제를 다루는 데 활용할 수 있는 중재를 제공하며, 특수교육과 시민권 규정의 맥락에서 학교 절차를 설명하는 것이다.

첫째, 학교기반의 중재는 다중중재 맥락에서 실행한다.

둘째, 최근의 학교중재를 통해 얻을 수 있는 효과의 극대화를 설명하기 위해 메타분석 결과를 논의한다.

셋째, 중재 개발 지침의 중요한 개념을 기술한다.

넷째, 중재 전략의 구체적인 예를 기술한다.

다섯째, 효과적인 중재를 교사와 함께 개발하기 위하여 자료에 기반한 협력적 상담을 기술한다.

여섯째, 특수교육 서비스 적격성과 교실환경 수정에 대해 연방 지침에 따라 논의한다.

1. 다중중재 맥락에서 학교기반의 중재

다른 장에서 논의했듯이, ADHD의 가장 효과적인 중재에는 가정과 학교에서 실행하는 행동중재와 함께 향정신성 약물, 대부분의 자극제를 포함한다. 비록 자극제가 ADHD 증후를 효과적으로 감소시킬지라도, 약물치료와 행동중재의 결합이 이 장애와 함께 나타나는 학업, 행동, 사회적 손상을 다루는 최선의 결합이 될 것이다. 예를 들어, 다중중재(Multimodal Treatment Study of Children with ADHD: MTA) 연구자는 가정과 학교에서 적용한 적정량의 자극제와 행동중재의 결합은 적대적 행동 감소, 읽기 성취, 사회적 기능을 최상으로 향상한다는 것을 알아냈다(Jensen, Hinshaw, Swanson et al., 2001). 결합된 중재는 소수민족이기 때문에 장기간 장애 위험에 처해 있던 아동(Arnold et al., 2003) 또는 공존장애로 정신장애가 있는 아동에게 특히 도움이 됐다(Jensen, Hinshaw, Kraemer et al., 2001; March et al., 2000). MTA 행동중재 프로토콜의 중요한 구성요소에는 격주의 교사상담, 학교에서의 수행에 대해 가정기반의 유관강화[1]가 있는 일일 통신문, 더 광범위한 유관강화 조절절차(예, 토큰강화 또는 반응대가), 필요한 경우 행동절차 실행을 위한 시간제 전문가 지원이 포함된다. MTA 결과에서는 단일중재로는 (향정신성 약물) ADHD와 관련된 증후와 기능의 손상을 설명할 수 없다는 것을 강조하는 한편, 학교기반중재의 필요성을 명확하게 기술하고 있다.

최상의 중재 결과 이외에도, 다중중재는 전략이 결합될 때 각 중재에 사용되는 약물의 양보다 더 적은 양의 약물을 사용할 수 있다는 점에서 상승작용을 하는 것일지도 모른다. 예를 들어, MTA 24개월 성과 측정에서 결합된 중재를 받는 아동의 약물투여량이 오직 한 가지 중재만 받은 아동의 약물투여량보다 평균 20%가 적었다(MTA Cooperative Group, 2004). 파비아노(Fabiano)와 동료들(2007)은 자극제와 교실행동중재 사이의 상승효과에 대해서 보다 구체적인 연구를 수행하였다. 아날로그 교실 환경에서 48명(6~12세)의 ADHD 아동에게 집단 내 설계를 이용하여 다양한 강도(전혀 아님, 낮음, 높음)의 행동수정과 다양한 양의 메틸페니데이트(위약, 0.15mg/kg, 0.30mg/kg, 0.60mg/kg)를 투여한 후, 단일중재와 결합중재가 각각 '교실 규칙 따르기' '학업 성취'에 미치는 영향을 알

1) 행동과 그 행동에 따른 결과 사이의 관계가 명확히 진술되어 있는 행동중재 방법

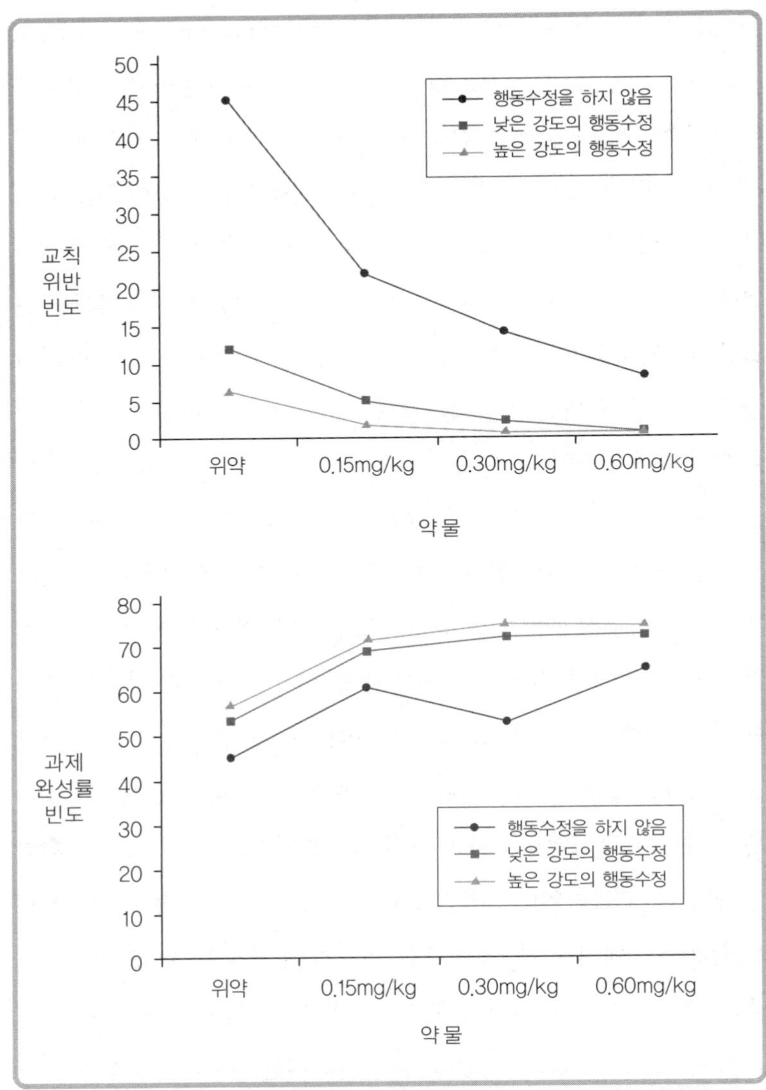

• 그림 8-1 • 교실 행동 측정

위의 그림은 행동수정과 약물에 따른 교실 교칙 위반 빈도이며, 아래의 그림은 행동수정과 약물에 따른 과제 완성률이다(Fabino, G. A., Pelham, W. E., Jr., Gnagy, E. M., Burrows-Maclean, L., Coles, E. K., Chacko, A et al., 2007). 교실에서 ADHD 아동에 대한 여러 강도의 행동수정과 약물의 단일중재와 결합중재에 대한 효과를 나타내고 있다.

아보았다. 연구결과에 따르면, 각각의 중재와 더 적은 양의 약물이(0.15mg/kg의 메칠페니데이트, 낮은 강도의 행동수정) 결합되면 규칙 위반이 줄어들고 과제 성취율이 증가하였다. 이것은 단일중재를 사용하면서 가장 많은 양의 약물을 투여한 연구의 효과와 같거나 더 바람직한 결과가 된다([그림 8-1]). 그래서 학교기반의 중재를 포함한 결합중재 프로토콜은 더 낮은 강도의 중재 구성요소가 사용되며, 따라서 비용 효과가 증가하고 교사의 만족도가 높아질 것이다.

2. 학교기반중재 효과의 중요성

ADHD 아동을 대상으로 하는 학교기반중재 효과의 중요성을 확인하기 위해 몇몇 메타분석을 실시하였다. 메타분석은 중재 성과 연구에서 도출한 효과를 통계적으로 요약하여 제공한다. 전형적으로 효과크기(Effect Size: ES)는 중재에 따른 표준편차를 근거 자료로 이용하여 계산한다(Borenstein, Hedges, Higgins, & Rothstein, 2009 참조). 듀폴과 에커트(DuPaul & Eckert, 1997)는 1971년부터 1995년까지 ADHD 학생을 대상으로 학교기반의 중재가 포함된 63개의 연구결과를 조사했다. 효과크기는 실험연구 설계의 기능에 따라 다르게 계산되기 때문에, 이 메타분석에서는 집단 간, 집단 내 단일대상 연구의 결과를 도출했다. 연구 전반에서 교실행동에 영향을 준 학교기반중재의 평균 효과크기는 중등도 범위였다(집단 간 설계 평균 ES＝0.45, 집단 내 설계 평균 ES＝0.64, 단일 대상 설계 평균

ES=1.16). 이 효과크기를 장기적인 관점에서 보면, 일반적으로 메틸페니데이트와 다른 자극제를 사용한 집단 간 연구에서 행동에 대한 효과는 크게 나타났고(Conners, 2002), 학업 성취에 대한 효과는 적게 나타났다(집단 내 설계 평균 ES=0.31, 단일 대상 설계 평균 ES=0.82). 흥미롭게도 유관행동조절과 학업중재 전략이 행동에 미치는 효과는 동일했고, 두 가지 방법 모두 인지행동중재의 효과보다 높았다.

학업성취(Trout, Ortiz Lienemann, Reid, & Epstein, 2007)와 학교기반중재(Fabiano et al., 2009; Van der Oord, Prins, Oosterlaan, & Emmelkamp, 2008)를 포함하는 심리사회적 중재의 효과에 초점을 맞춘 메타분석 연구에서도 유사한 결과가 나왔다. 구체적으로 트라웃(Trout)과 동료들(2007)은 1963~2004년에 ADHD 아동의 학업수행에 대한 비약물치료 중재 효과를 알아본 41편의 연구를 조사했다. 중재 유형 간(후속사건중심, 또래교수, 자기관리) 평균 효과크기는 대부분 중등도 범위에 있었으며, 0.25~2.00 범위에 있었다. 서로 다른 유형의 실험설계에서 각각 보고된 것이 아니기 때문에 이런 효과크기를 해석하는 것은 어렵다. 그들의 분석에 근거하여, 트라웃과 동료들은 학업 성취의 효과에 대한 중재는 제한되어 있고, 행동 변화에 대한 연구보다 적다는 결론을 얻었다.

파비아노와 동료들(2009)은 1976~2008년에 실시한 174편의 행동중재 연구결과, 실험설계의 유형에 따라 0.70~3.78에 이르는 중등도 이상의 효과크기를 밝혀냈다. 학교기반중재에서 분리된 효과크기는 보고되지 않았다. 그러나 교사가 평정한 행동에 대한 효과크기는 중등도 범위(평균 ES=0.33~0.78)에 있었고, 반면 학업 성취에 대한 효과크기는 더 작았다(평균 ES=0.11~0.33). 마지막으로, 밴 더 오드와 동료들(2008)은 1985~2006년에 출판된 26편의 심리사회중재 연구에서 ADHD와 사회적 행동에 대한 교사평정 결과 중등도의 효과크기(평균 ES=0.43~0.75)를 밝혀냈다. 다른 메타분석의 경우와 마찬가지로, 학업 성취에 대한 평균 효과크기는 적은 범위에 있었다(평균 ES=0.19).

메타분석결과 ADHD를 위한 학교기반의 중재와 관련하여 몇 가지 결과가 도출되었다.

- 교실중재는 크기가 중등도 정도로, 임상적으로 유의한 행동 변화를 나타냈다(적어도 표준편차 0.5의 변화).
- 행동변화의 정도는 자극제를 함께 사용한 결과보다 더 적었다. 그러나 사회 학업 기능에 대한 효과는 약물치료를 병행한 결과와 유사하거나 더 높았다.
- 중재 효과는 학업수행보다 행동기능에서 더 크다. 사실 학업 성취에 대한 중재 효과는 비교적 적다(표준변차 0.3 이하).
- 행동에 대한 효과는 유관강화조절과 학업중재 전략에서 비슷하고 두 가지 중재 모두 인지중재 전략보다는 우수하다.

이와 같은 결과는 기능 손상에—이 경우에는 학업 성취—초점을 맞춘 중재의 실시는 손상의 변화뿐만 아니라 장애에 따른 각 행동과 관련된 변화도 유발한다는 것을 의미한다. 다르게 표현하자면, 학업성취와 ADHD에 따른 과제 불참 행동은 양립할 수 없기 때문에 전자를 향상하는 전략은 후자를 감소시킬 것이다.

3. 중재 개발 지침

ADHD 아동 및 청소년을 대상으로 학교기반의 중재를 설계할 때 고려할 중요한 원칙이 있다.

첫째, 예방적이고 반응적인 전략의 활용이 균형을 이룬 중재 계획을 설계하는 것이 중요하다. 학교에서 학생이 문제행동을 보일 때, 교사와 학교 관계자는 처벌의 형태(교실에서 내보내기, 방과 후 남기, 정학)로 행동에 반응한다. 처벌만으로는(특히, ADHD 또는 관련된 행동장애가 있는 아동의 행동 변화에서) 좀처럼 효과를 보기가 어렵다. 긍정적인 강화(칭찬 또는 선호활동 참여)가 반응적인 접근에 포함될 때, 이어지는 적절한 행동은 더 성공적으로 성취될 수 있다. 그러나 긍정적 강화는 유관강화를 제공하기 위해 행동(이 경우에는 적절한 행동)이 발생하기를 기다려야 하는 반응적인 전략이다. 특정 행동이 발생하기 전 환경사건을 변화시키는 것에는 예방적인 중재가 포함된다. 예방적인 전략을 사용할 때, 교사는 문제행동이 발생할 것 같은 상황을 예측하고(ADHD 학생에게 지속적인 주의집중과 노력이 요구되는 쓰기 자습과제가 제시됐을 때), 문제행동이 덜 발생할 수 있도록 과제를 수정한다. 예를 들어, 빈도의 원리에 기초하여 교실 규칙을 게시하고 재검토하는 것은 파괴적 행동을 감소시킬 것이다(Paine, Radicchi, Rosellini, Deutchman, & Darch, 1983). 예방적이고 반응적인 중재 전략이 포함된 균형 있는 중재 계획은, 결과를 강조하는 우선적 처벌과 전형적 접근보다 더 성공할 가능성이 많다.

둘째, 중재를 실시할 다양한 중재자를 포함하는 중재 계획을 설계한다. 일반적으로 교사는 ADHD 학생을 대상으로 대부분의 교실 중재를 실시한다. 그러나 이 장애가 있는 대부분의 아동이 일반 교실에 있고, 그 교실에는 보통 20~30명의 학생이 있다. 전체 6시간의 학교생활 동안, 개별 학생에게 중재를 실시하는 것은 교사에게 어려운 일이다. 그래서 부모, 또래, 컴퓨터, ADHD 아동 자신이 실행하거나 조정할 수 있는 중재를 설계하는 것이 중요하다. 〈표 8-1〉에 가능한 한 중재자와 각자가 실행할 수 있는 중재의 예를 나열하였다. 이 중재는 이 장의 후반부에 더 자세하게 기술할 것이다. 중요한 것은, 여러 중재자를 이용하면 중재 계획의 유연성과 수용성이 향상된다.

셋째, 유관관리 전략을 사용할 때 행동의 기능을 고려한다. 응용 행동 분석 영역의 연구자는 교실 환경에서 발생할 수 있는 파괴적 행동 또는 문제행동의 기능을 다섯 가지로 판별하였다(DuPaul & Ervin, 1996). 즉, 문제행동은 다음과 같은 기능이 있다.

- 노력이 요구되는 과제(예, 자습과제) 회피하기
- 또래의 관심 얻기
- 교사의 관심 얻기
- 좋아하는 사물(예, 장난감 또는 게임) 얻기

표 8-1 ADHD 학생을 대상으로 하는 학교기반중재

중 재	입학 전	초등학교	중등학교
교사중재	행동조절 교수 전략	행동조절 교수 전략	공부하는 방법 계약
부모중재	행동조절 교사와 의사소통	목표설정 계약 가정기반의 강화 부모 교사	협력 계약 가정기반의 강화
또래중재		또래 교사	또래 코칭 또래중재
컴퓨터중재		교수 연습	교수 워드 프로세싱
자기중재		자기점검	자기점검 자기평가

- 감각적 자극 얻기(예, 기분 좋은 활동에 대해 공상하기)

전형적으로 행동 기능은 행동 관찰 및 학생과 교사의 면담을 통해서 파악된다[그 과정을 '기능평가'라고 부른다(O'Neill et al., 1997)]. 기능평가의 기본이 되는 핵심 전제는, 기능기반중재는 시행착오(trial-error) 방식으로 실행하는 전략보다 더 성공적이고 시간 효율적이기 때문에 일단 행동 기능이 파악되면 추정되는 행동 기능을 다루는 중재를 실행할 수 있다는 것이다. 비록 이 방법에 대한 실증적 자료가 전반적으로 긍정적이지는 않을지라도(Ervin, Ehrhardt, & Poling, 2001), 대부분의 행동중재 연구자는 기능평가에 기반한 유관강화 프로그램을 주장한다. 몇 가지의 기능기반중재의 예를

〈표 8-2〉에 나타내었고, 이 장의 후반부에서 더 자세하게 논의할 것이다.

표 8-2 **행동 기능과 관련된 중재의 예**

기능	일반적인 중재 접근
노력이 요구되는 과제 회피하기	• 과제의 흥미 증가시키기 • 부분 과제 완성 후 짧은 '쉬는 시간' 제공하기
또래의 관심 얻기	• 적절한 행동을 보일 때 또래의 관심 보이기
교사의 관심 얻기	• 부적절한 행동은 무시하면서 적절한 행동을 보일 때 교사의 관심 보이기 • 긍정적인 강화에서 타임아웃시키기

넷째, 자료를 평가하기 위해 중재의 설계와 수정을 연결한다. 전형적으로 임상의는 진단과 처음 중재 계획 수립을 위해 평가 자료를 이용한다(6장 참조). 처음 중재 계획의 성공 여부를 결정하고 개정과 수정이 요구되는 중재 구성요소를 정확하게 기술하기 위하여, 자료 수집을 주기적으로 지속하는 것이 중요하다. 즉, 평가는 진단으로 끝나는 것이 아니며, 자료는 중재 결정을 위해 중요하다. 예를 들어, 중재가 바람직한 효과를 보이는지를 평가하기 위해 ADHD 행동의 주기적인 교사평정 자료를 수집할 수도 있다. 교실에서 실시하는 중재가 처음부터 100% 성공적인 경우는 드물기 때문에, 평가 자료를 위한 중재 설계와 수정의 연결은 특히 중요하다. 실천가는 일화적인 보고나 주관적인 정보에 유일하게 의존하는 것이 아니라, 객관적인 자료를 이용할 때 정확한 중재 결정을 내리기가 더 쉽다.

4. 학교기반중재의 예

이전에 논의했듯이, 중재자 기준으로 ADHD 학생에 대한 학교기반의 중재를 범주화할 수 있다. 그래서 중재의 예에서 교사, 또래, 컴퓨터, ADHD 학생 본인을 포함하는 각 중재자를 제시하였다. 더 자세한 교실 중재는 듀폴과 스토너(DuPaul & Stoner, 2003, 2010)와 피프너, 바클리, 그리고 듀폴(Pfiffner, Barkley, & DuPaul, 2006)에 제시하였다.

1) 교사중재

교사는 학교기반중재의 가장 일반적인 중재자이며, 전략의 범위에는 선행사건중심, 예방적 중재, 후속결과중심의 반응적 중재가 포함된다. 매우 기본적인 수준에서 좋은 수업의 실제는 파괴적 행동이 발생하는 것을 방지할 수 있는 예방 전략이다. 예를 들어, 교사는 다음의 내용을 따라야 한다(Paine et al., 1983).

- 적극적 교수, 촉진, 규칙준수행동 강화와 함께 시각적으로 상기할 수 있도록 교실 규칙을 게시하라.
- 학생의 행동에 대해 점검하고 피드백을 제공하기 위해 교실 전체를 자주 순회하라.
- 가능하다면 학생이 과제에 다시 참여할 수 있도록 비구어적

단서를 사용하라.

- 학생이 과제에 참여하도록 수업의 활발한 흐름을 유지하라.
- 학생에게 과제 완성을 요구하기 전에 부과된 활동을 확실히 이해시키라.
- 잘 조직화된 방법으로, 하나의 활동에서 다른 활동으로의 전이를 관리하라.

부가적인 예방적 중재로서 교사중재 전략은 학생에게 과제 선택권을 주는 것이다. 전형적으로 학생은 전적으로 교사가 결정한 쓰기과제를 하게 된다. 하지만 교사가 결정한 과제는 일부 ADHD 학생의 주의력결핍, 파괴적 행동의 선행사건 또는 촉발사건으로 작용한다. 교사가 사용할 수 있는 대안적인 방법은 여러 가지 과제 메뉴에서 제한된 수의 선택권을 학생에게 제공하는 것이다(같은 학업 내용으로 나열된 세 개나 네 개의 과제에서 한 가지 과제 선택하기). 이런 방법으로 학생은 과제 회피 경향성이 감소될 수 있는 부과된 활동을 통해 제한된 범위 내에서 규칙을 지키기 위해 노력할 것이다. 사실 몇 편의 실험적 연구에서 선택하기중재는 교사가 결정한 과제와 비교하여 더 높은 과제 참여율과 더 낮은 수준의 파괴적 행동을 가져오는 것을 보여 주고 있다(Dunlap et al., 1994).

교사는 다양한 후속결과중심의 반응적 중재를 이용할 수 있다. 교사(또는 일반적인 성인)가 아동의 행동 변화를 위해 이용하는 가장 일반적인 방법은, 부적절한 행동을 보였을 때 학생에게 구어로 질책하는 것이다. 불행하게도 교사는 일반적으로 이와 같이 매우 효과적이지 않은 방법으로 학생을 질책한다. 구체적으로 부적절한 행동이 일어난 후에 전체 학생 앞에서 큰 소리로 감정을 잔뜩 실어서 질책할지도 모른다. 일련의 연구에 따르면, 구어 질책은 개인적으로 부드럽게(거의 감정이 섞이지 않은 채), 부적절한 과제 불참 행동을 시작하자마자 제공될 때 학생의 행동 변화에 가장 효과적이다(Abramowitz, O' Leary, & Futtersak, 1988 참조).

또 다른 교사중재는 반응적인 중재로 토큰 강화나 토큰 결제 시스템을 이용하는 것이다. ADHD 아동이 그들의 환경에서 즉각적인 유관강화에 가장 잘 반응하고, 기간이 긴 후속결과(예, 등급)에는 덜 민감하다는 것은 잘 알려져 있다. 그래서 토큰 강화에는 더 큰 강화를(선호하는 활동 또는 물건) 위해 나중에 포인트로 교환할 수 있는 즉각적인 후속결과(포커칩, 포인트, 스티커)를 제공하는 것이 포함된다. 토큰 강화 프로그램의 개발과 실행에는 몇 단계가 있다.

- 특정 기간 안에 성취해야 하는 구체적인 학업과 행동 목표 설정하기
- 목표가 성취될 것을 기대하는 몇 가지의 상황이나 기간 설정하기
- 각 특정 상황에서 목표에 도달할 때 즉시 토큰 제공하기
- 하루나 한 주의 마무리 단계에 더 큰 강화를 위한 토큰 교환하기

토큰 강화 프로그램은 개별 학생이나 모든 학생이 참여하는 교실 전체를 대상으로 실행할 수 있다. 여러 연구에서 ADHD와 관련 행동장애 학생에 대한 교실 기반의 토큰 강화 프로그램은 과제 수행 행동과 과제 성취율에 대해 일관된 설명을 해 주고 있다(Pelham & Fabiano, 2008). 또한 토큰 강화 프로그램의 더 추상적인 형식은 행동계약으로, ADHD 청소년에게 이용할 수 있다(DuPaul & Stoner, 2003).

몇 편의 연구에서(Pelham & O' Leary, 1987) 가벼운 처벌 전략을 포함하는 강화 프로그램은 ADHD 아동 행동에 장기간의 변화를 가져온다는 것을 증명하고 있다. 즉, 어떤 ADHD 아동은 토큰을 얻음에 따라 흥분하게 되어 과제 불참과 주의 산만한 행동을 보일 수 있다. 이런 이유 때문에 토큰 강화 프로그램에 반응대가 요소를 포함하는 것이 자주 권장된다(Pfiffner et al., 2006). 반응대가는 부적절한 행동이나 파괴적 행동을 보이면 토큰 강화제를 잠시 제거하는 것이다. 학생은 그들이 다시 교실 규칙을 따르거나 행동 목표에 도달하면 잃었던 토큰을 얻을 수 있다. 실증적 자료에 따르면, 반응대가는 파괴적 행동을 상당히 감소시키고 동시에 학업의 향상을 가져온다[어떤 경우에는 자극제의 사용으로 얻어진 효과에 상응하는 정도(Rapport, Murphy, & Bailey, 1982; DuPaul, Guevremont, & Barkley, 1992)].

또 다른 교사중재로, 반응적 중재는 긍정적 강화로서 타임아웃을 적용하는 것이다. 타임아웃은 파괴적이거나 다른 부적절한 행동을 보이는 학생을 일시적으로 고립시키는(예, 책상이나 교실에서

멀어지게 하기) 것이다. 원칙적으로 타임아웃 시간은 몇 분이며, 학생은 자신의 자리로 되돌아오기 위해 교실 규칙에 따를 것을 동의해야만 한다. 비록 타임아웃이 파괴적 행동을 감소시키는 데 효과적인 전략일 수 있지만, 신중하게 오직 긍정적인 강화가 제공되는 환경적 맥락에서만 신중하게 이용해야 한다. 즉, 타임아웃이 효과적이기 위해서 아동은 적절하게 교사에게서 긍정적인 강화를 받아야만 하고, 교실에 남아 있는 것을 원해야만 한다. 만일 파괴적 행동에 과제 요구에 대한 회피 기능이 있다면, 타임아웃은 실제적으로 파괴적 행동의 지속 시간을 증가시키기 때문에 효과적이지 않다.

2) 부모중재

부모는 학교에 함께 있지는 않을지라도 ADHD 학생을 위한 중재에서 여전히 역할을 담당할 수 있다. 부모를 포함하는 가장 일반적인 중재는 가정-학교 간의 의사소통이나 일일 통신문 체제를 이용하는 것이다. 이 체제에서 부모는 아동이 학교에서 바람직한 행동을 보이면, 가정에서 강화를 제공한다. 효과적인 가정-학교 간 의사소통 프로그램을 위한 몇 가지 중요한 구성요소가 있다(〈표 8-3〉). 첫째, 학업과 행동목표 모두를 포함하는 일일 또는 주간 목표를 명확히 해야 한다. 학업의 질과 양에 대한 목표는 행동과 학업 향상으로 이어질 수 있기 때문에 학업목표는 중요하다. 둘째, 한 번에 오직 몇 가지의 목표(3~5가지)만 설정해야 한다. 만일 처음의 목표가 모두 달성될 수 있을 정도로 현실적이어서 학생이 프로그램의 시작부터 강화와 성공을 경험한다면 도움이 될 것이다. 예를 들어, 처음의 목표가 쓰기 과제의 75%를 완성하는 것이라면, 일단 아동이 프로그램에 참여하면 목표는 점차적으로 시간에 따라 증가할 수 있다. 그래서 성공과 함께, 과제 완성률은 80%, 85%, 그리고 최종목표인 100%까지 향상할 수 있다. 셋째, 학생에게는 수행에 대해 많은 양의 피드백이 제공되어야 한다. 교사는 각 목표에 대해 점수를 부여할 수 있다(〈표 8-4〉의 일일 통신문 예시 참조). 넷째, 피드백(교사 점수)이 하루의 마지막보다는 학교 하루 일과의 전반에 걸쳐 정기적으로 제공하는 것(예, 각 수업 시간의 마지막)이 특히 효과적이다. 정기적인 피드백에는 더 지속적인 강화가 포함되며, 그것은 다른 학생과 비교하여 더 빈번하고 즉각적인 강화가 필요한 ADHD 학생에게 중요하다. 다섯째, 의사소통은 특별하게 좋거나

표 8-3 효과적인 가정-학교 간 의사소통 프로그램 구성요소

- 일일 또는 주간 목표를 긍정적인 방법으로 명확히 하기
- 학업과 행동 목표 모두를 포함하기
- 한 번에 적은 수의 목표를 설정하기
- 수행에 대해서는 피드백(포인트)을 많이 제공하기
- 수업 시간에 피드백 제공하기(하루 전체에서 정기적으로)
- 가급적 매일 정기적으로 의사소통하기
- 학교에서의 수행에 대한 강화로 가정기반의 특권(선호하는 활동) 만들기
- 부모의 협력을 요청하고 실행 전에 투입하기
- 목표와 유관강화에 대한 학생의 의사 파악하기
- 부모 · 학생의 요구뿐만 아니라 결과에 근거하여 시간에 따라 목표와 절차 수정하기

나쁜 날에 하는 것보다는 정기적으로 가급적 매일 실시해야 한다. 여섯째, 가정기반에서의 강화(예, 선호하는 활동)는 일일보고서 시스템에 근거하여 제공해야 한다. 위에서 설명한 교실기반의 토큰강화 프로그램과 유사하게, 포인트는 매일 저녁이나 한 주의 마무리 단계에서 가정에서의 특권과 교환할 수 있다.

MTA 연구를 포함하는 많은 심리사회중재 연구에는 일일 통신문이 구성요소로 포함되어 있다. 이 연구결과, 가정-학교 의사소통 프로그램은 일일 통신문을 사용하지 않는 것과 비교하여 더 높은 수준의 행동 및 학업성취를 가져온다고 지속적으로 증명하고 있다(Fabiano et al., 2007). 이런 중재는 비교적 가벼운 수준의 ADHD 학생이나 교실기반의 토큰강화 프로그램에 긍정적으로 반응하는 학생에게 특히 효과적이다. 즉, 어떤 경우에 일일 통신문은 학생이 다음에 더 집중적인 교실기반의 행동 프로그램을 받지 않도록 할 수 있는 방법이다.

표 8-4 일일 통신문 예시

목표 행동	수업 시간						
	1	2	3	4	5	6	7
수업 참여							
과제 수행							
교실 규칙 준수							
다른 사람과 잘 지내기							
숙제의 질							
교사의 확인							
의 견							

3) 또래중재

ADHD 아동의 또래는 중재자로서 서비스를 제공할 수 있다. 또래중재는 효과적일 뿐만 아니라 모든 교실에서 활용할 수 있기 때문에 적용하기 쉬운 이점이 있다. 또래중재에는 두 가지 유형이 있다. 첫 번째 유형은 또래가 교실(DuPaul, McGoey, & Yugar, 1997)과 운동장(Cunningham & Cunningham, 2006)에서 행동 모니터로서 활동한다. 두 번째 유형은 또래가 학업 교사로서 활동할 수 있다. 여러 연구에서 ADHD 아동을 중재하는 데 두 가지 유형의 효과를 조사하고 있다.

커닝햄과 커닝햄(Cunningham & Cunningham, 2006)은 또래가 운동장 모니터로서 활동하는 학생 중재 갈등해결 프로그램을 개발하였다. 교사는 운동장 모니터로 활동할 학교 리더(학업과 행동 수행에서 모범을 보이는 학생)로 더 상위 학년의 초등학교 학생을 지정했다. 연구자는 운동장 모니터가 친사회적 행동에는 촉진과 강화를 제공하도록 하고, 공격적인 행동이 발생했을 때는 그것을 명확히 하도록 훈련시켰다. 커닝햄과 커닝햄은 또래중재 갈등해결이 운동장에서의 폭력과 부정적인 상호작용에 대한 학교기반의 감소와 관련이 있다는 것을 알아냈다. 비록 이 학교기반의 중재가 특별히 ADHD 학생에게 초점이 맞춰지지 않았을지라도, 공격적 · 부정적인 사회적 행동을 보이는 장애아동의 위험을 감안할 때 이것은 확실히 의미 있는 중재다.

또래중재에는 짝을 이루어 학업과제를 함께 해결하는 것이 포함된다. 예를 들어, 교실전반적 또래교수(Classwide Peer Tutoring; CWPT)에서 짝을 이룬 학생은 읽기, 셈하기, 철자쓰기 영역에서 학업 과제를 완수한다(Greenwood, 2010). CWPT의 단계는 다음과 같다.

- 교실 전체를 두 팀으로 나누고 각 팀 내에서 학생 짝짓기
- 각 튜터에게 정답에 접근하기 위한 자료와 함께 수학문제, 읽기단락, 철자단어를 포함한 '학업 스크립트' 나누어 주기
- 짝을 이룬 학생이 서로 튜터의 역할을 교대할 수 있도록 시간을 구조화하기
- 또래 튜터는 튜티가 답을 하면 즉각적으로 피드백(포인트의 형식으로 제공)을 제공하고 오류 수정하기
- 교사는 각 튜터링 활동을 점검하고 활동을 잘한 팀에게는 보너스 점수 제공하기
- 각 주의 마무리 단계에 다른 팀의 칭찬으로 받은 점수, 그리고 각 짝과 팀의 향상된 점수 기록하기

CWPT는 낮은 수행 수준에서 높은 수행 수준 학생 모두의 학업 수행을 강화시킨다고 밝히고 있다(Greenwood, 2010). 더 구체적으로는, CWPT는 ADHD 학생의 과제참여행동을 증가시키고 과제불참행동을 감소시킨다(DuPaul, Ervin, Hook, & McGoey, 1998).

4) 컴퓨터중재

컴퓨터는 빈번하고 즉각적인 피드백의 제공과 함께 과제를 학생의 속도에 맞게 제공할 수 있는 것뿐만 아니라 컴퓨터 기반 과제를 고유한 자극 값으로 제공하기 때문에 학업 과제의 교수와 연습을 강화시킬 수 있는 가능성이 있다. 이러한 질적인 측면은 특히 ADHD 학생의 요구에 잘 부응한다. 비록 컴퓨터 기술이 새로운 과제를 교수하는 데 커다란 가능성이 있다고 해도, 연구에서는 습득한 학습 내용의 훈련과 연습에 컴퓨터보조수업(Computer-Assisted Instruction: CAI)의 초점을 맞춰 왔다. 특히 CAI는 계산하기와 읽기를 연습할 때 종이와 연필을 대체하고 있다.

ADHD 학생의 중재에서 CAI 중재를 사용한 것처럼, 오타와 듀폴(Ota & DuPaul, 2002)은 ADHD와 공존장애로 학습장애가 있는 4, 5, 6학년 각각에 해당하는 학생 세 명에게 이 중재를 이용하여 통제된 사례연구를 실시하였다. 세 명의 참가자 모두 더하기, 빼기, 곱하기, 나누기와 같은 기본적인 수학 지식을 습득하는 데 어려움이 있었다. 연구에서는 계산 문제를 시각적으로 매력적이고, 비디오게임 형식으로 제공하기 때문에 상업적으로 이용 가능한 소프트웨어패키지(MathBlaster)를 사용하였다. 세 명의 아동 모두 종이와 연필을 사용하는 과제와 비교하여 CAI에서 과제 수행행동이 임상적으로 상당히 증가하였다. 더욱이 3명 중 2명은 CAI에서 계산 기술이 더 빨리 향상하였다. 모턴, 듀폴과 지텐드라(Mautone, DuPaul, & Jitendra, 2005)는 더 어린 연령의 초등학생을 대상으로 읽기 기술까지 확장한 복사연구를 실시하여 같은 결과를 얻었다 (Clarfield & Stoner, 2005).

5) 자기중재

ADHD 학생은 자기관리나 자기조절 전략을 사용하면서 그들 자신이 중재자로 활동할 수 있다. ADHD는 자기조절의 장애라는 점에서, 이런 결함을 직접적으로 다루는 중재는 ADHD 아동에게 도움이 된다. 자기조절 훈련에 대한 인지기반 접근은 일반적으로 성공적이지 못했다. 그러나 행동에 기반한 자기관리 전략은 많은 실증적 연구에서 희망을 보이고 있다(DuPaul, Arbolino, & Booster, 2009; Reid, Trout, & Schartz, 2005). 특히 자기점검과 자기평가 전략은 ADHD나 경한 ADHD 증후가 있는 더 높은 연령대의 아동과 청소년을 대상으로 했을 때 희망적인 결과를 보여 주고 있다.

자기점검은 행동의 빈도를 변화시키기 위해 특정 행동을 가르치는 것이 아니라 이미 알고 있는 것을 인식하고 기록하도록 아동을 훈련한다. 예를 들어, 학생은 수업이나 과제 중에 주의집중하고 있는지를 나타내기 위해 체크리스트에 그들의 행동(과제 참여, 과제 불참)을 기록함으로써 주기적으로 촉진(예, 청각적 단서)할 수 있다. 일반적으로 대부분의 자기점검은 ADHD 학생이 그들의 과제와 관련된 주의집중, 과제 성취도, 과제 정확성을 기록하도록 격려하는데 이용하여 왔다. 이 접근 방식의 변형은 아동이 자기점검 행동으로 특정 목표에 도달하면 교사나 다른 외부 중재가 강화를 제공하는 것이다. 자기점검법을 단일하게 사용한 연구보다 자기점검법과 강화를 함께 사용한 연구에서 과제 수행 행동, 과제 성취도, 과제 정확성이 많이 증가하였다(대체로 표준편차 1)(Reid et al., 2005). 그러나 이 중재에 대한 대부분의 연구는 대체적으로 적은 샘플에서 이루어졌다는 것에 주의해야 한다.

중등학교 교사는 중재 참여에 소극적이고 어떤 특정 행동(예, 수업 준비)을 쉽게 관찰할 수 없기 때문에, 자기점검은 더 높은 연령대의 아동과 청소년을 위한 중재로 특히 도움이 된다. 예를 들어, 그래스코-무어, 듀폴과 화이트(Gureasko-Moore, DuPaul & White 2006, 2007)는 두 편의 연구에서 ADHD 중학생 9명에게 수업 준비와 조직화 기술을 강화시키기 위해 자기점검에 대한 연구를 하였다. 이 학생 모두 수업준비에서 심각한 문제를 보였다(예, 교과서 준비하기, 펜이나 연필 가져오기, 수업 시작하면 자리에 앉기). 학교 심리학자는 학생을 대상으로 교사가 그들에게 중요하다고 확인시켜 준 수업준비행동 체크리스트를 작성하도록 훈련시켰다. 자기점검 전에, 며칠에 걸쳐서 이 행동의 대략 50% 정도가 수정됐다. 자기점검을 실행하자 100% 수정됐으며, 자기검검이 끝난 후에도 그 행동을 유지했다.

자기평가(때때로 자기강화로 언급됨) 전략은 ADHD와 관련된 어려움을 다루는 데 이용할 수 있는 자기중재의 두 번째 유형이다. 자기점검과 마찬가지로, 아동에게 행동을 인식하고 기록하도록 가르친다. 그러나 자기평가에서 학생은 그들의 행동이 구체적인 기준에 도달했는지 아닌지를 또한 결정해야만 한다. 즉, 자기평가는 학생에게 행동의 양과 질 모두를 결정하도록 요구한다. 또한 강화는 다음에 근거한다.

- 특정한 기준에 도달한 행동
- 행동에 대한 교사의 칭찬과 부합하는 자기평가 평정

로드, 모건과 영(Rhode, Morgan, & Young, 1983)은 행동장애(ADHD 포함) 기준에 맞는 몇 명의 아동을 대상으로 자기평가에 대한 조사를 실시하였다. 교사는 교실 규범과 기대에 근거하여 아동의 행동과 학업수행에 대한 진단세트를 개발했다(〈표 8-5〉). 이 기준을 사용하면 학생과 교사는 각자 정해진 시간 마지막(예, 공부 시간의 끝)에 학생의 수행을 등급으로 나눌 수 있다. 학생이 스스로에게 부과한 포인트와 교사의 평정을 비교하여 교사 평정치의 1포인트 안에 학생이 스스로 부과한 포인트가 있다면, 이 학생 포인트는 그대로 학생에게 부여된다. 만일 교사와 학생 평정이 정확하게 일치한다면 학생은 부가적인 보너스 포인트를 얻는다(즉, 그들이 자신에게 부여한 포인트와 보너스 포인트를 합해서 얻는다). 만일 평정이 1포인트 이상 차이가 나면, 그 기간에는 포인트를 얻지 못한다. 먼저 기술한 토큰 강화 프로그램과 같이, 포인트는 당일이나 그 주의 마무리 단계에 더 큰 강화와 교환된다. 매칭 시스템(matching system)이 성공한 며칠 후, 교사는 임의적인 매칭 과제를 이용하면서 점차적으로 교사 평정을 제거한다(예, 그 시간의 오직 50%만 교사 평정과 매치시키기). 일단 교사 평정이 제거되면 자기평가를 기록하는 것

표 8-5 자기점검 중재 기준 예시

평정	행동과 학업 기준
5=우수	전체 구간에서 모든 규칙을 따름, 100% 정확성
4=매우 잘함	사소하게 규칙을 위반함, 최소 90% 정확성
3=평균	심각한 규칙 위반은 아님, 최소 80% 정확성
2=평균 이하	어느 정도 규칙을 위반함, 60~80% 정확성
1=못함	거의 전 기간 동안 규칙을 위반함, 0~60% 정확성
0=미달	전 기간 동안 규칙을 위반함, 완성한 것이 없음

에서 말로 하는 것으로 바꾸고, 나중에는 말로 하는 것조차 제거한다. 그래서 외부적인 관리 시스템에서 학생 혼자 전체를 관리하는 것으로 서서히 이동한다. 로드(Rhode)와 동료들의 연구에서 자기평가 시스템의 이용으로 과제참여행동이 임상적으로 유의하게 향상되었고, 파괴적 행동 발생률은 더 낮아졌다는 것을 보여 주고 있다. 자기평가와 관련하여 비교적 효과가 크다는 사실이 더 많은 연구를 통해서 되풀이되고 확산되고 있다(Reid et al., 2005).

5. 청소년 대상의 중재

ADHD 청소년을 위한 대부분의 학교기반중재는 아동에게 이용되던 중재 전략을 발달적으로 적절하게 변형한 것이다. 예를 들어, 청소년에게는 토큰 경제에서 구체적인 강화(스티커, 포커칩)를 활용하는 것보다, 행동 계약을 활용할 수 있다. 계약에는 목표 성취에 따라 매일 또는 주간으로 얻을 수 있는 특권(말하자면, 선호하는 활동)과 함께 특정 기간 안에 성취할 필요가 있는 행동과 학업 목표를 명시한다. 행동계약에서 기대와 강화 사이의 연관은 좀 더 추상적이다. 그러나 여전히 강조되고 일관적으로 적용된다. 게다가 청소년은 학교차원중재의 설계와 실행에서 더 큰 역할을 해야 한다. 자기중재는 학생이 그들 자신의 중재에 포함되도록 하는 가장 잘 알려진 방법이다. 그러나 그들은 또한 행동 계약이나 일일 통신문 체제의 한 부분으로서 특권을 협상하는 역할도 할 수 있다.

불행하게도 ADHD 중학생과 고등학생을 대상으로 학교기반의 중재를 평가한 연구는 거의 없다. 사실 듀폴과 에커트(DuPaul & Eckert, 1997)의 메타 분석을 포함하는 63편의 연구에서 오직 두 편만 중학생과 고등학생을 포함하고 있다. 2000년 이후, 가장 주목할 만한 것으로는 ADHD 중학생을 대상으로 하는 학교기반의 조직화 중재 연구가 증가한 점이다. 에반스(Evans)와 동료들(2004, 2005)은 ADHD 중학생과 고등학생이 보이는 조직화, 학업, 사회적 기술의 결함을 설명하기 위하여 CHP(Challenging Horizons Program)를 개발하였다. CHP는 방과후와 학교생활 두 가지 형식으로 진행된다. 거기에는 노트필기와 공부하기, 적절한 사회적 행동을 격려하기 위한 역할극과 피드백, 학교와 가정 간의 숙제 계획과 같은 전략이 포함된다. 초기 결과에 따르면, CHP는 조직화와 공부 방법을 향상하고 청소년의 행동에 대한 부모 평정을 강화하는 것으로 나타났으며, 학생을 학업 실패에서 보호할 것이다(Evans et al., 2009; Schltz, Evans, & Serpell, 2009).

6. 중재 개발을 위한 상담모델

비록 한 사람이 학교차원의 중재를 진행할지라도 교사, 부모, 다른 학교 관계자(예, 학교심리학자, 특수교사)를 포함하는 팀이 중재를 선택하기 위해 관련 평가 자료와 실증적 지원에 근거하여 중재 전략을 설계해야 한다. 최소한 교사와 학교심리학자 또는 특수교사는 학교기반중재 계획의 초기 실행을 결정하고, 설계하고, 평가하기 위해 협력해야 한다. 문헌연구에서 ADHD 학생을 대상으로 중재를 설계하는 데 도움이 될 몇 가지의 학교 상담 모델을 조사했다(Erchul & Sheridan, 2007 참조). 최근의 연구에서 ADHD 아동의 행동과 학업 요구를 충족하기 위해 두 가지 관련 상담모델의 유효성을 조사했다.

결합된 행동상담(Conjoint Behavior Consultation: CBC; Sheridan & Kratochwill, 2008)은 가정과 학교 전반에서 적용할 수 있는 중재를 설계하기 위해 상담가, 부모, 교사가 함께 참여하는 자료에 기반한 문제해결 모델이다. CBC 과정에는 4단계가 있다.

- 문제 확인
- 문제 분석
- 계획 실행
- 계획 평가

이러한 단계는 상담가와 의뢰인 사이에 일련의 구조화된 면담을 통해서 완성된다. 자료는 기초선과 중재 단계에서 행동과 과제 수행을 평가하기 위해 상담을 하면서 수집한다. 중재는 우선 선행사건과 후속사건의 변화를 포함하고 학생 개인의 요구에 근거하여 협력적으로 선택한다. 몇 편의 연구에서 CBC 맥락으로 ADHD와 관련된 장애가 있는 학생을 대상으로 행동중재를 설계하고 실행한 결과, 파괴적 행동과 학업성취도가 중간 효과에서 큰 효과까지 성과를 보였다(Sheridan, Eagle, Cowan, & Mickelson, 2001; Sheridan et al., 2010).

유사한 자료 기반의 상담문제 해결 모델이 학업에서 어려움을 경험하고 있는 ADHD 초등학생을 대상으로 효과적인 읽기와 계산하기 중재를 설계하는 데 어느 정도 성공적으로 사용되고 있다. 이 학업상담 모델에서 교사는 4단계의 문제해결 과정에 걸쳐 학교심리학자 또는 특수교사와 협력한다.

관찰과 교육과정에 기반한 측정(Shinn, 1998) 자료는 경험적으로 입증된 학업중재(예, 직접교수, 또래교수, 컴퓨터 지원교수)의 선택 가이드로 사용되곤 한다. 이 두 가지 형식의 상담모델(교사충실도를 촉진하는 방법과 자료평가 면에서 보다 집중적이다) 실행은 ADHD 초등학생의 계산하기와 읽기기술에서 2년 동안 상당한 향상을 보였다(DuPaul et al., 2006; Jitendra et al., 2007). 또한 이 상담모델은 경험적으로 입증된 학업중재와 함께 비교적 교사충실도가 높았다.

7. 특수교육 또는 「재활법」 제504조 서비스의 적격성

대부분의 ADHD 아동은 일반 교실에 배치되어 있다(Reid et al., 1994). 그럼에도 불구하고, ADHD 아동은 어떤 환경에서는 특수교육을 포함하여 다양한 학교기반 지원 서비스를 받고 있다. 게다가 다른 건강장애 아동의 65.8%, 정서장애 아동의 57.9%, 학습장애 아동의 20.2%를 포함하여 ADHD 아동은 특수교육 인구에서 상당한 비율을 차지하고 있다(Schnoes, Reid, Wagner, & Marder, 2006). 특수교육 서비스를 받지 않는 ADHD 아동은 「재활법」 제504조에 근거하여 수정된 일반교육과정을 적용받게 된다(DuPaul & Stoner, 2003). 그래서 ADHD 아동이 학교기반 서비스 대상으로 판별되는 방법을 고려하는 것은 중요하다.

ADHD 아동이 학교기반 특수교육 서비스 대상인지 또는 교육과정 수정의 대상인지 판별하는 방법에는 적어도 세 가지가 있다. 첫째, ADHD 아동은 교육법에 명시된 또 다른 장애(예, 정서장애)가 있는 것을 기준으로 특수교육 대상자가 될 것이다. ADHD가 빈번하게 다른 장애와 함께 나타나는 것을 고려하면, ADHD 아동이 교육법에 명시된 여러 장애 범주의 아동 중에 상당한 비율을 차지하는 것은 당연한 일이다(Schnoes et al., 2006). 이런 경우 그들의 ADHD 증후 때문에 그들이 특수교육을 받게 되는 것은 아니다. 그러나 ADHD 증후는 특수화된 교육, 행동, 정신건강 서비스의 작용으로 좋아질 것이다.

둘째, ADHD 아동이 특수교육 서비스를 받는 방법은 이 장애의 증후가 기타 건강장애(Other Health Impairment: OHI)로 판별될 때다. OHI의 명명하에 서비스를 위한 자격을 부여받기 위해서 ADHD 증후는 반드시 다음 내용과 같아야 한다.

- 긴급한 경계를 초래하는 만성 또는 급성 건강문제를 나타낸다.
- 교육적 수행에 불리하게 작용한다.
- 특수교육 및 관련 서비스가 필요할 만큼 충분히 심각하다.

셋째, ADHD 진단이 적어도 6개월 이상 증후의 만성성을 보이고 학업손상의 증후와 관련되어 있다는 것을 고려하면, 처음 두 가지의 OHI 자격 기준은 대부분의 경우에 해당하는 것으로 나타난다. 그래서 ADHD 진단이 내려지면, 특수교육의 필요성을 반드시 결정해야 한다. 더 심각한 증후와 더 큰 학업손상은 더 개별화된 교수와 중재가 필요할지도 모른다는 점에서 ADHD 증후의 심각성과 관련된 학업손상은 반드시 고려해야 한다. 그런데 최근 연방규정에서는 특수교육을 위한 필요를 결정할 때 '중재반응모델(RTI)'의 활용을 장려하고 있다(Burns & Van DerHeyden, 2007). 기본적으로 RTI 접근은 일반교실에서 경험적으로 입증된 중재에 대한 학생의 반응을 평가하는 것이다. 만일 그러한 중재가 효과적이라면 특수교육은 필요하지 않다. 그렇지 않고 만일 중재 실시 후에도 임상적으로 유의한 변화가 나타나지 않으면, 이것은 특수교육을 통한 더 강도 높은 서비스가 필요하다는 것을 나타낸다.

교육법에 명시된 다른 장애가 있거나 OHI로 판별되는 기준으로는 ADHD 아동이 특수교육을 위한 기준에 충족되지 못하는 경우, 만일 아동이 「재활법」 제504조 적용을 위한 적격성 지침에 맞으면 학교기반의 서비스를 제공해야 한다(DuPaul & Stoner, 2003). 「재활법」 제504조는 특수교육을 나타내는 것이 아니라 오히려 장애가 있는 개인의 동등한 접근성을 보장하는 「시민법」이라는 것을 주목하는 것이 중요하다. 「재활법」 제504조 적용을 위한 적격성 결정을 위해 사용하는 기준이 두 가지 있다. 첫째, 아동은 중요한 일상생활(배우기, 말하기, 걷기, 보기, 듣기, 자신 돌보기)의 한 가지 이상을 제한하는 신체적 또는 정신적 장애가 있어야만 한다. 둘째, 장애의 정도는 상당한 것이어야 한다. 즉, 학습이나 다른 일상생활의 손상이 현저해야만 한다. 이 기준은 특수교육 적격성 결정을 위해 사용한 것보다 확실히 더 광범위하다. 그래서 어떤 사람은 DSM-IV-TR(APA, 2000)의 ADHD 기준에 맞는 아동은 「재활법」 제504조 적용을 받아야 한다고 주장할 수 있다. 그래서 만일 임상의가 만성적인 증후와 임상적으로 심각한 손상에 기초하여 주의 깊은 진단을 내린다면, 「재활법」 제504조 적용에 대한 지원은 비교적 간단하다. 이와 같은 것은 이 장의 앞부분에서 논의했던 예방적이고 반응적인 전략(예, 선택하기, 일일 통신문)을 포함하여 보통 일반 교실에서 제공한다.

8. 결 론

학교기반중재는 ADHD에 대한 다중중재 접근의 필수적이고 효과적인 구성요소다. 비록 자극제가 ADHD 증후를 감소시키는 데 단일의 가장 좋은 방법일지 몰라도, 학교상황에서 행동과 학업 중재를 실행하는 것은 이 장애와 관련된 많은 문제를 다루는 데 중요하다. 학교 상황에서의 독특한 요구사항은(예, 차분히 앉아 있기, 장시간 동안 조용히 집중하기) 또한 다중중재를 활용할 때 가장 잘 해결된다. ADHD에 효과적인 학교기반 프로그램을 위한 몇 가지 원칙이 있다.

- 많은 중재자(교사, 부모, 또래)가 반드시 전반적인 중재 계획에 포함되어야 한다.
- 중재 프로그램은 사전적이거나 예방적인 전략과, 반응적이고 유관강화에 기반한 접근을 포함하여 균형을 이루어야 한다.
- 중재 설계는 평가 자료와 직접적으로 연결되어야 하고, 그래서 전략이 학생 개인의 강점과 약점을 다룰 수 있어야 한다.
- 중재는 계속적인 평가에 맞춰 설계해야 한다. 성공에 따라 목표를 수정할 수 있다. 그렇지 않고 바라던 결과가 실현되지 않으면, 중재 전략은 변화될 수 있다.
- 가장 효과적인 중재 전략은 '수행의 순간'에 전달되는 것이다(Goldstein & Goldstein, 1998). 예를 들어, 중재 목표가 매주 오

전 9시에 있는 수학 시간에 과제 참여행동을 향상하는 것이라면, 다른 상황에서 하루나 일주일의 마무리 단계에 중재를(예, 상담) 실행하는 것이 아니라 오전 9시 수학 시간에 전략을 실행하는 것이 더 성공하기 쉽다.

- 상담문제 해결 모델은 학업과 행동 전략 설계에서 교사와 협력하는 데 효과적이다. 이 모델을 이용하면 중재 만족도가 향상되어, 그 결과 기술된 절차의 충실도가 증가할 것이다.

ADHD는 만성적이고 다면적인 장애라는 점에서 단일한 중재는 효과적이지 않다. 게다가 아무리 효과적일지라도 단기적인 관점에서 오직 몇 주간이나 몇 달간 이용되는 교실중재에서는 효과가 제한적이다. 그래서 다중요소와 다중환경 중재 프로그램을 장기간 실행할 필요가 있다. 문제는 가정과 여러 환경에서 사용하는 전략을 보충하는 학교기반중재를 설계하고 실행하는 것이다. 더욱이 이 전반적인 중재 접근에는 명확하고 일관된 의사소통과 '학교관계자' '가족' '지역사회 기반의 의료지원 전문가' 사이의 협력이 필요하다. 9장에서는 이러한 관계가 성취될 수 있는 방법과, 실천가가 함께 일하는 가족, 학교, 의료지원 전문가를 지원하는 방법에 대해 논의할 것이다.

Abramowitz, A. J., O'Leary, S. G., & Futtersak, M. W. (1988). The relative impact of long and short reprimands on children's off-task behavior in the classroom. *Behavior Therapy, 19*, 243–247.

American Psychiatric Association. (2000). *Diagnostic and statistical manual of mental disorders* (4th ed., Text rev.). Washington, DC: Author.

Arnold, E., Elliott, M., Sachs, L., Kraemer, H. C., Abikoff, H. B., Conners, C. K., et al. (2003). Effects of ethnicity on treatment attendance, stimulant response/dose, and 14-month outcome in ADHD. *Journal of Consulting and Clinical Psychology, 71*, 713–727.

Barkley, R. A., & Murphy, K. R. (2006). *Attention-deficit/hyperactivity disorder: A clinical workbook* (2nd ed.). New York: Guilford Press.

Borenstein, M., Hedges, L. V., Higgins, J. P. T., & Rothstein, H. R. (2009). *Introduction to meta-analysis.* New York: Wiley.

Clarfield, J., & Stoner, G. (2005). The effects of computerized reading instruction on the academic performance of students identified with ADHD. *School Psychology Review, 34*, 246–254.

Conners, C. K. (2003). Forty years of methylphenidate treatment in attention-deficit/hyperactivity disorder. *Journal of Attention Disorders, 6*, 17–30.

Cunningham, C. E., & Cunningham, L. J. (2006). Student-mediated conflict resolution programs. In R. A. Barkley (Ed.), *Attention-deficit hyperactivity disorder: A handbook for diagnosis and treatment* (3rd ed., pp. 590–607). New York: Guilford Press.

Dunlap, G., dePerczel, M., Clarke, S., Wilson, D., Wright, S., White, R, et al. (1994). Choice making to promote adaptive behavior for students with emotional and behavioral challenges. *Journal of Applied Behavior Analysis, 27*, 505–518.

DuPaul, G. J., Arbolino, L. A., & Booster, G. D. (2009). Cognitive-behavioral interventions for attention-deficit/hyperactivity disorder. In M. J. Mayer, R. Van Acker, J. E. Lochman & F. M. Gresham (Eds.), *Cognitive behavioral interventions for emotional and behavioral disorders: School-based practice* (pp. 295–327). New York: Guilford Press.

DuPaul, G. J., & Eckert, T. L. (1997). The effects of school-based interventions for attention deficit hyperactivity disorder: A meta-analysis. *School Psychology Review, 26*, 5–27.

DuPaul, G. J., & Ervin, R. A. (1996). Functional assessment of behaviors related to attention deficit/hyperactivity disorder: Linking assessment to intervention design. *Behavior Therapy, 27*, 601–622.

DuPaul, G. J., Ervin, R. A., Hook, C. L., & McGoey, K. E. (1998). Peer tutoring for children with attention deficit hyperactivity disorder: Effects on classroom behavior and academic performance. *Journal of Applied Behavior Analysis, 31*, 579–592.

DuPaul, G. J., Guevremont, D. C., & Barkley, R. A. (1992). Behavioral treatment of attention-deficit hyperactivity disorder in the classroom: The use of the attention training system. *Behavior Modification, 16*, 204–225.

DuPaul, G. J., Jitendra, A. K., Volpe, R. J., Tresco, K. E., Lutz, J. G., Vile Junod, R. E., et al. (2006). Consultation-based academic interventions for children with ADHD: Effects on reading and mathematics achievement. *Journal of Abnormal Child Psychology, 34*, 633–646.

DuPaul, G. J., McGoey, K. E., & Yugar, J. (1997). Mainstreaming students with behavior disorders: The use of classroom peers as facilitators of generalization. *School Psychology Review, 26*, 634–650.

DuPaul, G. J., & Stoner, G. (2003). *ADHD in the schools: Assessment and intervention strategies* (2nd ed.). New York: Guilford Press.

DuPaul, G. J., & Stoner, G. (2010). Interventions for attention-deficit/hyperactivity disorder. In M. Shinn, H., Walker, & G. Stoner (Eds.), *Interventions for achievement and behavior in a three-tier model including RTI* (3rd ed.). Bethesda, MD: National Association of School Psychologists.

Erchul, W. P., & Sheridan, S. M. (Eds.). (2007). *Handbook of research in school consultation*. London: Routledge.

Ervin, R. A., Ehrhardt, K. E., & Poling, A. (2001). Functional assessment: Old wine in new bottles. *School Psychology Review, 30*, 173-179.

Evans, S. W., Axelrod, J., & Langberg, J. M. (2004). Efficacy of a school-based treatment program for middle school youth with ADHD: Pilot data. *Behavior Modification, 28*, 528-547.

Evans, S. W., Langberg, J., Raggi, V., Allen, J., & Buvinger, E. (2005). Development of a school-based treatment program for middle school youth with ADHD. *Journal of Attention Disorders, 9*, 343-353.

Evans, S. W., Schultz, B. K., White, L. C., Brady, C., Sibley, M. H., & Van Eck, K. (2009). A school-based organization intervention for young adolescents with attention-deficit/hyperactivity disorder. *School Mental Health, 1*, 78-88.

Fabiano, G. A., Pelham, W. E., Jr., Coles, E. K., Gnagy, E. M., Chronis-Tuscano, A., & O'Connor, B. C. (2009). A meta-analysis of behavioral treatments for attention-deficit/hyperactivity disorder. *Clinical Psychology Review, 29*, 129-140.

Fabiano, G. A., Pelham, W. E., Jr., Gnagy, E. M., Burrows-Maclean, L., Coles, E. K., Chacko, A., et al. (2007). The single and combined effects of multiple intensities of behavior modification and methylphenidate for children with attention deficit hyperactivity disorder in a classroom setting. *School Psychology Review, 36*, 195-

216.

Goldstein, S., & Goldstein, M. (1998). *Managing attention deficit hyperactivity disorder in children: A guide for practitioners* (2nd ed.). New York: Wiley.

Greenwood, C. R. (2010). Classwide peer tutoring. In M. R. Shinn, H. M., Walker, & G. Stoner (Eds.), *Interventions for academic and behavior problems in a three-tier model including RTI*. Bethesda, MD: National Association of School Psychologists.

Gureasko-Moore, S., DuPaul, G. J., & White, G. P. (2006). The effects of self-management in general education classrooms on the organizational skills of adolescents with ADHD. *Behavior Modification, 30*, 159–183.

Gureasko-Moore, S., DuPaul, G. J., & White, G. P. (2007). Self-management of classroom preparedness and homework: Effects on school functioning of adolescents with attention-deficit/hyperactivity disorder. *School Psychology Review, 36*, 647–664.

Jensen, P. S., Hinshaw, S. P., Kraemer, H. C., Lenora, N., Newcorn, J. H., Abikoff, H. B., et al. (2001). ADHD comorbidity findings from the MTA study: Comparing comorbid subgroups. *Journal of the American Academy of Child & Adolescent Psychiatry, 40*, 147–158.

Jensen, P. S., Hinshaw, S. P., Swanson, J. M., Greenhill, L. L., Conners, C. K., Arnold, E. L., et al. (2001). Findings from the NIMH Multimodal Treatment Study of ADHD (MTA): Implications and applications for primary care providers. *Journal of Developmental & Behavioral Pediatrics, 22*, 60–73.

Jimerson, S. R., Burns, M. K., & VanDerHeyden, A. M. (Eds.) (2007). *Handbook of response to intervention: The science and practice of assessment and intervention*. New York: Springer.

Jitendra, A. K., DuPaul, G. J., Volpe, R. J., Tresco, K. E., Vile Junod, R. E.,

Lutz, J. G., et al. (2007). Consultation-based academic intervention for children with ADHD: School functioning outcomes. *School Psychology Review, 36*, 217–236.

Kratochwill, T. R., & Bergan, J. R. (1990). *Behavioral consultation in applied settings: An individual guide.* New York: Plenum.

March, J. S., Swanson, J. M., Arnold, L. E., Hoza, B., Conners, C. K., Hinshaw, S. P., et al. (2000). Anxiety as a predictor and outcome variable in the Multimodal Treatment Study of Children with ADHD (MTA). *Journal of Abnormal Child Psychology, 28*, 527–541.

Mautone, J. A., DuPaul, G. J., & Jitendra, A. K. (2005). The effects of computer-assisted instruction on the mathematics performance and classroom behavior of children with attention-deficit/hyperactivity disorder. *Journal of Attention Disorders, 8*, 301–312.

MTA Cooperative Group. (2004). National Institute of Mental Health multimodal treatment study of ADHD Follow-up: 24-month outcomes of treatment strategies for attention-deficit/hyperactivity disorder. *Pediatrics, 113*, 754–761.

O'Neill, R. E., Horner, R. H., Albin, R. W., Sprague, J., Storey, K., & Newton, J. S. (1997). *Functional analysis and program development for problem behavior: A practical handbook.* Pacific Grove, CA: Brooks/Cole.

Ota, K. R., & DuPaul, G. J. (2002). Task engagement and mathematics performance in children with attention deficit hyperactivity disorder: Effects of supplemental computer instruction. *School Psychology Quarterly, 17*, 242–257.

Paine, S. C., Radicchi, J., Rosellini, L. C., Deutchman, L., & Darch, C. B. (1983). *Structuring your classroom for academic success.* Champaign, IL: Research Press.

Pelham, W. E., & Fabiano, G. A. (2008). Evidence-based psychosocial treatment for attention-deficit/hyperactivity disorder: An update.

Journal of Clinical Child and Adolescent Psychology, 37, 184–214.

Pfiffner, L. J., Barkley, R. A., & DuPaul, G. J. (2006). Treatment of ADHD in school settings. In R. A. Barkley (Ed.), *Attention-deficit hyperactivity disorder: A handbook for diagnosis and treatment* (3rd ed., pp. 547–589). New York: Guilford Press.

Pfiffner, L. J., & O'Leary, S. G. (1987). The efficacy of all-positive management as a function of the prior use of negative consequences. *Journal of Applied Behavior Analysis, 20*, 265–271.

Rapport, M. D., Murphy, A., & Bailey, J. S. (1982). Ritalin vs. response cost in the control of hyperactivity children: A within subject comparison. *Journal of Applied Behavior Analysis, 15*, 205–216.

Reid, R., Maag, J. W., Vasa, S. F., & Wright, G. (1994). Who are the children with ADHD: A school-based survey. *Journal of Special Education, 28*, 117–137.

Reid, R., Trout, A. L., & Schartz, M. (2005). Self-regulation interventions for children with attention deficit/hyperactivity disorder. *Exceptional Children, 71*, 361–377.

Rhode, G., Morgan, D. P., & Young, K. R. (1983). Generalization and maintenance of treatment gains of behaviorally handicapped students from resource rooms to regular classrooms using self-evaluation procedures. *Journal of Applied Behavior Analysis, 16*, 171–188.

Schnoes, C., Reid, R., Wagner, M., & Marder, C. (2006). ADHD among students receiving special education services: A national survey. *Exceptional Children, 72*, 483–496.

Schultz, B. K., Evans, S. W., & Serpell, Z. N. (2009). Preventing failure among middle school students with attention deficit hyperactivity disorder: A survival analysis. *School psychology Review, 38*, 14–27.

Sheridan, S. M., Eagle, J. W., Cowan, R. J., & Mickelson, W. (2001). The effects of conjoint behavioral consultation: Results of a four-year investigation. *Journal of School Psychology, 39*, 361-385.

Sheridan, S. M., & Kratochwill, T. R. (2008). *Conjoint behavioral consultation: Promoting family-school connections and interventions.* New York: Springer.

Sheridan, S. M., Warnes, E. D., Woods, K. E., Blevins, C. A., Magee, K. L., & Ellis, C. (2010). An exploratory evaluation of conjoint behavioral consultation to promote collaboration among family, school, and pediatric systems: A role for pediatric school psychologists. *Journal of Educational and Psychological Consultation, 19*, 106-129.

Shinn, M. R. (Ed.) (1998). *Advanced applications of curriculum-based measurement.* New York: Guilford.

Trout, A. L., Ortiz Lienemann, T., Reid, R., & Epstein, M. H. (2007). A review of non-medication interventions to improve the academic performance of children and youth with ADHD. *Remedial and Special Education, 28*, 207-226.

Van der Oord, S., Prins, P. J. M., Oosterlaan, J., & Emmelkamp, P. M. G. (2008). Efficacy of methylphenidate, psychosocial treatments and their combination in school-aged children with ADHD: A meta-analysis. *Clinical Psychology Review, 28*, 783-800.

09

협력적 의사소통

앞의 장에서 우리는 의료지원 전문가(health care providers: 임상의를 의미함), 교육자, 가족 간 협력의 중요성에 대해서 토론하였다. 그러므로 의사소통은 진단과 중재 · 치료 과정 모두에서 중심이 된다. 하지만 성공적인 의사소통을 한다는 것은 가족이 한 명의 치료(지원) 제공자와 접촉 빈도를 늘리는 것뿐만 아니라 협력적인 의사소통을 하여야 한다는 것이기 때문에 많은 노력이 따른다. 최소한 이러한 협력적 의사소통은 가족, 일차적 치료 제공자, 학교 관계자, 특히 교사 간에서 일어나야 한다. 즉, 대부분의 경우 협력적 의사소통에는 정신건강 전문의(mental health clinician)를 포함하여야 한다. 적절한 협력을 발전시키기 위한 시도를 용이하게 하기 위해서, 즉 협력적 의사소통의 중요성과 논쟁거리(issues) 모두를 이해하기 위해서 의사소통의 체계 및 장벽을 검토해 보아야 한다.

1. 의사-가족 간 의사소통

ADHD 아동을 위한 일차적 의료지원 전문가의 직접적인 처치 · 치료 제공의 여부와 상관없이, 일차적 의료지원 전문가와 가족 간의 의사소통은 치료지원을 하는 과정에서 매우 중요하다. 일차적 의료지원 전문가는 의료적 관리의 연속성을 제공할 수 있는 개인이며, 아동 생활의 전체는 아닐지라도 아동 및 그 가족에 대해 알 수 있다. 미국소아과학회(The American Academy of Pediatrics: AAP)는 '의료적 가정(Medical Home)'으로 묘사함으로써 이러한 중요한 관계성을 강조해 왔다(Brito et al., 2008; Homer et al., 2008). 의료적 가정의 개념에는 지속적이고, 포괄적인 가족중심의 치료지원(care) 원리가 포함된다. 지속적인 치료지원이란 비록 타 전문가가 치료에 연루될 필요가 있을지라도, 일차적 임상의와 신뢰 관계를 발전시킬 수 있도록 가족에게 치료에 대한 이해의 기회를 제공하는 것이다. 즉, 가족이 문제의 본질을 이해할 수 있도록 돕고 어떤 처치가 필요한지를 이해하도록 도우며, 적절한 치료지원을 받고 있음을 확신할 수 있도록 돕는 그들의 일차적 의료지원 전문가를 신뢰할 수 있도록 한다. 포괄적인 치료지원이란 가족이 신체적 · 정신적 건강, 교육 서비스 부분을 아우르는 여러 자원에서 제공받고 있는 치료지원에 협력하는 것을 말한다. 가족중심 치료지원이란 전문의가 부모를, 아동을 돌보기 위한 전문적인 교육을 제공받는 수요자로 봄으로써 자신을 돕는 파트너로서 영입하거나 그러한 대우를 받는 것에 대해 경험이나 인식을 존중하는 것을 의미한다. 그들은 또한 적절한 진전 수준을 결정하는 과정에서 가능한 한 조기에 아동을 통합의 일원으로 포함시킨다. 이를 토대로 아동의 치료지원에 대한 선택이, 함께 작업하고 일하는 전문의와 가족의 합의된 의사에 의해 결정된다.

제공되는 가족 교육에는 관련된 아동 및 형제에 대한 발달, 즉 연령에 적합한 정보를 포함하는 등 모든 가족 구성원에 관한 내용을 포함하게 된다. 주제에는 장애, 증후, 평가과정, 일반적인 공존장애, 처치의 내용, 실행사항, 쉽게 발생할 수 있는 해로운 부작용과 유익한 결과 및 장기적 영향, 학교에서의 수행능력과 사회적 참여도에 미칠 잠재적 영향을 포함해야 한다. 이것은 아동과 아동의 ADHD 증후를 이해할 수 있도록 하기 위해 매우 유용한 내용이며, ADHD의 정도는 증후 및 장애를 다루는 전략을 포함하고 있는 일상생활에 근거한다. 부가적으로 ADHD 아동은 약물의 효력과 부작용에 대한 것과 더불어 자신이 투약 중인 약물의 이름을 알고 싶어할 수 있다. 임상의는 ADHD 아동이 또래보다 똑똑하지 못하다는 것을 의미하는 것이 아님을 말해 줌으로써, 아동이 자기자신에 대해 어떻게 생각할지 명확하게 안내해 줄 수 있다. 아울러 강점의 영역을 확인시켜 주는 것이 중요하다. 아동의 강점을 확인하고 강화하는 것은 대부분 불평과 비난만 받던 아동에게 무엇이 좋은 것인지를 생각하게 하면서, 치료지원 제공자와 긍정적인 관계를 형성할 수 있다. 특히 성숙한 ADHD 아동은 효율적인 자기옹호자가 될 수 있도록 배우거나, 언제 도움이 필요한지, 또 도움을 어떻게 얻을 수 있는지를 배울 수 있다.

부모를 위한 교육에는 그들의 ADHD 자녀를 위해 좀 더 촉진적이거나 물리적으로 안전한 가정환경이 되도록 도울 수 있는 사전대비 전략을 포함한다. 이러한 변화는 아동이 장애에 대응하여 자신의 강점을 최대한 활용하고 보상할 수 있도록 하는 적응력을 형성하거나 그러한 구조를 제공하는 것을 포함한다. 이러한 전략에는 ADHD 아동을 일관성 있게 대하며, '매일의 일상 및 일정 만들기'와 '시각적 메모로서 눈에 잘 띄는 장소에 집안 규칙 게시하기'가 있다. 부모는 아동의 치료지원에 일관성을 증진하기 위해 다른 가족 구성원과 대화가 필요하다. 부가적으로 임상의는 부모의 행복(well-being)을 점검해야 한다. ADHD 아동의 부모는 흔히 스트레스 상황에 처하게 되며, 자신 또는 가족의 행복을 고려하지 못할 수 있다. ADHD 증후가 있는 형제가 부모의 관심을 독차지하다시피 하기 때문에 다른 형제는 심리적으로 박탈감을 느낄지도 모른다. 결국 발달 기간 중에 ADHD 아동이 상해와 사고, 중독에 대해 평균보다 높은 위험에 처할 수 있다는 사실과 관련하여, 부모가 가정의 안정성을 검토해 가는 것(예, 전기 콘센트에 커버 씌우기, 중독성 물질을 안전한 장소에 보관하기) 또한 중요하다.

만성적 질병에 접근하는 데 활용하는 과정 중의 한 요소는, '임상의가 가장 일반적으로 ADHD에 의해 영향을 받는 기능 영역인 학업 측면'과 '또래 및 부모, 형제와의 관계 형성 측면' 또 '위험한 행동에 관련한 목표'를 개발하면서 이러한 측면과 관련 있는 부모 및 아동, 청소년을 적시에 돕는 것이다. 가족은 함께 작업을 시작하면서, 초기에 작업하기 원했던 세 가지의 가장 도전적인 영역을 확인하도록 고무될 수 있다. 그런 다음 부모와 아동은 그들 상호 간에 중요도를 띠는 부차적인 목표를 확인할 수 있으며, 그러한 경험은 가족의 다른 구성원 각자에게 장애의 영향을 좀 더 크게 이해하도록 촉진한다. 즉, 측정 가능한 특정 성과를 발전시켜 나가면서 협력을 증진할 수 있도록 이끈다. 이러한 과정은 달성 목표를 숙고하고 치료 계획을 설명하는 것에 아동의 강점과 회복력의 요소(resilient factors)를 통합시키도록 하는 데 도움이 된다.

개인 간(interpersonal) 영역 및 비구조화된 환경 내에서 평가를 하는 것은 특히 중요하다. 가능하다면 언제든지 '수량화할 수 있도록' 진전 표시 형식을 공유하는 것이 중요하다. 욕하기의 빈도 또는 주(week) 당 할당된 일을 잊는 횟수와 같은 행동에 대한 차트를 통해 부모, 교사, 아동 및 임상의가 모두 얼마나 많은 진전을 했는지에 대해 의견을 조율할 수 있기 때문에, 그러한 차트는 관계 내에서 증진을 기록하고 측정하는 데 유용할 수 있다. 이러한 방식으로 성공과 성취를 체계화할 수 있고, 또 가족은 명확하게 그러한 진전을 평가하고 확인해 나갈 수 있다. 하나의 가능성이 한 장의 일일 보고서 안에 달성목표로서 포함되고, 반대로 기능상에 침해를 받은 네다섯 가지의 행동이 기초선상에서 확인되고 모니터링된다.

일차적인 치료지원 임상의는 자신의 실행과 ADHD 아동을 성공적으로 관리하는 데 요구되는 진단 및 치료 과정의 촉진 절차를 발전시킬 수 있도록 다음과 같은 단계로 검토할 수 있다. 그러한 단계는 다음과 같다.

- 학교 문제와 ADHD는 임상의와 더불어 논의할 수 있는 적절한 논쟁거리(issue)라는 메시지 전달의 분위기를 조성하는 것(예, 전단물을 비치하거나 사무실에 포스터를 붙이는 것)
- 부모와 교사가 계획된 방문 일정 전에 완성할 수 있는, 실행 측면과 학교 체계에 상호 수용되어 온 ADHD 질문지 및 평정척도 세트를 개발하는 것
- ADHD 관련 견학을 위해 적절한 시간 투입을 고안하는 것
- 확대된 방문(견학)에 관한 적절한 광고 및 문서 안을 결정하는 것
- 부모를 모니터링(감독)하기 위해 추적 및 추수(follow-up) 체계를 개발하는 것(특히 그들이 ADHD에 대한 향정신성약제를 처방받았다면 더욱 그러함)

이상적으로 볼 때, 진단을 위한 평가는 대개 최소한 한 시간 정도 소요된다. 하지만 임상의에게 잘 알려진 아동은 교육적 진단평가를 하는 데 시간이 덜 걸리며, 만일 전체적 평가가 실행적인 과정과 좀 더 잘 부합되는 것이라면 전체적 평가는 몇 개의 더 작은 부분으로 나누어질 수 있다.

2. 의사-교사 간 의사소통

의사소통 협의 체계를 개발하는 과정은 의사와 교사가 함께 시작할 필요가 있는데, 그래야 아동이 신뢰로운 평가 및 진단을 받을 수 있을 뿐만 아니라 적절한 처지 계획이 이루어질 수 있기 때문이다. 의사와 교사는, 건강을 위한 1996년의 「건강 보험 편의 및 책무법(the Health Insurance Portability & Accountability Act: HIPAA)」(공법 104-191)과 교육을 위한 1974년의 「가족 교육권 및 사생활 보호법(the Family Educational Rights & Privacy Act: FERPA)」(공법 93-380)을 포함하여 기밀을 보호할 수 있는 서로의 규칙에 서로 익숙해지는 것이 중요하다. 이러한 과정은 의사소통의 양식(예, 이메일, 팩스, 서류 양식)을 확인하는 것과 적합한 행동평가척도와 운영의 형식에서 합의해 나아가는 것이 수반되며, 여타의 타당한 정보를 전달하고, 또 만일 직접적인 토의가 필요하다면 적절하게 호출하는 것처럼 교사와 의사 간의 의사소통을 촉진할 형식을 추수 점검해 나가는 것이다.

이러한 의사소통 체계는 적절한 방식으로 그러한 과정을 촉진하기 위해 아동을 평가하기 이전에 최우선적으로 개발해야 한다. 그런 다음, 의사는 부모에게 그들이 완성해야 할 필요가 있는 양식을 제공할 수 있다. 또한 최소한 아동을 평가할 때나 그 이전에, 부모에게서 전달되거나 부모에게 전달한 평가 정보 내용에 관하여, 즉 교사가 보고와 정보를 적절히 제공할 수 있도록 학교 측과 연계되고 있는 인물에게 교육을 제공할 수 있다. 사전에 정보를 교환하도록 구조화하는 것은 시간을 줄이고 가족, 의사, 교사 간에 적절한 의사소통을 보장하여 평가의 과정을 촉진할 수 있다. 초등학교 고학년이나 중학생을 평가할 때는 여러 교사에게서 정보를 수집해야 한다. 의사와 학교 측은 여러 교사에게서 어떻게 하면 최적으로 자료를 얻어낼 수 있을지에 대해 계획을 구상해야만 한다. 예를 들어, 교사팀은 협동하여 평정척도 평가나 측정을 완수하기 위해 기초적인 학업 영역(예, 읽기, 수학, 사회 및 과학)의 정보 내용을 교과 담당 교사에게서 알아낼 수 있다.

교사 혹은 학교 측 인사가 학교 내에서 아동을 돌보는, 특히 ADHD 아동을 다루는 유의한 역할을 감당하고 있는 임상의를 확인함으로써 그 평가의 과정을 시작할 수 있다. 왜냐하면 학교에서의 수행은 모든 ADHD 아동을 평가하기 위한 중요한 기능 중 하나이기 때문이다. 교사가 아동을 판별 및 진단하도록 돕는 것은 시스템의 일부가 되어야 하며, 또 처치 프로그램의 효과를 모니터링할 때도 협력하는 것은 중요하다. 5장에서 논의했듯이, 교사는 ADHD 증후가 있는 것으로 의심되는 아동의 평가에 중요한 진단적 정보를 제공한다. 또한 교사는 교실 내 ADHD 아동의 행동상에 나타난 치료 효과에 대한 주요한 정보 원천의 하나인데, 왜냐하면 교사는 대체로 아동 행동에 대해 신뢰로운 보고자이기 때문이다(Lahey et al., 1987; Newcorn et al., 1994). 그러므로 신뢰롭고 타당한 진단은 오로지 교사의 개입으로 가능하다.

부가적으로 「재활법」 제504조 계획의 일부 또는 1990년도 「미국 장애인 교육법」(IDEA, 공법 101-476)하에서 개발한 개별화 교육 프로그램(IEP)의 교육적 수정은 전체 운영 계획에 도움을 줄 것이다(Davila, Williams, & MacDonald, 1991). 교실에서의 약물 반응 관련 정보 또한 자극성 약물의 활성화가 학교생활에 부합하는 것인지에 대한 정보이기 때문에, 특히 적절한 처치의 효과를 성취하기 위해 요구되는 중요한 정보요소의 하나다. 그러므로 교사는 학업, 행동, 사회적 기능상에서의 약물 효과를 보고하기 위한 적절한 위치에 있으며, 교사의 보고는 평정척도, 일일 보고 카드와 목표 달성에 대한 점검의 활용을 통해 얻을 수 있다.

진단, 중재, 지속적인 의사소통상의 핵심 요소인 지역의 학교 인사와 지역의 일차 치료지원 의사 간, 즉 지역사회 수준상에서의 합의점을 획득한다는 것은 지속적이고도 잘 협력된 그리고 비용대비 효과적인 지원을 확신하는, 가장 효율적이고도 효과적인 방법이다. 학교와 함께하는 지역사회기반 체계를 통해, 각각의 환자를 위한 치료와 의사소통에 대해서 개별 학교와 협의해 가야 하는 일차적 치료지원 의사의 부담을 줄이게 된다. 지역사회기반 협력 체계를 위한 핵심요소에는 아래의 논의 내용에 대하여 합의를 발전시켜 나가는 것이 요구된다.

- 평가 및 추수 검사 시, 부모와 교사에게서 정보를 얻기 위해 실제적으로 접촉하는 인물
- 의사나 교사가 그 과정을 시발하거나 촉진할 수 있도록 학교에서 접촉하는 인물

- 부모나 학교 인사 중 한 쪽에 의해서 관심을 확인했을 때, 평가절차가 시작될 수 있는 분명하고도 구조화된 과정
- 평가가 의뢰된 각 아동에 대해서 부모와 교사가 완성한 정보의 한 묶음
- 공존장애(예, 적대적 반항장애, 품행장애, 학습장애)에 대한 연구를 촉진하는 과정
- ADHD 아동 및 성인을 위해서 증거기반의 정신건강중재를 제공하고 있는 지역사회 전문가의 인명부 목록
- 추수 검사를 위한 방문, 전화, 교사 보고서, 약물 보급에 대한 지속적인 과정
- 팩스, e-메일을 포함한 학교와 임상의 사이의 의사소통 과정
- 평가 그리고/또는 처치 기간 동안, 학교 인사와 일차적 치료지원 임상의를 함께 하도록 하는 계획

지역사회 내의 방대하고도 다양한 학교 체계에서, 일차적 치료지원 임상의는 적절하게 지역의 학교 체계와 접촉을 시작할 수 있도록 돕는 학교 임상심리사 또는 교장, 몇몇 실행가와 함께 작업을 시작하길 원할 수 있다. 훌륭한 평가과정 내 구성요소에 대한 임상의 간의 합의는 일반적인 목표에 대한 학교 측과의 협동 또는 의사소통을 촉진한다. 예를 들어, 행동평정척도 활용상에서의 합의는 학교 인사의 수행으로 촉진될 수 있다. 또 진전 및 특정 중재를 모니터링하는 표준적 의사소통 양식은 학교와 소아과 병원 간에 정보를 공유하기 위하여 팩스로 교환할 수 있다. 치료지원은 가족의

기밀성을 보호하기 위해 이러한 과정을 수용해야 한다.

협력 체계 또한 일차적 치료지원 임상의와 함께 일할 수 있는 다른 제공자(지원자)에게도 확대해야 한다. 여기에는 심리학적 중재를 위해 아동 또는 청소년을 살피는 정신건강 지원 제공자를 포함하거나 소아 발달행동 임상의, 소아정신과의사, 또는 아동심리학자와 같은 심각한 원인을 설명하는 전문가가 포함될 수 있다. 일상적 의사소통을 위한 합의 과정은 이들 간의 관계 형성을 통해 이루어질 수 있다. 정신건강을 위한 AAP 지원팀(미국, 소아과학회 T.F.T)은 활동 방책 부분(chapter Action Kit)(AAP회원이면 http://www.aap.com에서 활용이 가능함) 내에 공동배치(colocation) 및 통합 모델을 포함한 정신건강 전문가와의 협력적 관계 형성에 대한 충분한 논의 내용을 제시하고 있다. 이는 적절한 시기에, 일차적 치료지원자와 정신건강 관리자 간에 의사소통 체계를 증진하도록 돕는다. 정신건강 및 일차적 치료지원 제공자의 공동배치 또는 메사추세츠 소아 정신의학 접근 프로젝트(Massachusetts Child Psychiatry Access Project: http://www.mcpap.org)와 같은 정신건강 자문 서비스 체계는 의사소통 과정을 증진한다. 정신건강 서비스는 학교기반의 정신건강 클리닉 또는 좀 더 광범위한 학교기반 클리닉의 구성요소를 통해, 여러 영역에서 활용할 수 있다.

3. 부모-교사 간 의사소통

부모는 교육과 중재의 일부로서 학교 인사—특히 교사—와 파트너가 될 필요가 있다. 「미국 장애인교육법(IDEA)」과 1973년의 「재활법」 제504조(공법 93-112)(Davila et al., 1991)에서 부모의 역할에 대해 명시하고 있다. 또한 부모에게 그들 자녀의 요구를 다루는 데 활용할 수 있는 학교 서비스를 안내하는 것은 중요하다. 부모는 「장애인교육법(IDEA)」과 「재활법」 제504조(7장 참조), 그리고 서비스가 제공하는 프로그램에 대한 적격성과 관련된 필요 조건에 대해서 알아야 한다. 지역사회기반의 옹호 및 지원 그룹은 가족에게 교육적 권리, 일반적인 조정 서비스, 학교에서 활용하는 관련 서비스에 대한 정보와 지원을 제공할 수 있다.

교사와 부모 간의 명확한 의사소통은 자녀의 요구에 관련한 서비스를 얻고자 하는 상황에서 부모의 불만 과정을 배려하므로 그러한 불만의 기회를 줄이기 쉽다. 아동의 일반교육교사, 특수교육교사, 기타 지원 인력(예, 학교 간호사, 상담가, 학교 심리학자) 간의 학교 내 의사소통은 매우 중요하다. 바쁘게 운영되고 있는 큰 규모의 학교 내에서 일반교사, 특수교사와 기타 지원 인력 간의 의사소통은 유지하기 어려울 수 있지만, 그것을 통해 부모는 그들 자녀에 대한 다양하고도 통합된 메시지를 얻을 수 있다. 그러므로 부모는 자신을 위해 협력적이고 정보를 명확히 전달해 줄 수 있는 특정한 주변인물이 있는 것이 도움이 된다. 이러한 중요한 인물로는 아동의 주 교사, 학교 상담가, 보건교사, 또는 학교 심리학자가 있다.

4. 의사소통의 장벽

가족, 일차적 치료지원 임상의, 교육자, 정신건강의 간의 의사소통이 원활하지만은 않다. 즉, 노력의 결과를 제한하는 수많은 장벽이 있다. 치료지원자와 가족 간의 관계에서, 가족은 때때로 정신건강 및 교육 인력에게 상당한 위협을 받는다. 신체적 · 정신적 건강 전문가와의 좋지 않은 경험이 있었던 가족은 차후에 만나게 되는 가족의 한 일원에게 이러한 부정적인 경험을 이야기할지 모른다. 그러므로 임상의와 교육자는 가족과 협력적 관계(방어적인 것보다는)를 형성해 가는 것이 도움이 되며, 또 가족과의 의사소통에서 전문가적 입장의 이야기를 최소한으로 하는 것이 도움이 될 수 있다.

특히 정신건강 서비스 및 약물에 대한 적대감(인권 관련 시민 위원회: Citizens Commission on Human Rights, 1987; Dockx, 1988; Laccetti, 1988; Toufexis, 1989)은 어떤 가족에게는 정신건강 서비스에 대해 신중함을 촉구하였다. 약물은 또한 정신질환과 관련된 오명 · 낙인이 따르는 경향이 있다. 정신 질환이 있는 사람은 (때때로 좀 더 강해지거나 의지력이 있어야 할) 의지가 미약한 사람으로 여겨졌다(Coubrough, 2008). 게다가 종종 부모는 자녀의 잘못된 행동(일탈 행동)의 원인을 무능함 때문이라고 여겼다. 보험회사는 정신건강서비스에 대한 지급을 거부하거나 제한할지 모른다. 부모 또한 미래의 건강보험을 얻기 위하여 자녀의 능력에 영향을 미치는 이러한 부정적 상황을 초래할 진단에 대해 걱정한다. 다수의 개인에게 정신질환과 관련된 정신건강 서비스와 오명을 받게 할 제한적인 접근(access)이 주어지는 것은, 진단과 치료도 되지 않는 ADHD와 같은 상태의 많은 사례에서는 흔하다. 임상의와 교육자는 가족과의 관계를 멀리하게 할 편견을 인식하고 최소화해야 하며, 또한 ADHD 및 관련 정신장애에 부과된 오명과 잘못된 오해를 줄이는 데 교육적 역할을 수행해야 한다.

1) 의사와의 대화 장벽

의료적 가정(Medical Home)과 일차적 치료지원 간의 의사소통에도 역시 장벽이 존재한다. 임상의의 지속성 때문에 일차적 치료지원 임상의와 가족 간 구축되었던 관계가 현재에는 축소되고 있다. 오늘날의 의료지원 시스템은 흔히 환자의 가족이 임상의를 바꾸는 원인이 되고 있는데, 즉 직업적 또는 의료적 이점의 변화가 가족으로 하여금 한 명의 일차적 치료지원 임상의에게만 머무는 기회를 감소시키기 때문이다.

일차적 치료지원 임상의는 흔히 ADHD의 진단과 처치에 대한 제한된 훈련을 받고 있다. ADHD의 평가 및 모니터링 과정은 임상의가 신체적 상태에 대한 진단과 처치를 수용할 때의 작업 내용보다 복잡하다. 소아과 수련의 과정 동안에는 ADHD의 진단과 관리에 대해 다양한 수준의 훈련을 받기가 용이하다(대부분의 경우에는 상대적으로 적은 양의 훈련을 받는다). 많은 일차적 치료지원 임상의는 지속적인 의학적 교육 프로그램을 통해 자신의 기술을 획득하며, 이러한 결과로 그들은 자신의 기술을 꽤 다양화할 수 있다. 부가적으로 일차적 치료지원 임상의는 ADHD에 대한 적절한 치료를 제공하는 데 드는 시간에 비해 보상을 덜 받고 있고, 또 환자 일인당 시간이 적게 할애되고 있다는 압박을 받는다. 즉, 학교 인사와 의사소통하기, IEP 회합에 참석하기, 또는 정신건강 임상의와 의사소통하기 같은 활동은 대체로 보수가 주어지지 않는다.

2) 교사와의 대화 장벽

부모가 자신의 학교 재학 시절에 부정적인 경험이 있었던 만큼, 가족과 교사의 의사소통은 손상될 수 있다. 왜냐하면 ADHD의 병인(etiology) 내에 유의한 유전적 요소가 있기 때문에(Biederman, Faraone, Keenan, Knee, & Tsuang, 1990), ADHD 아동의 부모 또한 동일한 상태를 보이는 것이 이상하지 않다. 많은 ADHD 부모는 학교에서 긍정적인 경험을 하지 못할 수 있는데, 그래서 그들은 아동의 교사나 기타 학교의 지원 인력에 다소 위협받는다고 느끼게 된다. 학교에서 그들 자녀의 경험 또한 그들 자신이 아동이었을 때 경험했던 고통스러운 상황으로, 특히 그들이 진단받지 않았거나 치료되지 않았을 때로 되돌아가게 할 수 있다. 과거에 ADHD가 있었던 부모나 현재 ADHD 부모는 흔히 학교에서 '문제를 일으키는 사람(말썽꾼)' '저학력성취아' '멍청이' 와 같은 경멸당하는 지칭을 기억하게 된다. 이러한 이전의 경험은 교사와의 열린 대화를 제한할지 모르며, 학교 시스템 및 특정 인사에 대해 그들의 의심과 분노 지수를 높일지 모른다. 그러므로 교사와 다른 학교의 인력은 가능한 한 부모의 위협 및 분노에 민감할 필요가 있고, 반면에 협력적 태도를 취함으로써 이러한 것을 완화시키도록 시도해야 한다. 예를 들어, 학교 인사는 부모가 학교 내의 치료 계획을 세우기 위해 알아야 할 그들 자녀의 가정 내 행동과 발달에 전문가임을 인식해야 한다.

교사는 흔히 자신의 학생을 돕고자 하는 그들의 수고와 노력이 덜 지지받고 있다고 느끼게 된다. 그들은 흔히 ADHD에 대하여 또는 서비스 제공 이전의 준비의 일부로서 ADHD를 어떻게 다루어야 할지에 대한 내용에 대해서 상대적으로 적은 정보를 제공받게 된다. 일차적 치료지원 임상의의 경우와 마찬가지로, 교사가 이러한 장애(ADHD)에 대해 제공받고 있는 대부분의 훈련은 간헐적인 연수와 개인적인 경험을 통해서다. 그러므로 당연하게도 교사 사이에서는 ADHD에 대한 지식 정보의 정확도가 상당히 이질적이다. 학교 측에 너무 많은 요구를 한다면, 아동에게 있을지 모르는 교육적 문제에 대해 적합하고도 시의적절한 평가를 제공하기 위한 인력을 적절히 지원하지 못할 수도 있다. 교사 또한 학생의 특별한 요구를 돕기 위해 필요한 교실의 형태를 조성하기 위한 적절한 지원을 받지 못할 수 있다.

교사와 학교 측은 부모의 뜻과는 반대로 ADHD 아동에게 약물을 복용하도록 하는 경향을 보인다. 이러한 비난은 교사로 하여금

ADHD에 대해 논하거나 부모와 함께 약물을 운용하는 것을 꺼리게 했다. 이러한 교실 내 분위기는 교사가 ADHD로 판별된 학생이 요구하는 개별적 관심을 제공하도록 하는 것을 어렵게 할 정도다. 이러한 요소 모두 교육적 어려움이 따르는 아동을 돕기 위한 현재의 노력에 반하여, 역행의 정서를 일으킬 수 있다. 그러므로 학교 측이 ADHD 학생뿐만 아니라 모든 아동의 행동문제를 알아내고 설명하기 위해 학교 전체에 걸쳐 실시할 수 있는 긍정적인 행동 지원 체계를 채택하는 것이 중요하다(Sailor, Dunlap, Sugai, & Horner, 2009). 이러한 방식으로, 좀 더 집중적인 개별화 중재보다 더 적은 자원을 요구하는 사전 행동적 · 예방적 전략을 활용해야 한다(8장 참조). 더 나아가 교사의 노력에 대한 행정적인 지원은 지원적인 학교 분위기를 확고히 하고 모든 학생의 요구를 설명하고자 하는 지속적인 동기를 조성하는 데 중요하다.

5. 결 론

건강지원과 학교 체계의 성격은 적절한 의사소통을 방해하는 경향이 있다. 부모의 프라이버시를 보장하고(HIPAA), 학생의 프라이버시를 보장하는(FERPA) 규범 내에서 의사와 교사가 아동에 대해 기타 치료지원자와 의사소통하는 것을 허용하기 위하여 수용해야 할 과정이 추가되고 있다. '의학적 체계' '정신적 건강 및 교육적 체계' 모두 각각의 언어와 규칙을 지닌 다른 문화가 존재한다. 그

것에는 다양한 두문자 약어가 있으며 일정이 다양하다. 이러한 체계의 다양성과 차이는 의사소통의 내용, 시기, 양식을 고려 시 일반적 이해를 하는 데 오해와 어려움을 일으킨다. 그러므로 앞서 제안하였듯이, ADHD 인구와 작업하는 일차적인 치료지원 임상의, 학교, 기타 지역사회 지원 제공자는 모든 연관된 요구를 부합시키기 위한 의사소통 체계를 개발하기 위하여 매우 적극적으로 일해야만 한다. 적절한 의사소통이야말로 개별적인 사례를 설명하기 이전에 먼저 성공적인 협력의 가능성을 더 키우고, 더 합리적인 형태의 것으로 구조화시킬 수 있다.

Biederman, J., Faraone, S. V., Keenan, K., Knee, D., & Tsuang, M. T. (1990). Family-genetic and psychosocial risk factors in DSM-III attention deficit disorder. *Journal of the American Academy of Child Adolescent Psychiatry*, *29*, 526-533.

Brito, A., Grant, R., Overholt, S., Aysola, J., Pino, I., Spalding, S. H., et al. (2008). The enhanced medical home: The pediatric standard of care for medically underserved children. *Advances in Pediatrics*, *55*, 9-28.

Citizens Commission on Human Rights. (1987). *Ritalin: A warning for parents*. Los Angeles: Church of Scientology.

Coubrough, A. (2008). *Stigma attached to mental health problems*. Retrieved December 20, 2009, from http://www.nursingtimes.net/whats-new-in-nursing/stigma-attached-to-mental-health-problems/1790099.article

Davila, R. R., Williams, M. L., & MacDonald, J. T. (1991). Memorandum on clarification of policy to address the needs of children with attention deficit disorders within general and/or special education. In H. C. Parker (Ed.), *The ADD hyperactivity handbook for schools* (pp. 261–268). Plantation, FL: Impact Publications.

Dockx, P. (1988, January 15). Are school children getting unnecessary drugs?. *Sun Chronicle* (p. 15).

Family Educational Rights and Privacy Act (FERPA) of 1974, PL 93–380, 20 U.S.C. §§ 1232g *et seq.*

Health Insurance Portability and Accountability Act (HIPAA) of 1996, PL 104–191, 42 U.S.C. §§ 201 *et seq.*

Homer, C., Klatka, K., Romm, D., Kuhlthau, K., Bloom, S., Newacheck, P., et al. (2008). A review of the evidence for the medical home for children with special health care needs. *Pediatrics, 122*, e922–e937.

Individuals with Disabilities Education Act (IDEA) of 1990, PL 101–476, 20 U.S.C. §§ 1400 *et seq.*

Laccetti, S. (1988, August 13). Parents who blame son's suicide on Ritalin use will join protest. *Atlanta Journal* (pp. B1, B7).

Lahey, B., McBurnett, K., Piacentinit, J., Hartdagen, S., Walker, J., & Frick, P. (1987). Agreement of parent and teacher ratings scales with comprehensive clinical assessments of attention deficit disorder with hyperactivity. *Journal of Psychological Behavioral Assessment, 9*, 429–439.

Newcorn, J. H., Halperin, J. M., Schwartz, S., Pascualvaca, D., Wolf, L., Schmeidler, J., et al. (1994). Parent and teacher ratings of attention-deficit hyperactivity disorder symptoms: Implications for case identification. *Journal of Developmental and Behavioral Pediatrics, 15*, 86–91.

Rehabilitation Act of 1973, PL 93–112, 29 U.S.C. §§ 701 *et seq.*

Sailor, W., Dunlap, G., Sugai, G., & Horner, R. (Eds.) (2009). *Handbook of positive behavior support*. New York: Springer.

Toufexis, A. (1989, January 16). Worries about overactive kids: Are too many youngsters being misdiagnosed and medicated?. *Time* (p. 65).

10 앞으로의 방향

ADHD에 대한 진단, 치료, 발병율, 장기적인 영향에 이르기까지 많은 연구가 진행되고 있지만, 다른 질병과 마찬가지로 답을 할 수 없는 문제가 여전히 많이 남아 있다. 해답을 얻고 완결된 연구는 또한 그만큼의 문제점을 불러일으킨다. 이 책의 결론으로 앞으로 어떤 연구가 필요한지 알아보기 위해 몇몇 연구 자료를 살펴보기로 하겠다.

1. 진 단

부주의, 과잉성, 충동성의 범주는 항상 일정하게 수년에 걸친 다양한 연구에서 주요 증후로 나타났다. 몇몇 아동의 경우에는 주요한 증후로 부주의함만 보이는 때도 있다(Lock, Worley, & Wolraich, 2008). 또한 공존장애가 나타나는 경우도 종종 있다. 이런 차이점으로 ADHD의 불균일성이 나타난다. 또한 어떤 연구에서는 몇몇 ADHD 아동이 특정 유전인자와 관련되어 있다고 밝혔다(Cook, 1999; Swanson et al., 1998). 그렇지만 아직은 이런 유전인자가 관련되어 있는 비율은 전체 ADHD 아동 중에 소수다. 특정한 유전인자, 뇌구조나 뇌 활동에서의 차이점 혹은 신경정신과 검사를 ADHD의 특정한 유형과 연결시킨다는 것이 어려운 일이었기 때문이다. 여전히 ADHD의 불균일성과 그 유형을 연관시켜서 개인별로 치료에 대한 반응이나 장기적인 영향(long term outcomes)을 예측하는 데 도움을 주는 것은 어렵다. 현행의 진단 범주는 이상적이지 못하다. 진단은 해당 아동을 자주 관찰할 수 있는 부모나 교사가 보고한 것을 바탕으로 하게 되는데, 이들 관찰에는 주관적인 성향이 들어가게 되고 발달적인 측면의 관찰은 포함하지 않는다. 현재의 진단 범주는 DSM 5판의 개정판에서 심사된 것을 바탕으로 한 것이다. 개정된 DSM 체계의 형식은 진단할 때 기능적인 역량을 ADHD의 불균일성을 명확하게 하는 데 도와줄 만한 기타 출처로 포함시키는 것이 더 나아 보인다. ADHD와 그 하위의 특성을 더 잘 이해하고 정의하기 위해서는 계속 뇌의 구조나 기능을 검사하는 것이 필요하다. 이 분야에서 계속 발전한다면 좀 더 객관적인 진단 절차를 개발하는 방향으로 이끌 수 있다. 나이와 성별에 따라서 ADHD를 좀 더 세분화하는 것도 필요하다. 좀 더 특정한 병인을 밝히고, 어떻게 작용하는지 이해하며 병인을 조사하고 그에 대한 치료 목표를 세우고 장기적인 영향에 대해서 좀 더 이해할 수 있으려면, 현재와 같은 불균일성보다는 동일한 유형으로 연구해야 하기 때문이다.

2. 치 료

많은 연구(Brown et al., 2005)에서 선택적인 신경전달물질 노르에피네프린(norepinephrine) 재흡수 억제제, 자극제 요법, 알파2 신경흥분 물질제와 행동 수정제 모두가 단기적인 효과를 가져온다는 것이 입증된 반면, 장기간의 측면에서 어느 정도로 영향을 끼치는지는 확실치 않다(Swanson et al., 2008). 이렇듯 현 시점의 치료는 모두 증후에 관한 것이고, 그것이 효과적인 때에는 어느 정도의 부작용이 있어서 너무 장기간에 걸쳐 그 치료를 유지하는 것은 위험 부담이 따르므로, 활용도에서의 제한은 물론이고 장기간 효능에 대해서도 제약이 있다. 어떻게 장기간 치료를 유지할지 또는 바꿀지 하는 것은 여전히 연구가 좀 더 필요한 측면이다. 아주 희귀한 증후인 돌연 심장사(Avigan, 2004) 같은 것은 치료를 장기간 늘려서 제공했을 때 발생할 수 있는 장기적인 부작용의 하나다. 이런 부작용은 아직도 연구가 필요하다. 그러나 더 나은 감시체제가 있어야만 이런 부작용은 용납이 될 것이다.

현 시점에서 ADHD 아동을 위한 치료요법은 그 선택에서 시행착오를 기반으로 빈번히 결정되기 때문에, 모든 치료요법은 특정성이 없다. 현재 ADHD 유형에 대한 이해, 뇌의 활동 혹은 신경정신학적인 활동의 이해를 통해 대체적으로 어떤 특정한 요법을 실행해야 하는지 알 수는 없다. 궁극적으로 치료요법은 우리가 특정한 유형이나 특정한 뇌의 기능에 대해 맞는 치료법을 목적으로 삼을 때 좀 더 효과적일 가능성이 높다. ADHD의 유형에 대한 개념정리와 어떻게 작용하는지에 대해 좀 더 알고 나서야, 치료요법에 대한 좀 더 뚜렷한 목표로 접근하는 것이 가능하다.

ADHD 사람을 치료하는 데 좀 더 발달적인 면의 시각을 키울 수 있다면 그것 또한 도움이 될 것이다. 이런 시각은 어느 정도 행동치료를 받아들이기는 하지만, 대부분의 효능에 관한 연구는 좀 더 어린 아동을 대상으로 한다. 성숙한 아동이나 성인의 경우에서 행동치료의 효능은 잘 알려져 있지 않다. 실례로 ADHD 지도요법(ADHD coaching)(Ratey, 2008)은 특히나 성인 ADHD 환자에게 인기가 있는데 아직 그 효능에 대해서는 증거가 거의 없다. 지도요법은 ADHD 사람에게 매일매일 그들의 일상 행동을 관리할 만한 기술을 가르치는 도움을 주는 것이 필수적이다.

ADHD 치료법 연구에 대해 검증된 대부분의 연구는 모두 효능에 대한 연구다. 효능 연구(efficacy studies)는 학자가 최적의 치료요법을 제공할 수 있도록 시도하는 것인데, 이때 이 연구는 상당히 통제적인 환경, 예를 들어 대부분의 공존장애의 배제, 나이 범위 제한, 훈련된 연구 조교가 치료법을 관리하고 평가도구를 수집하는 등의 환경에서 일어나게 된다. 이 연구는 또한 언뜻 보기엔 비슷하거나 똑같지만 효과는 없어야 하는 가짜 시약(placebo) 실험도 포함한다. 이 연구는 또한 이중 맹검법을 포함하는데, 이는 연구에 참여하는 피의자나, 연구를 지휘하고 결과를 측정할 연구자도 그 연구 참가자가 치료제를 먹었는지, 가짜 투약을 한 것인지, 언제 그런 것인지 모르는 것이다.

치료 효과에 관한 연구는 거의 없는데, 효과성(효능) 연구(effectivenes studies)는 치료가 지역사회 내의 임상의가 행하는 것과 같은 현실적인 공간을 조건으로 하여 실제로 수행해야 한다. 이 치료요법은 자료나 출처가 효능연구에서 구할 수 있는 것보다 적을 때에도 또한 수행할 수 있어야 한다. 예를 들어, 6장에서 묘사된 ADHD 아동의 다중처치연구에서(MTA, Swanson et al., 2008) 효능연구 속의 자극제 치료를 받은 아동이 본질적으로 같은 처방을 지역사회의 내과의에게 받았을 때보다 유의한 정도로 훨씬 개선되었음을 보여 준다. 이러한 연구적 지침(protocol)이 사라지면, 두 집단 사이의 차이점도 사라진다.

가족과 지역사회에게 요구되는 비용과 노력의 한계 때문에 효과적인 치료법이 현실에서는 바람직하지 않을 수도 있다. 효과성 연구는 맹검(blinding), 임의성이나 가짜 시약 연구의 기법을 쓰는 효능 연구보다 덜 정밀할 수 있다. 그러나 효능 연구 뒤에 그 다음 단계로 효과적인 치료요법이 현실적으로 가능한가를 알아보는 데는 적합하다.

3. 장기적인 영향

ADHD 아동이 그 증후가 그대로 성인으로까지 이어지는 것에 대해서는 많은 실례를 통해 확인하였다. 가장 최근에는 다중처치연구에서 추적 연구를 한 결과로 치료에 대한 장기적인 영향이 여러 형태로 나타난다고 밝혔다(Swanson et al., 2008). 자극제 요법으로 증후가 호전된 아동 중 반수가 투약을 중단하고 나서도 8년 후까지는 계속 호전되는 양상을 보였다. 처음에는 호전되었던 7분의 1 정도는 계속 약을 먹었음에도 증상이 악화되었다. 장기적으로 악영향의 기미가 커 보이는 ADHD 아동을 잘 식별하게 되면 좀 더 집중적인 관리 계획이 필요한 아동을 찾아내는 것이 가능해진다.

자극제의 사용이 심장의 병리 부정맥(Avigan, 2004; Vetter et al., 2008)에서 오는 돌연사라는 희귀한 발생을 부추길 수 있다는 우려가 계속되어 왔다. 이런 약물이 그런 위험을 증가시킨다는 증거는 확실치 않지만, 장기적인 치료를 받은 개개인에 대해서 활발한 사후 연구가 없기 때문에 현재로서는 이를 증명할 방법이나 근거 모두 상당히 제한되어 있다. 장기적인 영향을 확인하려면 감시 체계(surveillance system)를 좀 더 개선하는 것이 필요하다.

증후 그 자체뿐 아니라 치료 및 관련된 동반 증후 면에서 장기적으로 어떤 영향을 미치는지에 대해서 더 잘 이해하는 것이 필요하다.

4. 체계적인 문제점

ADHD 아동을 돌보는 협력 작업은 또 다른 중요한 미지의 연구 분야다. 신체적 · 정신적 건강과 교육계 사이의 의사소통은 최적의 중재를 위한 필수요건이다. 이런 소통을 증가시키는 시도는 그것이 매우 어렵고 복잡한 것임을 나타내어 왔다(Wolraich, Bickman, Lambert, Simmons, & Doffing, 2005). 최적의 치료를 위한 진단과정과 뒤따라 계속되는 치료과정을 통해서, ADHD 아동을 선별하여 확인하는 초기의 과정에서 체제의 쟁점을 살펴보고, 이들을 어떻게 돌볼 것인지 조정하도록 도와주고 격려해 주는 새로운 방법을 시도할 필요가 있다. 어떤 방법이 의사소통과 시스템 사이에 조정을 강화하고 용이하게 하고 유지하는지 결정하는 것은 중요하다.

결론적으로 다른 어떤 행동장애보다 더 많은 정보를 바탕으로 널리 알려져 있는 ADHD이지만, 여전히 교육자, 내과의, 부모와 연구원이 모두 함께 ADHD 아동의 행동을 개선시키기 위해서 논의해야 할 문제점이 많이 있다.

Avigan, M. (2004). *Review of AERS data from marketed safety experience during stimulant therapy: Death, sudden death, cardiovascular SAEs (including stroke).* Washington, DC: U.S. Department of Health and Human Services, Public Health Service, Food and Drug Administration, Center for Drug Evaluation and Research.

Brown, R., Amler, R. W., Freeman, W. S., Perrin, J. M., Stein, M. T., Feldman, H. M., et al. (2005). Treatment of attention-deficit/hyperactivity disorder: Overview of the evidence. *Pediatrics, 115*, e749-e756.

Cook, E. H. (1999). Genetics of attention-deficit hyperactivity disorder. *Mental Retardation and Developmental Disabilities Research Reviews, 5*, 191-198.

Lock, T., Worley, K. A., & Wolraich, M. L. (2008). Attention deficit hyperactivity disorder. In M. Wolraich, D. D. Drotar, P. H. Dworkin & E. C. Perrin (Eds.), *Developmental-behavioral pediatrics: Evidence and practice.* Philadelphia: Mosby-Elsevier.

Ratey, N. (2008). *The disorganized mind: Coaching your ADHD brain to take control.* New York: St. Martin Press.

Swanson, J., Arnold, L. E., Kraemer, H., Hechtman, L., Molina, B., Hinshaw, S., et al. (2008). Evidence, interpretation, and qualification from multiple reports of long-term outcomes in the Multimodal Treatment Study of Children with ADHD (MTA). *Journal of Attention Disorders, 12*, 4-43.

Swanson, J. M., Sunohara, G. A., Kennedy, J. L., Regino, R., Fineberg, E., Wigal, T., et al. (1998). Association of the dopamine receptor

D4 *(DRD4)* gene with a refined phenotype of attention deficit-hyperactivity disorder (ADHD): A family-based approach. *Molecular Psychiatry*, *3*, 38-41.

Vetter, V., Elia, J., Erickson, C., Berger, S., Blum, N., Uzark, K., et al. (2008). Cardiovascular monitoring of children and adolescents with heart disease receiving stimulant drugs: A scientific statement from the American Heart Association Council on Cardiovascular Disease in the Young Congenital Cardiac Defects Committee and the Council on Cardiovascular Nursing. *Circulation*, *117*, 2407-2423.

Wolraich, M., Bickman, L., Lambert, E. W., Simmons, T., & Doffing, M. A. (2005). Intervening to improve communication among parents, teachers, and primary care providers of children with ADHD or at high risk for ADHD. *Journal of Attention Disorders*, *9*, 354-368.

부록

ADHD는 만성질환으로 가정, 학교, 사회 전반에 걸쳐 활동하는 데 영향을 미친다. 주변의 많은 사람, 예를 들어 부모, 교사, 의사 등이 ADHD 아동이나 청소년의 진단 및 중재에 관련되어 있다. 따라서 관계된 모든 사람이 이 질병에 대해서 정확하고 시기적절한 정보를 얻는 것이 중요하다. 다행히도 인터넷, 책, DVD 같은 여러 매체 등에 많은 자료가 있어서 쉽게 사용할 수 있다. 그럼에도 불구하고 ADHD를 연구한(계속 늘어만 가는) 수많은 연구논문이 쏟아지는 최신 정보를 계속 쫓아간다는 것은 어려운 일이다. 정보를 기반으로 하여 안정되어 있기보다 계속적으로 많이 바뀌고 있다. 더 나아가 너무나 과도한 정보는 많은 출처, 의견, 제안 사항 때문에, 사실 연구도 안 되어 있고 정보도 정확하지 않은 상태에서 잠재적으로 해가 될 만한 진단과 치료를 받도록 이끌 수도 있다.

이 부록의 목적은 연구를 기반으로 한 정확한 자료의 출처를 추천함으로써 ADHD 아동이나 청소년을 보살피는 부모, 교사, 의료진을 돕는 데 있다. ADHD 아동과 청소년을 위한 지식적인 자료 출처도 또한 서술해 놓았다. 인터넷, 책, 전자매체를 이용한 다양한 매체를 모두 망라하여 그 출처를 검증하고 있다. 대체적으로 주어진 정보에는 질의 차이가 있고 ADHD의 특성에도 다양한 면이 있기 때문에 사용 가능한 정보 속에서 정확성을 어떻게 따지느냐에 관한 제안사항도 수록하고 있다.

1. 신체적 · 정신적 건강 전문가를 위한 자료 출처

건강 전문가를 위해서 ADHD의 평가와 치료의 지침뿐 아니라 중요한 배경 지식을 알려 줄 만한 많은 자료 출처가 있다.

1) ADHD에 대한 배경 지식

다음에 나오는 자료 출처는 평생에 걸쳐서 ADHD에 대한 특성, 가능한 병인, 연관되어 있는 장애와 과정에 대한 배경 지식을 알려준다.

Barkely, R. A. (Ed.) (2006) *Attention-Deficit/hyperactivity disorder; A handbook for diagnosis and treatment* (3rd ed.). New York: Guildford Press.

이 세미나 자료는 ADHD의 모든 양상에 대한 제일 중요한 자료다.

Barkely, R. A., Murphy, K. R., & Fischer, M. (2008) *ADHD in adaults: What the science says.* New York: Guildford Press.

이 책은 유년기에서 성년기까지 사람들의 실례를 통해 대규모의 종단

연구(longitudinal study)에서의 자세한 분석 및 해석을 다루고 있다.

Brown, T. E. (Ed.) (2009) *ADHD comorbities; Handbook for ADHD complications in children and adults.* Arlington, VA: American Psychiatric Publishing.

이 책은 특정 발달단계에 대한 내용뿐 아니라 ADHD와 관련된 무수히 많은 합병증에 대해서 전반적으로 다루고 있다.

Center for Children and Families at University of Buffalo (http://ccf.buffalo.edu/resources_downloads.php)

이 사이트는 평가와 치료에 도움이 되는, 많은 표와 유포자료뿐 아니라 학부모와 교수를 위해서 ADHD에 관한 보고서를 포함하고 있는 아주 좋은 사이트다.

Children and Adults with ADHD(CHADD)(http://www.chadd.org)

CHADD 웹사이트는 평가와 치료뿐 아니라 ADHD의 성질에 대해서도 정보를 제공하며 전문가와 학부모에게 도움이 될 만한 많은 자료를 내려받을 수 있다.

CHADD National Resource Center on ADHD(http://www.help4adhd.org)

CHADD협회가 진단과 평가에 대해서 수많은 정보 출처를 담고 있는 ADHD 국립 자료 센터 사이트를 후원하고 있다.

National Institute of Mental Health(http://www.nimh.nih.gov/

health/publications/attention-deficit-hyperactivity-disorder/complete-index.shtml).

NIMH ADHD 웹사이트는 이 장애에 대한 최신 과학 연구뿐 아니라 치료 전략에 대해서 사용자 편의 위주의 설명을 담고 있는 정보를 제공한다.

Nigg, J. T. (2006). *What causes ADHD?*. New York: Guilford Press.

이 책은 ADHD의 다양한 병인요소에 대한 연구를 기반으로 한 꼼꼼한 토의 내용을 특집으로 다루었다.

Weyandt, L. L. (2007). *An ADHD primer* (2nd ed.). Mahwah, NJ: Lawrence Erlbaum Associates.

ADHD의 모든 면에 대해서 이해하기 쉬운 완벽한 자료다.

2) ADHD의 평가

다음에 나오는 출처는 ADHD의 심화적인 평가와 진단평가에 관한 특정한 세부 사항과 지침을 알려 준다.

American Academy of Child and Adolescent Psychiatry. (2007). Practice parameters for the assessment and treatment of children and adolescents with attention-deficit/hyperactivity disorder. *Journal of the American Academy of Chid and Adolescent Psychiatry*, *46*, 894-921.

이 논문은 정신과 의사를 위한 향정신성 약물에 강조를 둔 ADHD 진단과 치료 양측에 대한 지침서다.

Anastopoulos, A. D., & Shelton, T. L. (2001). *Assessing attention-deficit/hyperactivity disorder*. New York: Kluwer Academic/Plenum.

이 책은 ADHD의 평가와 그에 관련된 장애에 대해서 심층적이고 실제 경험에 근거를 둔 지침서다.

Barkley, R. A. (Ed.) (2006). *Attention-deficit/hyperactivity disorder: A handbook for diagnosis and treatment* (3rd ed.). New York: Guilford Press.

이 세미나 자료는 ADHD에 대한 모든 면에서 가장 최고의 자료로 여겨지고 있다.

Barkley, R. A., & Murphy, K. R. (2006). *Attention-deficit hyperactivity disorder: A clinical workbook* (3rd ed.). New York: Guilford Press.

이 지도서(workbook)는 ADHD의 진단평가와 치료를 도와줄 배포자료 및 채점표를 많이 포함하고 있다.

Pelham,W. E., Jr., Fabiano, G. A., & Massetti, G. M. (2005). Evidence-based assessment of attention deficit hyperactivity disorder in children and adolescents. *Journal of Clinical Child and Adolescent Psychology, 34*, 449-476.

이 논문은 ADHD의 평가와 관련된 증상에 대해서 평가표와 직접 관찰 등의 다양한 평가방법을 사용했던 주의 깊은 교육 평가서를 실었다.

3) ADHD 치료

이 출처는 ADHD 치료를 위해서 지침 및 권장 절차를 담고 있다. 항정신적 및 심리사회적인 치료에 대한 자료가 많다.

American Academy of Child and Adolescent Psychiatry. (2007). Practice parameters for the assessment and treatment of children and adolescents with attention-deficit/hyperactivity disorder. *Journal of the American Academy of Child and Adolescent Psychiatry, 46*, 894-921.

이 역학 매개변수는 항정신적 약물치료의 사용을 강조하고 있고, 심리사회적인 치료에 대해서는 미비하다.

Barkley, R. A. (1997). *Defiant children: A clinician's manual for assessment and parent training* (2nd ed.). New York: Guilford Press.

매우 실용적이고 단계별로 나온 이 지침은, 부모가 ADHD 아동 및 그와 관련된 증상이 있는 아동에게 행동수정요법을 어떻게 시킬 것인지에 대해서 잘 설명해 준다. 선례와 결과를 기반으로 한 행동전략 모두의 사용을 강조하고 있다.

Barkley, R. A. (Ed.) (2006). *Attention-deficit/hyperativity disorder: A handbook for diagnosis and treatment* (3rd ed.). New York: Guilford Press.

이 책은 항정신적이고 심리사회적인 ADHD의 치료에 대한 심층적인 개요를 제공해 준다.

Pelham, W. E., Jr., & Fabiano, G. A. (2008). Evidence-based psychosocial treatments for attention-deficit/hyperactivity disorder. *Journal of Clinical Child and Adolescent Psychology*, *37*, 184-214.

이 논문은 심리사회학적인 (주로 행동면에서) 요법에 관한 보고서를 심층적이고 학술적으로 논평했다.

Pliszka, S. R. (2009). *Treating ADHD and comorbid disorders: Psychosocial and psychopharmacological interventions*. New York: Guilford Press.

이 자료는 특히 ADHD의 항정신적 약물치료를 심도 있게 다뤘다.

2. 교사와 교육 전문가를 위한 자료

ADHD 아동과 청소년은 학교 환경에서 주의를 요할 정도로 어려움을 겪기 때문에 교사와 학교상담교사, 학교지도교사 등의 교육 전문가도 ADHD에 관해서 정확하게 알고 있어야 한다. 당연히 의료전문의를 위한 자료 목록은 교육 전문가에게도 적합하다. 이에 더해서 ADHD 아동이 학교에 있을 때 어떻게 돌봐야 하는지에 대한 정보가 있는 몇몇 다른 글과 웹사이트도 실었다.

Challenging Horizons(http://www.oucirs.org)

'도전의 지평선' 프로그램은 다중요소 치료요법으로 ADHD 중학생에게 학업과 단체 기술을 향상해 주기 위해서 고안되었다. 이 프로그램은 학교 교과과정과 방과후 학습의 프로그램에도 한 부분으로 쓰여 왔다.

DuPaul, G. J., & Stoner, G. (2003). *ADHD in the schools: Assessment and intervention strategies* (2nd ed.). New York: Guildford Press.

이 책은 학교 안에서의 ADHD에 대한 학교 중심의 평가와 치료에 대한 특별한 장점뿐 아니라 그에 관한 배경 지식을 알려 준다.

Paine, S. C., Radicchi, J., Rosellini, L. C., Deutchman, L., & Darch, C. B. (1983). *Structuring your classroom for academic success.* Champaign, IL: Research Press.

이 자료가 특별하게 ADHD에 초점을 맞추고 있지 않더라도, 학교 수업기반에서 분열적인 행동을 예방하는 데(교실 상황까지 포함) 필요한 선행조치에 대해 아주 유용한 정보를 담고 있다.

Pfiffner, L. J. (1996). *all about ADHD.* Jefferson City, MO: Scholastic.

이 책은 교사를 위한 책으로서, ADHD에 대해 아주 간략하고 명확한 개요를 담고 있어서 학교교육과 관련하여 설득력 있는 충고사항을 담고 있다.

Power, T. J., Karustis, J. L., & Habboushe, D. F. (2001). *Homework success for children with ADHD: A family-school intervention program.* New York: Guilford Press.

이 책은 학부모와 학급교사 간 협력하여 해당 아동의 과제 성공을 증진하기 위한 구조적인 행동지침을 담고 있다.

Rief, S. F. (2005). *How to reach and teach children with*

ADD/ADHD: Practical techniques, strategies, and interventions (2nd ed.). San Francisco, CA: Jossey-Bass.

교사를 위한 유용한 안내서로 교육과 행동관리 요법에 관한 많은 유용한 제안점을 담고 있다.

Rief, S. F. (2008). *The ADD/ADHD checklist: A practical reference for parents and teachers* (2nd ed.). San Francisco, CA: Jossey-Bass.

ADHD 아동의 학부모와 교사를 위해 특별히 고안된 아주 실용적인 책이다. 일상보고 카드와 같은, 교실 내에서 이용할 수 있는 아주 유용한 자료를 포함하고 있다.

What Works Clearinghouse(http://ies.ed.gov/ncee/wwc/).

교육과학기관 (미국의 교육부) (The Institute of Education Sciences (U.S.Department of Education))이 K12(유치원~고등학교) 환경하에서 활용할 수 있는 학문적 · 행동적 전략에 대한 최신 연구를 바탕으로 한 정보를 제공한다. 비록 ADHD를 특별히 다루고 있지는 않지만, 교육 및 행동에 관한 기술은 ADHD 학생에게도 도움이 될 것이다.

Zentall, S. S. (2006). *ADHD and education: Foundations, characteristics, methods, and collaboration.* Upper Saddle River, NJ: Pearson.

이 책은 ADHD에 대한 심층적인 개요와 교실 내에서 직접적으로 적용할 수 있는 치료전략에 대해 알려 준다.

3. 부모와 가족을 위한 자료

ADHD 아동의 부모와 친척을 위해서 책, DVD, 웹사이트 등이 과다할 만큼의 많은 정보를 제공해 준다. 유감스럽게도 이런 자료는 그 질의 차이가 상당하기 때문에, 부모가 정확한 자료를 참고하는 것이 아주 중요하다. 다음의 자료는 사용자 편의 형식에 맞춰 (연구를 기반으로 한) 정확한 정보를 제공한다.

American Academy of Pediatrics. (2005). *Caring for children with ADHD: A resource toolkit for clinicians.* Chicago, IL: Author.

이 도구 모음은 부모를 위해서 훌륭한 심층적인 종이책을 포함하고 있다.

Barkley, R. A. (1992). *ADHD: What can we do?* [Video], and Barkley, R.A. (1993). ADHD: What do we know? [Video]. New York: Guilford Press.

이 두 비디오 모두 조금 오래 되었지만, 여전히 ADHD 자녀를 둔 학부모와 가족이 이 장애를 어떻게 다뤄야 하는지에 대해 아주 훌륭히 안내한다.

Barkley, R. A. (2000). *Taking charge of ADHD* (2nd ed.). New York: Guilford Press.

굉장히 읽기 쉬운 책으로 ADHD의 특성뿐 아니라 평가와 치료과정에서 학부모가 무엇을 기대해야 하는지에 대한 근거를 기반으로 정확한 정보를 담고 있다.

Barkley, R. A. (2000). *A new look at ADHD: Inhibition, time and self-control* [Video]. New York: Guilford Press.

이 비디오는 주위 환경에 대해서 뒤늦게 반응하는 이상 증세로의 ADHD, 즉 Barkely 이론에 대한 개요를 담고 있다. 모든 정보가 사용자 편의 위주로 제공되기 때문에 시청자가 교육 전략과 관련하여 어떻게 직접적으로 적용할 수 있는지 잘 이해할 수 있다.

Barkley, R. A., & Benton, C. M. (1998). *Your defiant child: Eight steps to better behavior*. New York: Guilford Press.

이 책은 부모가 자녀의 불복종을 줄이기 위해서 행동 전략을 실시할 때 쓰는, 아주 간결하고 실용적인 지침서다. 만약 부모가 부모교육 프로그램(parent training program)에 참여하고 있다면 사용하기에 아주 좋은 책이다.

Goldstein, S. (1990). *Why won't my child pay attention?* [Video]. Salt Lake City, UT: Neurology, Learning and Behavior Center.

이 비디오도 조금 오래 되었지만, ADHD와 그 치료에 대해서 아주 핵심적인 정보를 효과적으로 담고 있는 비디오다.

Goldstein, S., & Goldstein, M. (1993). *Hyperactivity: Why won't my child pay attention?*. New York: Wiley.

부모를 위해 쓴, ADHD에 대해 정확하고도 아주 읽기 쉬운 책이다. 가정을 기반으로 하여 이 증상을 어떻게 관리할 것인가에 대한 아주 실용적인 정보를 담고 있다.

Gordon, M. (1992). *My brother's a world-class pain: A sibling's guide to ADHD/hyperactivity*. DeWitt, NY: GSI Publications.

ADHD 형제가 있는 다른 형제자매를 위한 읽기 쉬운 책으로, 이 증상에 대한 직접적인 설명과 더불어 형제자매가 어떻게 도울 수 있는지에 대해서 알려 준다.

Jensen, P. S. (2004). *Making the system work for your child with ADHD*. New York: Guilford Press.

이 책은 Barkely(2000)의 책과 같이 읽으면 아주 좋은 책인데, 부모에게 학교, 임상의, 건강관리와 함께하는 전략적인 과정과 교육 구조에 대해 안내하여 주기 때문이다.

Reiff, M. I., with Tippins, S. (Eds.) (2004). *ADHD: A complete and author-itative guide*. Chicago, IL: American Academy of Pediatrics.

이 책은 부모를 위한 심층적인 안내서다.

다음에 언급한 세 웹사이트도 또한 ADHD 아동의 부모와 그 가족에게 아주 유용한 정보를 제공해 줄 것이다.

the Children and Adults with ADHD(CHADD) organization (http://www.chadd.org)

the CHADD National Resource Center on ADHD(http://www.help4adhd.org)

National Institute of Mental Health(http://www.nimh.nih.

gov/health/publications/attention-deficit-hyperactivity-disorder/complete-index.shtml).

4. ADHD 아동과 청소년을 위한 자료 출처

보다 성숙한 ADHD 아동과 청소년은 읽기와 관심 정도에 따라 도움이 되는(특히나 관련 있는) 웹사이트에서 많은 정보를 찾을 수 있을 것이다. 특히 ADHD 아동을 위해 고안된 여분의 책은 다음과 같다.

Gordon, M. (1991). *Jumpin' Johnny get back to work: A child's guide to ADHD/hyperactivity*. DeWitt, NY: GSI Publications.

이 책은 좀 오래되었지만 여전히 ADHD 아동을 위한 유용한 입문서다.

Nadeau, K.G., Dixon, E.B., & Rose, J. (1997). *Learning to slow down and pay attention: A book for kids about ADHD*. Washington, DC: Magination Press.

이 책은 ADHD 아동이 그룹 내에서 적응하고 이와 관련된 기술을 배우기 위한 제안사항과 활동을 내용으로 한다.

Zeigler Dendy, C.A., & Zeigler, A. (2003). *A bird's eye view of life with ADD and ADHD: Advice from young survivors*. Cedar Bluff, AL: Cherish the Children.

이 책은 ADHD 청소년에게 직접적인 관점에서 이 증상을 어떻게 다루는지 알려 주고 또한 성공사례를 들려 주는 책이다.

5. 이용 가능한 자료의 정확성을 평가하는 제안

인쇄활자나 전자매체상에 ADHD에 대한 자료가 넘칠 정도로 많지만, 그 질과 정확성에 관해서는 자료마다 상당히 차이가 있다. 안타깝게도 학부모와 전문가는 과학적인 근거가 없는 잘못된 정보를 바탕으로 비용만 많이 드는 결정을 내릴 수 있다. 이렇듯 어떤 정보 이용의 효용성을 평가할 때는 확실한 지침을 따라야 한다.

그 정보가 믿을 만한 출처에서 나왔는지 확인한다 일반적으로 가장 확실한 정보는 전문가 집단(예를 들어, 미국 소아학회지, 미국 정신과 협의회 American Academy of Pediatrics, American Psychological Association)이나 과학 저널(*Journal of Attention Disorders, Pediatrics, School Psychology Review*)에서 나온다. 만약 개인이 극구 추천한 정보일 경우라면 그 사람이 소위 '전문가'일지라도 그 정보가 과학적으로 정확하다고 확신할 때까지는 그 정보를 믿지 말아야 한다.

임상경험만 있거나 혹은 보증에만 기반한 정보는 쓰지 않는다 임상경험에 대한 보증이나 주관적인 감상은 그것이 아무리 광범위할지라도 과학적인 데이터를 대변하지는 못한다. 이렇듯 보증을 바탕으로 한 정보, 특히 치료에 대한 것은 그 데이터가 만족할 만한 증거가 보일 때까지는 의심해 봐야 한다.

그 정보가 의심스럽다는 것을 나타내는 '적기'를 인식하라 공통적으로 그 정보가 믿을 만하지 못하다고 알려 주는 지표는, 특정한 치료가 ADHD를 치료한다거나 그 치료요법이 잠재적으로 여러 이상증세(예를 들어,

ADHD, 우울증, 자폐증; Ingersoll & Goldstein, 1993)를 치료할 수 있다고 주장하는 출처를 포함한다. ADHD를 치료하는 방법은 알려져 있지 않을뿐더러, 다양한 증세에 대해서 하나의 특정 치료방법만이 매우 효과적일 가능성은 아주 적다.

항상 '그 데이터가 어디에 있느냐.' 고 물어보라 자료의 출처는 항상 그 정보가 근거로 하는 과학 연구를 찾아야 한다. 예를 들어, 특수한 요법의 개발자나 옹호자가 믿을 만하고 유효한 방법을 써서 통제적이고 실험적인 계획 아래에서 했다는 전제를 바탕으로, 그 치료의 효과를 설명해야 한다. 더욱이 그 데이터는 접근이 용이해서 '새로운 치료법의 효과'와 '상대적으로 이미 효과가 있어서 뿌리내린 치료요법'을 직접적으로 비교하는 것이 가능해야 한다.

그 정보의 근거가 된 연구의 질을 따져 보라 정보의 과학적인 질을 살펴보는 데 몇 가지 유용한 질문이 있다(DuPaul & Stoner, 2003). 이 질문은 치료의 결정이 형평성에 주안점을 둘 때 특히 결정적이다. 참가자는 신뢰할 수 있고 유효한 지표를 사용하여 ADHD라고 구분되었는가? 부가적인 방법이 편견이 있을 가능성을 없애려는 방법으로 수집되었는가(의료진이 연구한다거나 치료법이 조사된다는 것을 모르는 개인에 의해 행해진 행동 관찰)? 치료요법의 내적 타당도(internal validity)에 대한 위험요소가 잘 통제되어 있는가? 얻어진 결과를 다른 ADHD 아동을 위해서 어떻게 일반화할 수 있는지, 얻은 결과의 임상적 유의미성(clinical significance)이 평가되었는지, 연구자가 치료요법의 효능이 다른 환경에서도 유용할 수 있게 일반화할 수 있는지 조사했는가?

ADHD에 대한 정확한 정보를 찾을 수 있게 학부모와 그 가족을 돕는다 부모는 항상 정확한 정보와 부정확한 정보를 구분하지 못한다. 이렇게 전문가는 증거가 기반이 된 자료 출처의 방향으로 가족을 이끌어야 하고, 일반 가족이 마주칠 수 있는 잘못된 주장에 대비해서 건전한 방향으로 회의적인 태도를 잘 갖추도록 도와주어야 한다.

6. 요 약

ADHD가 가족, 학교, 사회 전반에 걸친 만성적인 증상이기 때문에, 해당 아동을 돌보는 모든 사람이 이 질병에 대해서 정확하고 과학적으로 증명된 정보에 대해서 잘 알아야 한다. 다행스럽게도 진단과 치료에 대해서는 특히나 도움이 되는 정보가 상당히 많다. 그럼에도 그 내용의 질에는 많은 차이가 있기 때문에, 의료계와 교육계의 전문가는 가족을 돕기 위해 많은 자료 중에서도 가장 정확한 정보를 찾을 수 있도록 노력해야 한다.

DuPaul, G. J., & Stoner, G. (2003). *ADHD in the schools: Assessment and intervention strategies* (2nd ed.). New York: Guilford Press.

Ingersoll, B., & Goldstein, S. (1993). *Attention deficit disorder and learning disabilities: Realities, myths, and controversial treatments.* New York: Doubleday.

찾아보기

《인 명》

《내 용》

▪ 마크 볼라이히 의학박사(Mark L. Wolraich, M.D.) CMRI/SHAUN Wlaters 소아과 교수. 오클라호마 대학교 아동연구센터(1100 N. E. 13th Street, Oklahoma City, Oklahoma 73117)

볼라이히 박사는 오클라호마 대학교 건강과학 연구센터에서 행동발달 소아학 분야의 책임자다. 그는 시라큐스에 있는 뉴욕 업스테이트 의과대학에서 의학박사학위를 받았다. 볼라이히 박사는 업스테이트 의료원과 오클라호마 건강 과학원에서 소아과 전문의 실습 기간을 거쳤고 오레곤 대학교 의료과학원에서 발달소아학 연구원(fellowship)으로 지냈다. 30년 이상 ADHD와 관련된 연구 및 의료 서비스에 종사해 왔고, 2003년 'ADHD 성인 및 아동(the Children and Adults with ADHD: CHADD)' 명예의 전당에 이름이 올랐다. 미국 소아아카데미에서 일차 진료 의사를 위한 ADHD 입문서 개발에도 중요한 공헌을 했다. 볼라이히 박사는 150편이 넘는 논문과 책의 저자 혹은 공동저자로 활동해 왔다. 이중에는 학술지 *New England Journal of Medicine, Pediatrics, Journal of the American Medical Association*의 논문과 책 20권의 일부분도 포함되어 있다. 그의 연구는 국립의료원, 국립 정신 의료원, 모자 건강 연구 프로그램, 국립 장애 및 재활연구소, 질병통제 및 예방본부와 특수교육 및 재활 연구센터의 지원을 받아 실행되었다. 현재 그는 5개의 학교 교육구에서 ADHD의 발병률과 장기적인 영향에 대해서 연구 중이다.

▪ 듀폴 박사(George J. DuPaul, Ph.D.) 리하이 대학교 심리학과 교수, 교육 및 복지학부 부서장(111 Research Drive, Bethlehem, Pennsylvania 18015)

듀폴 박사는 리하이 대학교 교육 및 복지학부(Human Services)의 학과장이다. 그는 1985년 로드아일랜드 대학교에서 학교심리학으로 박사학위를 받았다. 리하이 대학교에 임명되기 전에 메사추세츠 의료센터의 교수로 있었다. 그는 ADHD 아동과 그 가족을 치료할 뿐 아니라 여러 학교에서 ADHD 학생을 어떻게 다룰 것인가에 대한 자문을 하는 등 광범위한 경험이 있다. ADHD와 연관된 160편이 넘는 논문과 책의 저자 혹은 공동저자다. 그는 이제까지 ADHD의 평가 및 중재에 대한 4권의 책과 비디오를 출판했다. 듀폴 박사는 여러 학회의 편집위원으로 일하고 있고, 학술지 *School Psychology Review* 의 전임 공동편집자였다. 그는 미국심리학회의 16지부에서 상급 과학자상을 수여했고, 2008년에는 ADHD 아동 및 성인 협회를 일컫는 CHADD 명예의 전당에 이름을 올렸다. 현재 그는 ADHD 학생을 대상으로 '조기 교육 및 학교기반중재의 효과' 와 'ADHD 대학생의 평가 및 중재' 에 대해서 연구 중이다.

▪ 강경숙

2006년 이화여자대학교에서 특수교육학 박사학위를 취득하였다. 초등학교 특수학급 교사, 교육과학기술부 국립특수교육원 교육연구사로 근무하면서 특수교육 현장 및 정책 연구 등 행정 경험을 쌓았다. 2007년부터 원광대학교 중등특수교육과 부교수로 정신지체, 정서 · 행동장애, 특수교육 진단 및 평가 등을 강의하고 있다. 최근 3년간 30여 편의 특수교육 관련 논문을 저술하였으며, 주요 저서로는 『지적장애교육』(공저, 학지사, 2012), 『특수교육 교과 교재연구 및 지도법』(공저, 교육과학사, 2009), 주요 역서로 『중도장애』(공역, 학지사, 2009), 『자폐성장애: 조기진단과 통합의 치료에 대한 임상적 가이드』(공역, 시그마프레스, 2009) 등이 있다.

▪ 박혜성

2008년 이화여자대학교에서 특수교육학으로 박사과정을 수료하였다(학습장애 전공, 동 대학교에서 특수교육학 학사, 석사 취득), 이화여자대학교 부속 발달장애센터(구 언어청각센터), 서울아산병원 언어치료실 및 초등학교 특수학급 등에서 근무하며 다양한 특수아동과 성인을 중재하고 임상연구 경험을 쌓았다. 현재 2007년부터 영동대학교 중등특수교육과(구 치료특수교육과)에서 조교수로 근무하고 있으며 학습장애, 의사소통장애, 주의집중장애 등을 강의하고 있다. 주요 연구 분야로는 '학습 부진과 학습장애' '의사소통장애' 관련 분야이며, 주요 저서로는 『조음장애아동과 마비말장애의 치료 및 지도』(군자출판사, 2010), 『학령기 자폐성장애인의 좌충우돌 성장 프로젝트』(공저, 한국자폐인사랑협회, 2011) 등이 있다.

▪ 김남희

2011년 이화여자대학교에서 특수교육학(정서행동장애 전공) 박사학위를 취득하였다. 현재 서울에 있는 공립 중학교 특수학급에서 장애학생을 가르치고 있다. 학교 현장에서 직접 장애학생과 그 가족을 만나면서 현장연구원(이화여자대학교 특수교육연구소)으로 활동하였다. 이화여자대학교 등 여러 대학에서 강의하였으며, 주요 연구 분야는 '장애학생의 교과학습 및 문제행동' '학교와 가족의 협력' 이다.

ADHD 진단 및 중재

- 병원 클리닉과 교실에서 사용할 수 있는 실용 가이드 -

ADHD Diagnosis & Management

2013년 4월 15일 1판 1쇄 인쇄
2013년 4월 20일 1판 1쇄 발행

지은이 • Mark L. Wolraich · George J. DuPaul
옮긴이 • 강경숙 · 박혜성 · 김남희
펴낸이 • 김진환
펴낸곳 • (주) 학지사
121-837 서울특별시 마포구 서교동 352-29 마인드월드빌딩 5층
대표전화 • 02)330-5114 팩스 • 02)324-2345
등록번호 • 제313-2006-000265호

홈페이지 • http://www.hakjisa.co.kr
커뮤니티 • http://cafe.naver.com/hakjisa

ISBN 978-89-6330-985-9 93370

정가 14,000원

역자와의 협약으로 인지는 생략합니다.
파본은 구입처에서 교환해 드립니다.